現代政治機構の論点

イギリスとEUを中心に

倉島　隆著

時潮社

はしがき

　現代社会において制度としての民主政を否定する人は、極めて少ないと言われる。日本が、その民主政を採用していることについて否定する人も同様に極めて少ないと思われる。この民主政を理念的に説明するならば、それは国民がその共通善を目的とし、普通選挙制によって選出する代表ないし代表機関などを通じて、彼らがその具体的な政策を形成し、かつこれを実施するものとなろう。従って日本人は、こうした理念の下で望ましい民主政を近年、再考しているように思われる。というのは日本のこうした政治は、必ずしも十分にうまく機能したとはみなされぬからである。ゆえに日本人は、そのために特にイギリスの制度から制度的工夫を学びとろうと努めているように思える。いずれにせよ、それを扱う基本的学問のうちの一つが、政治制度論ないし機構論であると解することも可能である。

　本書は、政治学の基本分野であるこうした政治制度論ないし政治機構論に関する問題や論点を提示することを目的とする。まずわれわれは、本書の内容に関わるその学問分野の基礎的な性質に言及する必要がある。というのは本書は、その広範な研究領域に論及する故、その全体的側面に言及しなければならぬからである。この政治機構論は、周知の如く日本の政治学において、政治過程論とともに二つの基本的学問要素を構成するものである。政治学においてそのうちの制度理論部分を担うものがこの政治機構論［ないし制度論］であるとされる。[1]

　日本の政治学のテキストで『政治学』として表示されるものは、多くの英米の政治学の教科書に即して言えば、『政治（politics）と統治（government）』という表現が散見される。一般的にいえば、「政治」は、多様であるが、共通の成員資格を受け入れ、或いは少なくとも共有された運命を受け入れる人々を関与させる集合活動とされる。「統治」は、より具体的なトップの政治水

準における集合的意思決定［政府を含む］機構［制度］を背景とする側面を含むと言われる。(2) 従ってそれは、国家の基本的統治機構や基本法的部分などを扱うことを強調するものである。

さらにその政治機構ないし政治制度という二つの概念は、同意語的に一般に解されている。厳密にいえば、確かに相違がある。しかしわれわれは、前者がより統治機構の一体的体系的ニュアンスを表現し、後者がそれぞれの規則や組織の諸部分の詳細が強調されると解するものである。

さらに本書は、一般的な傾向に従い、「制度」が国内的側面に強調を置き、「機構」が国際的側面に強調を置くことにしたい。いずれにせよ、われわれは、英語の「インスティチューション」の邦訳が「制度」［国内政治に多く使われる］や「機構」とされることにその共通点を見出すものである。従ってわれわれは、現代政治機構のより確かな理解を目指すため、その分野を特定する必要がある。われわれは、より現代においてその重要な系譜を示すイギリスの政治制度ないし機構を第一次的基準としかつ特定する。さらにこの国家の政治は、欧州連合（EU）への加盟によって、この新しい国際機構との関連なくして論じられぬといわれて久しくなっている。本書は、その現象を捉えるために、制度を含んだシステム［体系］的意味を含意させようとして「機構」という概念を表題にした次第である。

とはいえ「（第Ⅰ部）イギリス政治［制度］」と「（第Ⅱ部）EU政治［機構］」は、日本において専門領域として別なものとして分けられる場合がある。しかしながら、われわれは、それについて新制度論を含む政治制度論的アプローチによって統一的に捉える形式をとる。これについて政治学的用語を使えば、国内政治と国際政治の中間領域としての「比較政治」的アプローチがこの「イギリスとEU政治」において応用できる。この問題は、確かに多様な論議をもたらすゆえ、ここでは深入りしないこととする。いずれにせよ、われわれは、イギリス政治制度とEU政治機構とは極めて密接な関係にあり、かつそのEUとの関連なくしてイギリス政治を理解し得ぬことが、一般的了解事項でもあり、かつそれを確認したい。

[注]
（1）政治学における制度論的アプローチの伝統について、拙編著『問題発見の政治学』（八千代出版、2004年）第一章を参照されたい。
（2）例えば、R.Hague et al., *Comparative Government and Politics*, Palgrave, 2004; J.Blondel, *Comparative Government*, 1995; A.Ball, *Modern Government and Politics*, 1993; R.Punnett, *British Government and Politics*, 1971, N.Nugent, *The Government and Politics of the European Union*, 2010, etc. を参照されたい。

2012年3月

著　者

目　次

はしがき …………………………………………………………………3

序　章　政治制度の概念定義と方法論［D.ジャッジの論点］……………13
　§1．概　観　13
　§2．序　論　14
　§3．制度の概念定義について　15
　§4．「旧」制度論と「新」制度論　17
　§5．新制度論　18
　§6．結　論　37

第Ⅰ部　イギリスの政治制度

第1章　イギリスの立憲制（或いは憲法）［I.バッジらの論点を中心に］……41
　序　論　41
　§1．イギリスの「不文的」立憲制［不文憲法］（地位と法源）　42
　§2．議会・政府・立憲制　45
　§3．伝統的立憲制（1911年から1971年まで）　46
　§4．伝統的立憲制の強み　50
　§5．伝統的立憲制（神話と現実）　52
　§6．最近のイギリスの立憲制改革　56
　§7．「新しい」労働党の立憲制プロジェクト　59
　§8．要　約　67
　結　び　68

第2章　イギリスの代表制度（議会）［D.ジャッジの論点を中心に］…………70
　序　70
　§1．概　観　70
　§2．序　論　71
　§3．ウェストミンスターモデル　72
　§4．庶民院　79
　§5．貴族院　107
　§6．君主制　119
　§7．結　論　122

第3章　イギリスの首相・内閣・中核的執行部 [I.バッジらの論点] ……129
　序　論　129
　§1．首　相　130
　§2．内　閣　137
　§3．内閣・省庁・及び連携された政府　140
　§4．恒常的な政治的三角形　142
　§5．首相のスタイル　143
　§6．誰が支配するのか（内閣なのか、首相なのか）　145
　§7．中核的執行部　147
　要　約　150
　結　び　150

第4章　イギリスの中央政府（「政官関係」）……………………152
　　　　［I.バッジらの論点を中心に］
　序　論　152
　§1．ホワイトホールの省庁　153
　§2．大臣の役割と責任　156
　§3．大臣と公務員　159
　§4．上級役人権力なのか　162
　§5．行政サーヴィスの政治化（倫理基準は、どんな代償なのか）　164
　§6．「新しい」労働党と上級役人　165
　要　約　168
　結　び　169

第5章　変化するイギリス国家（行政改革）[I.バッジらの論点を中心に]…171
　序　論　171
　§1．イギリスの伝統的公行政サーヴィスモデルと急進的な批判　172
　§2．公共サーヴィスの改革（経営者［専門経営者層による］革命なのか）　174
　§3．準政府の拡大　177
　§4．「新しい」労働党と公共部門　181
　要　約　184
　結　び　185

第6章　イギリスの外交・防衛政策 [B.コクソールらの論点を中心に]……187
　序　187
　§1．対外政策の異なった性質　188
　§2．イギリスの外交・防衛政策の形成　189

§3．イギリスの外交政策の基盤 191
§4．英連邦（The Commonwealth） 191
§5．イギリスとアメリカとの特別な関係 193
§6．欧州におけるイギリス 193
§7．イギリスの外交防衛政策におけるEU対NATO（北大西洋条約機構） 194
§8．新世界秩序からテロとの戦いへ 196
§9．イギリスとロシア・及び欧州との進化する関係 196
§10．イギリスの倫理的外交政策について 198
§11．テロとの戦い 200
§12．21世紀のイギリスの外交・防衛政策 202
結　び 204

第Ⅱ部　欧州連合（EU）の政治機構

第7章　欧州連合（EU）の歴史的文脈 209
　　　　［N.ニュージェントの論点を中心に］
はじめに 209
§1．EUの歴史的進化過程論 209
§2．西欧諸国の転換 212
§3．欧州共同体の創設 213
§4．欧州共同体（EC）と欧州連合（EU）の進化 214
結　び 215

第8章　憲法条約からリスボン条約へ［C.チャーチらの論点を中心に］ 217
はじめに 217
§1．序　論 218
§2．欧州憲法会議・2004年政府間会議（IGC）・及び憲法条約［案］ 220
§3．否認投票（危機と反省期） 221
§4．リスボン条約交渉 221
§5．リスボン条約の主要素 224
§6．リスボン条約の評価 227
§7．リスボン条約の批准 229
§8．リスボン条約の重要性と批准の経験 231
§9．結　論 234

第9章　欧州統合の古典的理論 [N.ニュージェントの論点を中心に] ……… 240

はじめに　240
§1．新機能主義理論　241
§2．連邦主義理論　244
§3．政府間主義（intergovernmentalism）理論　246
結　び　247

第10章　欧州統合の新理論 [B.ロザモンドの論点を中心に] ………… 249

序　論　249
§1．古典的議論の限界　251
§2．制度論とEU　256
§3．政策決定論とEU　262
§4．多水準的ガバナンス（統治）[MLG]　265
§5．EUへの「社会構成主義的（Social constructivist）アプローチ」　267
§6．国際関係と国際政治経済学再考　270
結　論　272

第11章　欧州委員会 [M.エゲバーグによる論点を中心に] ……………… 275

はじめに　275
序　論　276
§1．欧州委員会の諸機能　277
§2．欧州委員会の影響力　280
§3．欧州委員会委員長と[欧州委]委員団　281
§4．欧州委員会委員官房（Commissioners' cabinets）　285
§5．欧州委員会行政サーヴィス　288
§6．欧州委員会の委員会[及び評議会]制度（The committee system）　294
§7．結　論　296

第12章　EU理事会 [J.ルイスの論点を中心に] ……………………………… 299

はじめに　299
序　論　300
§1．EUの意思決定の核心　301
§2．理事会はどのように活動するのか　305
§3．理事会の意思決定の諸層　309
§4．時の経過とともに進化する機関　319
§5．結論（国家連合的機関か、超国家的機関か、或いはそれらの両方なのか）　322

第13章　欧州議会 (The European Parliament) …………………326
　　　　［R.スカリーによる論点を中心に］
　§1．序　論　326
　§2．欧州議会（EP）の起源と発展　327
　§3．欧州議会［議院］の権限と影響力　329
　§4．欧州議会［EP］における対内政治　333
　§5．欧州議会選挙とEUの公衆　338
　§6．結　論　341
あとがき ……………………………………………………………343
索　引 ………………………………………………………………345

装幀　比賀祐介

序　章　政治制度の概念定義と方法論
　　　　［D.ジャッジの論点］

§1.　概　観

　われわれは、本章で学問の基本問題であるその基本概念と方法論を考える。この政治制度分野のテキストでこうした方法論等について、重要事項であるにもかかわらず、論及する類書は極めて少ない。われわれは、こうした状況からこの方法論等と取り組んだD.ジャッジの所説を取り上げる。

　概念定義事項は、学問名称そのものを表現する場合には、出発点にして到達点でもある事柄である。従ってわれわれが「政治制度」の「制度」定義について一般的には次のように表現される。制度は、確立した法・慣習・慣例・組織、或いは人々の政治生活ないし社会生活における他の要素として広範に定義づけられ、かつ組織された社会の必要に、或いは文明の一般目的に有用な規則原理ないし慣習として広範に定義づけられる（『OED』）。ゆえに「政治」制度は、権力の追求及び権力行使を規制することに関わる（R.スクルートン）とされる。これらは、一般的通念とも示されるが、本章は、より最近の政治制度論のテキストで論じられるものを叩き台として論点を明らかにしようと試みる。

　次にわれわれは、政治制度論という学問分野の方法論に論及する。周知の如くそれは、基本概念ばかりでなく、基本原理や理論などについても論じる事項である。ジャッジの論述は、それを新制度論をはじめとしかつ旧制度論との関わりによってその論理を展開している。われわれは、特にその教科書水準でこれを取り上げている政治制度論にその価値を見出すものである。というのは新制度論は、制度とその実態の両面から現実を捉えようとするものであり、社会科学全般において主流な方法論のうちの一つとして論じられているからである。

　その彼の章はまずその概観において、制度とは何かという問題に答えよう

と努める。

　制度が社会科学者達によって想定されている方法について基礎的序論を与えることは、政治制度に関する著書には不可欠という。それ故その第一の目的は、政治制度の性質についての学術的議論の概観を与えるためであり、かつ制度の多様な概念化の論争的性質を検討するためであると説く。第二の目的として、「制度」論及び「新制度」論の主要な変形は、どのように制度が形成し、どのように制度が発展し、かつどのように制度が変化するのかという問題の扱い方を説明するためという。

　制度研究の中核には、「ゲームのルール」への関心がある。これらのルールがどのように解釈されるのかは、新制度論の主要な変形（合理的選択視点・歴史的視点・規範的視点・および経験的視点）と関連して検討される。基本的ではあるが重大な論点は、制度が孤立しては存在せず、かつ他の制度や、制度が作動する社会的・経済的・政治的文脈との関連において研究されねばならぬことであると説く。諸制度の相互関連、歴史的軌道の重要性、及び社会的・経済的・政治的変化の偶発事は、制度形態に分析的手がかりを与えるという。

§2. 序　論

　ジャッジにとって、その『イギリス政治制度』において支える最も基本的な問題が、制度概念である。　もしその問題が簡明であるならば、その諸回答（複数）は、複雑であるという。実のところイギリス政治制度の特殊な性質を理解しようと試みる前に、制度とは何かについて考える時間を費やすことには価値があると説く。彼のこの章は、政治制度に関する学術的議論の概観を与えることによって、制度の定義や分析の論争的性質に光をあてる。制度形成方式、制度展開方式、及び制度変化方式に関する学術的な視点から他の視点まで多様である故に、当初からそうした諸相違を承認することは、重要であるという。

　ある観念ないしモデルが他のものよりも彼の著書にとってより適切である

ことは、明らかとなると説く。それにもかかわらず、もし制度定義過程においてある観念が他のものに好まれ、かつある観念の相対的重要性が他者に対して特権化されるならば、このことが事実である諸理由も明確にされねばならぬ。そうすることよって、イギリス政治制度の記述と分析を導くのに役立つ多様な組織枠組みが明らかに出来るという。本質的にはこの章は、次のように主張する。即ち、制度が「存在」する一方で、我々がそれらの存在を解釈する仕方は、我々が第一に制度について想像する仕方に依拠すると説く。これは、特に深い哲学的論点をなすのではなく、制度が、相互からか、或いは制度が作動する社会的・経済的・及び政治的文脈からか、或いはより広範な価値と規範からかのいずれからにおいても孤立して存在しないことを簡明に認めることである。

次のように評価するために「制度」について考える時間を費やすことにも価値がある。即ち、一方で「制度論」についての学術的議論は、(特定の制度の作動よりもむしろ)制度一般にしばしば焦点があてられ、かつ他方でイギリスの制度についての多くの記述が存在するが、その多くは明示的な「制度論的」視点を採用しないことを。それ故その逆説は、稀にしか制度についての理論がなさず、かつ詳細化された特定的政治制度分析が一致せぬことにあるという。しかし複雑さと逆説を検討する前に、「制度」の意味を決定しようとすることによってスタートし、制度とは何かの節へと進められる。

§3. 制度の概念定義について

一つの出発点は、制度に関する「真鍮製表札」定義と称されていることと説かれる。これは、問題としているその制度［機関］を示す建物への入り口の上の真鍮製表札を指す。今日その表札は、真鍮のようなデザイナーのロゴによって飾られた彩飾合板製品であるように思える。しかしその表札材料が何であれ、印されるその建物は、「一制度」の存在を意味する。例えば、かくしてロンドンにおけるウェストミンスターパレスは、議会制度(庶民院と貴族院)を内蔵する。ホワイトホール［街］は、国家の中央省庁の物体的本

部であり、その中核に居を構えるのはダウニング街であり、かつ首相官邸である。パルマル［街］の向かい側の端にある丁度コーナーの回りには、バッキンガム宮殿（君主制の物体的本部のうちの一つ）がある。同様に主要な制度［機関］（オールドベイリーにある中央刑事裁判所とストランド街にある王立裁判所）、地方自治機関（ロンドン統治機構の著しく近代的なシティホール）、それぞれの政党の諸機関（労働党の本部であるオールドクイーン街、保守党の本部であるヴィクトリア街、自民党の本部であるカウリー街）は、全て物体的同一性をもつという。

諸制度への真鍮製表札ないし「建物」アプローチと「空間」アプローチの一つの利点は、少なくともそうした諸機関が存在する物体的具現であると説く。確かに電話と電子通信の到来以前に、正に建物の近接性或いは他のものも諸機関とその成員達との相互作用と相互関係の標識を与える。

もう一つの「建物」的観点或いは「真鍮表札」的観点の利点は、それが安定と変化の両方をさすことである。ウェストミンスター［国会］とホワイトホール［省庁］の歴史的建物は、ともに歴史の重要性、及びイギリス政治機関の長寿性を共に指し（例えば、900年も時代を遡るウェストミンスターホールとともに）、かつ変化の重要性もさす新しい建物ないし異なった建物へのある国家省庁の再配置によって、かつ例えば近年のその幾度もその権限と名称を変える教育技術省とともに建物の上の表札の頻繁な変化によってともに典型化されるという。

しかしこれは、諸機関についての建築的観点が我々をとらえる限りなのである。というのは建物自体が制度であるとは誰も主張しないからである。主張された全ては、それらが物体的制度の在所であるという。問題なのは、その建物内部で起こることである。更にある制度が単一の建物によって囲まれていないか、或いは建物に物体的にさえ置かれていないという。ある制度概念は、例えば、「官僚制」、「政府執行部」、及び「司法部」の如く空間的ありかを越えると説く。

その建物内で起こることに対して建築的人工物体を越えて注目が移るや否や、その人々（actors）と公式的規則や非公式的規範や価値を通じての相互

関係は、分析的見解に重要となるという。人々が組織される仕方、人々が一組織内で対内的に相互に、かつ対外的に他のものと相互作用する仕方及びこれらの相互作用の彼らの期待が構造化される仕方が、注目の焦点であると説かれる。

§4. 「旧」制度論と「新」制度論

　ジャッジの本節における「制度」議論は、学術的視点(或いはより正確には学術的諸観点)として「制度論」と今解けぬほどまでに関連付けられると説き始める。「旧」制度論と「新」制度論との間に通常一つの区別が引かれる。
　「旧」制度論は、非論理的、形式主義的、過度な事実主義的、時代遅れ的、規範主義的、記述主義的として単純化されている。それは、現代の学生達(或いは少なくともこうした概観の手短な印刷を読むことを潔しとせぬ人々)が旧制度論の「頼りにならない議論版」を構築するように思えるくらいであると説かれる。「伝統的制度論の批判者達」は、その焦点が習律(慣習)よりもむしろ公式規則や組織にあり、かつ統治(ガバナンス)へのより広範な制度的制約よりもむしろ「統治構造(ガバメント)にあった(国家内外で)」と言う見解に信が置かれるという。
　しかし最も多くの解説者達は、その「批判者達」の立場を明らかにした後に、旧制度論者達が、彼らの批判者達が是認するよりも遥かに分析的に機敏にして洗練されたことに注目し始める。かくしてB.ピーターズは、旧制度論の価値についての総括的な退けが、20世紀初期の主要な政治学者達のうちの幾人かの著作を過小評価すると警告した。同様にR.ローズは、次のような制度論者の一例として1930年代におけるH.ファイナーの著作を引用する。即ち、「その制度論者は、制度を文脈化し、公式的要件と非公式的要件との間の関係を探り、民主主義のための国家横断的な制度的相違と、それらの結果を説明しようと努める」と。更に戻るとL.ローウェル(1920)は、「イギリス政治制度を記述する」と認められた目的によって公式的構造と立憲制的文書のみでは、政治制度についてほとんど明らかにしていないことによく気付いた。その代わりにローウェルには制度的適応と、「生きている有機体」

に類似する政治制度、制度的相互関連性、及び諸観念と諸価値の重要性（その立憲制の習律［慣習］的諸局面）についての鋭い自覚をもったという。更に戻れば、J.レドリッチ（1908）とA.V.ダイシーはともに彼らの文化的・歴史的・及び社会経済的環境におけるイギリスの諸制度の埋め込みを検討したと説く。このことは、制度の公式的構造的諸局面への関心であるばかりでなく、たとえ実際的に理論化されないとしても理論（或いは原－理論）への関心であったし、組織への関心と同様にアクター達への関心であったと説く。それは、公式規則と同様に非公式規範への関心でもあった。それ故に多くの初期の制度論的分析を支えることは、「組織的視点」であった（A.Gamble）とジャッジによって説かれる。

§5. 新制度論

われわれは、ここでようやくジャッジの新制度論記述に達している。まず彼は、1980年代の制度の再発見が、一部には誇張に依拠したという。即ち、制度分析が先立つ数十年においておろそかにされた程度の誇張、及び第一に旧制度分析の失敗の誇張であったと。実のところ制度分析は、行動革命と合理的選択革命を通じて、特にアメリカを越えて政治学の多くの下位学問の顕著な局面であり続けた。そして多くの制度研究は、理論化することと「新」制度論者達に通常帰された方法論の配置に明示的に関わったと説かれる。

換言すれば、新制度論が制度を「再発見」していたと主張した一方で、制度とその分析が決して現実的には消滅していなかった。むしろ「それらは、初期の理論で保つ地位から重要性において簡明に後退していた」し、「非現実的である政治生活概念によって取って代わられていた」（J.March and J.Olsen）。彼らは、政治学者達の新世代が、行動論者達や第一世代の合理的選択論の政治学者達によって供せられた分析地図から調べた時、彼らは政治的地勢がこれらの地図が提案するほど簡明ではないことを発見した。社会科学者達の専門用語においてその学問へのこれらのアプローチは、社会化の程度が低かったという。政治生活は、個人の選好集約よりも遙かに多かったし、

新制度論者達にとって次のことが明らかとなった。即ち、単独で個々の選好が政治的結果を独占的に占めないが、これらの選好が根差され、かつ制度構造や組織的偏向が調整された形態において反映されたことが［明らかとなった］。

政治的地勢の複雑さを認める時、新制度論者達は制度を置くために新概念地図を工夫しようと努めた。多様に異なった範疇化は、異なった制度的「地図製作法家達」によって明らかにされた。

V.ローンズ（2002）は、「規範的」観点と「合理的選択との間の基本的二分法」を明らかにしており、P.ホールとR.テイラー（1996）は、三つの新制度論を明らかにした。S.ライヒ（2000）は、四つの諸形態が存在すると論じたが、ピーターズは新制度論解釈の五つの地勢（1996）と六つの地勢（1999）を規定した。しかし新制度論のこれらの異形の全てが共有するものは、政治分析の中心に制度を置く共通の関心である。それらを区別することは、彼らが制度の中心的役割を果たすと信じる理由と説かれる。

[1] ゲームのルール

B.ロススタイン（1996）によれば、「それらの中核に、政治制度がゲームのルールであると言う一般的合意が存在するように思える」と引用される。しかしロススタインが直ぐに指摘する如く、これは何がそのルールに含まれるべきかの問題を惹起する。驚くべきもなく、その諸解答は、新制度論者の間に明らかに異なっている。

一方の極には「社会学的制度論」によって与えられた拡大概念がある。この変形は、ジャッジの著作において明らかには描かれていないが、制度研究が更なる地平を明らかにすべきことからの一観点として有効である。実のところ一般的に注目される必要があることは、社会学的変形が政治学者によって採用された新制度論よりも遥かに広範であるという。「社会学的制度論者」にとっての制度は、規範・認知・文化・象徴・習慣・或いは「神話」や儀式によってさえ範囲を画定付けられる（see Rothstein; Hall and Taylor; Peters; Lowndes）。「範囲の画定付け」という語は、「定義付け」という言葉よりもむしろここでは意識的に使われる。簡明にこの見解は、何ものもない限り、

非定義的であるからである (Peters)。それは、そうしたアプローチが政治学者達にとってメリットなしであることを意味しない。そのアプローチは、制度が簡明に公式的ルール・組織・及び手続きについて理解されるばかりでなく、制度が作動するよりも広範な文化的文脈が考慮される必要があるという意識を促進するごとく、むしろその反対である。とはいえこれは、ある社会学的制度論者達まで遥かに前へと進め、かつ文化や立憲制が相互に僅かに隠していることを論じることではなく、かつ制度としての文化について想定することではない (Hall and Taylor)。

　社会学的制度論は、「行動に不可欠である認知的行動のシナリオ、範疇、及びモデルを与える」ことによって、行動に影響を与える仕方にその強調のための関連性をもつ (Hall and Taylor)。彼らは、「人がなすべきことを特定化することによってばかりでなく、人が特定の文脈で自らなすべきことを想像し得ることによっても行動に影響を与える」(Hall and Taylor)。この意味において制度は、社会生活に意味を与える。個人行動は、制度によって制度を通じてかくして社会的に構成される。逆に制度は、それ自体で「社会的に構成される」(Hall and Taylor)。

　あるレベルにおいてこれが提案することは、きわめて簡明である（諸個人や制度が解けぬほどに関連付けられる。意味付けのシステムとしての制度は、その意味付けシステムの中で諸個人の行動を形成する）。しかしもう一方の遥かに複雑な水準において正確には諸制度を区別すること（規範・価値・文化・及び他の組織形態から）は、不確定なままに残る。社会学的制度論の本来的な危険は、制度概念が「万事を意味付ける」ならば、それは何ものも意味づけない (Rothstein)。もし1970年代と1980年代における政治学の「正説」が「低い社会化の程度」とみなされたならば、社会学的制度論者達の即答は、「過剰な社会化の程度」であると批判し得る (*ibid.*)。

　[2] 合理的選択制度論

　もし社会学的変形が少なくとも現在の諸目的にとってあまりにも広範過ぎるならば、合理的選択制度論は、狭過ぎるとジャッジによって説かれる。個人の選好が内部で発生し、かくして制度によって決定されないという提題か

ら出発することによって合理的選択理論家達は、次のような場合に諸個人が決定をなす仕方を説明しようと努める。即ち、彼らは、その結果が他の諸個人によって影響されることを知る場合に（Aspinwall and Schneider）。方法的個人主義の開始規定、及び外因性的選好規模に従って彼らの優先順位をランク付ける効用極大者としての個人達の見解にかかわらず、その究極的仮定は、諸個人が相互作用し、かつ相互依存的であるという。その場合に個々の相互作用の構造化は、共通決定を達成するのに必要とされる。

　合理的選択観点から制度は、規則・手続き・及び諸個人が相互に作用する非公式な実際を供する。諸個人は、効用を極大化しようと努める。しかし彼らの選択肢は、規則によって同時的に制約され、かつ制度の「政治空間」によって供せられた意欲刺激によって高められる（Peters）。諸個人は、次のような承認からこうした制度的制約を受け入れる。即ち、彼らの個々の目標は、他の政治的諸個人に集合的に影響を与える規則や手続き内で極大化し得るような。換言すれば、制度的規則もそれらの競争者達を制限する承認は、制度［機関］的成員数によって生ぜしめられた個々の選択への制限を受け入れることをアクター達に必要とされた合理性を提供する。それ故に合理的選択制度論の中核には、個人の行動や意思決定を構造化する一組みの規則としての制度見解がある。その最も基本におけるその定義は、「その制度的なものを、非制度的なものから分離するとき規則」に依拠する（Peters）という。

　もちろん政治分析は、この最後の文が提示するほど簡明ではないと説く。大抵の合理的選択制度論者達がこの基本的前提から出発する一方で、大部分はある仕方でそれを要件付けようとも努めるのであろう。本質的に合理的選択モデルの四大学派と順次結び付けられた四つの要件類型が存在する。

　即ち、「規則モデル」、「依頼人（国民）－代理人（政府）モデル」、「ゲーム理論モデル」、「規則基盤モデル」［が存在する］。これらのアプローチが共通にもつものが何かということを記す以外に、ここではその詳細を我々に共有させる必要はない。その共通にもつものは、以下のようである。即ち、

　1）規則としての制度概念、
　2）これらのディレンマが解決し得る文脈を提供する制度と、一連の集合

行動的ディレンマとしての政治活動の明確化、
3）制度が諸個人の戦略的相互作用を構造化し、かつ不確実性を減じる合意、
4）「制度が遂行する機能のスタイル化した特定化」を生み出す制度の起源への演繹的アプローチ（Hall and Taylor）。

彼らが共通にもつことは、「現実世界」との緩やかな関連である。

[3] 歴史的制度論

合理的選択アプローチと対照的に歴史的制度論者達は、自分達が「現実世界問題と取り組む」と主張するという（Pierson et al.）。その最広義のものにおいてS.スタインモら（1992）が次のように指摘する。即ち、「歴史的制度論は、政治闘争が起こる制度的背景によって仲裁される仕方を明らかにする試みを示すと。一般に歴史的制度論者達は、公式的組織と非公式的規則の両方を含む制度の定義と、行為を構造化する手続きの定義によって研究する…。歴史的制度論の［大抵の］概念において黙示的であるが決定的であることは、制度が政治を制約し、かつ屈折させるが、制度が決して結果の唯一の原因ではないのである」。明らかにこの定義によって歴史的制度論は、制度論的観点であるが、それが社会学的変形、或いは合理的選択的変形から、いかに特有であるのか。その解答は、それほど特有ではない。これは、P.ホールとR.テイラーに、C.ヘイとD.ウィルコットによって帰された解答であるからである（1998）。後者の著者達の対化は、歴史的制度論の「原則」内で合理的選択制度論と社会学的制度論の両方をおくと前者の対化を非難し、そうすることによって「歴史的制度論がそれ自体の主張における制度分析への特有なアプローチではないことを含意する」（Hay et al.）。P.ホールとR.テイラーは、歴史的制度論がある「計算」アプローチと「文化」アプローチの「合成」のアプローチであることを快く譲歩することによって論じる。即ち、これらのアプローチは、「合理的選択」視点と「社会学的」視点と簡明に重なるばかりではないと。

しかし究極的には彼らは、歴史的制度論が「これらの諸アプローチのいずれかへの十分に意識された選択肢」ではないことを認める（1999）。一部にはこ

れは、「両学派における増大する数は、他の中核的主張を分有する」からである (1996)。「つまりある知的借用は、全般にわたって続いている」からである (1998)。この借用の程度は、「この制度論解釈を他の解釈とを分けることは、困難である」とピーターズにおいて認められる (1999)。

　歴史的解釈と合理的選択解釈は、どのように制度が、政治戦略と政治的結果に影響を与えるのかという問題で始める。ある合理的選択モデルは、答えて次のように認めるのである。即ち、制度は、「文化的に構築され」、かつそれと引き換えに多くの社会学的制度論は、「他のものの相互期待によって戦略的にして拘束される」と、「制度内での活動」をみなす (Hall and Taylor)。両方の点で歴史的制度論は、これらの諸仮定が問題ないことに気付くだろう。実のところ歴史的制度論者達の基本的前提は、制度が政治アクター達が彼らの戦略的文脈を与えることにある。

　これらの他の制度論から自らを離そうと試みる時、「その歴史的」説得の人々は、少なくとも三つの基本的相違を指摘する。第一に、歴史的制度論者は、合理的選択の厳格な合理性仮定が過度に還元主義と一般的にみなす。かくして歴史的制度論者達は、合理的極大主義者達としてよりも「ルールに従うことでの満足者達としてより多く諸個人を快くみなす」。換言すれば、歴史的制度論者達は、そうすることがその個人自身の最善の利益にはあり得ない時でさえも、社会的に定義付けられた規則に従う諸個人を快く是認する。第二の相違と少なくともスタインモらにとっての「最も中心的」(1992) なものは、選好構成に関わる。歴史的制度論者達にとって選好構成が所与の事実であるよりも問題なのである。選好は、社会的にして政治的に構築されるとみなされる。こうして戦略と目標（及び合理的選択における如くたんに前者ばかりでなく）は、政治制度によって形成される。

　第三にして一般的相違は、歴史的制度論によって提供された「より広範な」観点である。この「広範ないし拡大」は、いくつかの異なった諸形態をとる。一つは、「一政体制度において具現化された諸観念構造が個人の行動に影響を与える仕方」のより広範な理解である (Hall et al.)。実のところ諸観念は、この観点に中心的である (Peters)。このことは、歴史的制度論者達をして

「新観念にさらすことがアクター達の戦略的選好と同様に基本的選好を変更し得る事を明らかにすること」を可能にし、かつ次のように「諸観念」に関するより拡大主義的類型をもつことを可能にする。即ち、「世界と、他のアクター達のありそうな行動（そこに合理的選択分析が集中する）を統治する因果関係から、多くの政治的アクター達の自己同一性について論じる、何が善ないし正しいかに関する道徳像までからなるアクター達にとっての問題となる諸観念［に関する］」(Hall et al.)。主張される如く、これは、「構造と代理人との関係の増大的に洗練された理解によき基礎」を与える (Hall et al.)。

歴史的制度論のために主張された第二の区別的特徴は、権力及び権力の非対称的関係がこうした分析において果たす顕著な役割である (Hall et al.)。歴史的制度論者達は、自由に契約する諸個人への合理的選択観念の焦点と対照的に、異なった諸個人や集合組織に与えられた権力とアクセスの不平等に反映する制度の遂行能力を認める。

諸観念と権力へのこれらの関心は、制度と巨視水準過程、及び社会勢力との間の関係へのより広範な関心をさす。R.ピアスンとT.シュコチポルの言葉によれば (2002)、歴史的制度論は、「巨視的範囲の性向」をもつ。そういうものとしてそれは、「相互作用効果」と「全てを包含する文脈」(Pierson et al.) に関心がもたれる。従ってそれは、例えば、合理的選択制度論に明らかな個人水準行動ないし微視的過程とは別に、歴史的制度論をおく。

もし歴史的制度論者達が主張する如く、彼らは「重要な或いは驚くべき諸類型・事件、或いは取り決めにおける多様性を説明」することに関心をもつとすれば〈文脈に関係なく人間行動を説明し、或いは正に一般過程をモデル化することによりもむしろ［Pierson et al.］、「大きくして現実世界の問題」［2002］を捉え、かつ広範な社会的文脈に相対的に光をあてようと努めるとすれば〉［「彼らは木と森を見る」如く〈2002〉］、何が彼らの研究課題の特殊な制度次元なのかと問う。

その関心が巨視的であるという事実こそ（そしてその関心は広範な諸々の一組みの組織と制度にあり、かつそれらが相互に関連する仕方にあり、かつ文脈を包括し、かつやがて諸類型を求めることにある）そのアプローチを歴史的に明

らかにするが、なお「制度」次元が何であるかを特定せぬままに残る。ある水準において歴史的制度論者達が制度自体によりもむしろ制度効果に第一次的に関心をもつと論じることは可能である。主導的な歴史的制度論者の諸研究の多くは、異なった制度的複雑さと制度形成の政策結果を説明することに焦点があてられ、国内と諸国にわたってともに政策の継続と多様性を説明することに焦点があてられる。歴史的制度論が政治的・社会的結果への制度構造の影響の理解を増大している一方で、それはなお「説明の重要な対象を自らのものとして制度を扱う」のに問題をもつ（Pierson）。

　第一に、「制度とは何か」という基本的な問題は、十分に概念化されぬ解答にしばしば導く。確かにB.ピーターズが示す如く（1999）、歴史的制度論者達によって与えられた諸解答は、「大抵のアプローチにおけるよりも曖昧である」。実のところE.リーバーマン（2001）は、次のように論じようと努める。即ち、歴史的制度論者の「定義は、次のような理由で必然的に曖昧である。というのはこの枠組み内で研究する分析者は、その問題と理論に従ってより簡明な仕方で制度を定義付けるからである」。しかしこのことは、何らの一貫した歴史的制度論者の理論も存在せず、ただ複数の諸理論のみ存在すると示唆するように思える。

　しかし共通の定義の出発点は、その制度構造が集合行動を形成し、かつ異なった政策結果を生み出す想定から生じる。その場合に少なくとも「構造」と「組織」が制度定義の基本的部分として識別し得る。

　この構造主義的次元は、P.ホールとR.テイラーの承認によって強調される（1996）。即ち、「歴史的制度論者達は、集合行動を構造化し、かつ特有な結果を生み出す主要な要因として、政体ないし政治経済」をみなす。このことは、制度定義へと「政体ないし政治経済の組織構造に埋めこまれた公式非公式的手続き・慣例・規範・及び習律（慣習）」として、制度定義へと導く。制度は、かくして「組織・及び公式的組織によって施行された規則ないし習律（慣習）」と結び付けて考えられる。これは、「公式規則、法令遵守手続き、及び政体と政治経済の多様な諸単位における諸個人間の関係を構造化する実際を運用する規準」に関するホールの初期の定義を発展させた（1986）。最

も特定的にはそれは、非公式規則を含むまでに規則概念を拡大させた。しかし、それは、「手続きを運用する規準」概念（それは、経験的制度論〈以下参照〉議論へのある重要性をもつ）を失う。それにもかかわらず大抵の歴史的制度論者達は、今次のような「制度定義」によって快く研究するだろう。即ち、「公式組織と行動を構造化する非公式規則と習律の両方を含む」(Thelen et al.)。しかし、組織規則とより広範な規範と習律との間の一線をどこに正確に画するのかは、論争から免れないままである (see Thelen et al.; Peters)。その究極的問題は、歴史的制度論者達が「公式的制度の常識的概念」を受け入れる傾向 (Peters) があるが、それらの既に曖昧な定義に、「観念」と「権力」概念を埋めこみたがるということである。

　逆説的に歴史的制度論者達は、制度とは何で「ある」のかについてしっかりと把握し得ぬ。しかし彼らは制度が存続し、かつやがて変わる仕方（理由）についてより正確である。しかしここでさえ、彼らは制度構成と制度変化よりも存続を説明することについて明示的である。ピーターズ (Peters) は、次のように主張する。即ち、

　「ある程度まで制度を支える構造における観念を具現化することへの強調は、制度構成定義として解し得る。ある観念が受け入れられるようになり、かつ構造形態へと具現化される時、その制度が創設されると論じ得る」。しかしこの声明の繰返し的次元は、観念が受け入れられる時に制度が存在するように、明らかであるが、制度の存在によって受容が意味付けられる。もう一つの問題は、制度がその組織形態ないし構造形態をとる正確な期間を明らかにする事を伴う。歴史的制度論者達にとってのこの問題は、次のようにリーバーマンによって光があてられる。即ち、

　「結果への制度のインパクトをはかる最も重要な出発点は、HI（歴史的制度論者）の議論に中心的である適切な政治制度の創設に先立ち、かつその創設後の期間の比較によるのである。簡明に言えば、もしHIは特定な一組みの制度が特定な一組の結果のために問題とすると主張したがるならば、次のように示すことが必要である。即ち、こうした結果は、そうした制度の設立に先立って既に適切ではなかったと。かくして制度の創出の機会の明確化は、

分析のための予備的出発点である」(Lieberman)。

　しかしこうした「制度創出の機会」を明確化する時の誤りの可能性は、高い (Peters; Lieberman)。ここでは次のようなことを想起すべきである。即ち、歴史的制度論者達の注目の多くは、政策（例えば、保健衛生、税制政策、貿易政策、失業保険制度)、及び幾つかの時代にまたがるもの、並びに幾つかの国家にまたがるものの両方で、これらの政策の発展を説明する願望に焦点があてられていることを。

　政策発展を説明する時、「経路依存性」概念は、多くの歴史的制度分析へとはめ込められるようになっている。一般的観察として「公式的政治制度は通常変化に耐え得る」(Pierson)。一部にはこれは、次のような理由故である。即ち、政治制度は、将来の変化を制約するようにしばしば設計されている故であり、かつ故に将来のアクター達にとって不活発ないし困難へと覆すからである (see Pierson, 2000)。この「経路依存性」は、最初の制度選択や構造がやがて自己補強するようになることを規定する。この「自己補強的動態」は、次のように意味する。即ち、「ひとたびアクター達が特定の経路へと思い切って従っていると…彼らは、コースを変えるのにきわめて困難を感じるように思える」と (Pierson et al.)。その全てのことは、制度的継続性と持続性を強調するように思え、かつもし変化が説明されるならば、制度発展の再概念化を必要とする。

　歴史的制度論者達は、多様な方法で変化「問題」と取り組む。一つは、「経路依存性」が政治的惰性と同様に政治的変化を説明し得ると論じる。かくして例えば、ピアスンやシュコチポル (2000) は、次のように論じる。即ち、事件のタイミングと配列決定が制度発展への基本的インパクトを与え得ると（「ある政治構造が政治発展における後期段階において現れるある事件ないし過程を特に受けやすいことを証明」し得る如くに）。しかしこの声明で開示されぬままになお残る正確には理由がある。ピアスン (1996) は、進化モデルにおける制度変化を説明しようと初期に求めている。このモデルの中核には最初の制度設計から出る逆機能的諸要素ないし予期せぬ結果に答えて漸増的調整がある (see Peters; Lowndes)。制度は「学び」、かつその結果として行動を修

正する能力をもつ。しかしながら歴史的制度論者達が主張する全ては、こうした学習メカニズムの有効性が政治世界における「かなりな制約」を被るということである（Pierson）。

他の歴史的制度論者達は、「重要な伝達」観念における答えを求めている。これは、制度発展が次の時によって強調される継続期間により特徴付け得ると仮定する。即ち、

「実体的制度変化は、歴史的発展が新経路へと移る『分岐点』を画することによってつくられる時」によって（Hall et al.）。この概念は、その結果、「強調された均衡」というきわめて類似な観念によって均衡が保たれる。この概念は、S.クラウズナーによって概述されたように、次のように受け入れる。即ち、制度というものは、均衡状態において長期間に存在する［その最初の制度構造に従って活動する（或いは先立つ「強調」に応えて公式化する構造）］が「制度変化の急速な爆発」が存在する均衡を強調し得ると。

もちろんこれは、そうした「強調」をせきたてるものが何なのかという問題を惹起する。そしてどれくらい深くその強調は、現存の均衡を引き離さなければならないのか。実のところ変化の相違の規模と軌道を判断することは、次のように問題となり得る。即ち、

歴史的制度論における定義によって、ほとんど「結果は、過去によって大いに影響され、完全な分離状態よりもむしろ周辺においてより多く変化する傾向がある」（Lieberman）と。

対照的に、ピーターズとピエール（1998）は、歴史的制度論における制度変化の「混乱モデル」を明らかにする。変化は、過去と鋭い断絶を含み、かつ「変化した対外的要因が経験的であれ、より観念作用的であれ、変化した対外的要因に適応する必要性から主に結果としてもたらす」。この見解において制度変化は、ある制度環境における対外的変化に対する即応とみなされる。実のところ、ピーターズ（1999）は、次のように論じる。即ち、一般的に歴史的制度論における変化の説明は、変化のための何らの対内的動態など存在しないごとく、そのアプローチ自体の外で求められねばならない（ピアスンによって記された最初の設計の逆機能とは別に）という。

［4］規範的制度論

　マーチとオルセンは、「新制度論」という表現をつくることと同様に、政治制度研究の再活性化の両方に信頼が与えられている (Peters; Lowndes)。彼らは「規範的制度論」の主導的提唱者達としても明らかにされもしたし、次のような信念の主導的提唱者達としても明らかにされる。即ち、制度は、「価値・規範・利益・主体性・及び信念を定義付け、かつ擁護する手続きと構造を運用する規準からなる集成である」という信念の (March et al.)。「規範的」という形容詞は、「行動を説明するのに組織内での規範や価値にあてられた中心的役割を熟考」するのに使われる (March et al.)。マーチとオルセンを「規範的制度論者」と名付けることに決める時、その強調は、「組織形態」(March et al.)、或いは「構造の集積」によりもむしろ規範に置かれる。しかしマーチとオルセンの言葉によれば、規範や価値（他の順序ではなく）を「定義付けかつ擁護する」のは、これらの組織形態と構造なのである。

　実のところこの段階で「規則」・「組織」・「規範」を区別することにある時間を費やす価値はある。もしピーターズとロウンズの「組織」次元ないし「構造」次元よりも遥かにマーチとオルセンの視点の「規範的」次元を強調しがちであるならば、J.レインとS.アースンのような他の論者達は、規則としての制度と組織としての制度の明確な区別をなしたがる。実のところ、彼らは、「二つの定義［規則ないし組織として］の間の分離をなすことは…重要」として論じ得、規則と組織についてのマーチとオルセンの連想について公然と批判する (Lane et al.)。レインとアースンの基本的な主張は、もし制度が規則によって構成されるならば、制度がそれ自らの立場では「行動」ないしアクターでもあり得ない。もし制度が行動ないしアクターであるならば、「恐らく制度は万事であり、かつ何ものも伴わないのである」(Lane et al.)。

　しかしながらマーチとオルセンの開始の提案は、「制度は、政治アクターとして扱い得る」ということである。制度は、もし制度的一貫性と自治を示すならば、「ある集合的利益ないし意図に基き、選択する」ことができる。こうした一貫性と自治は、次のような事実から発する。即ち、「我々が政治制度を観察する行動の多くは、人々がなし得る事を想定するものをなす慣例

的な仕方に反映する」と。これらの「慣例的なこと」は、「行動が主体性概念内でのその適切性による状況に適合される」ことによる「手続きを運用する規準を構成する」。この「適切性論理」は、「政治行為の基本的論理」(1989) として明らかにされる。その結果、「行為」は、「規則と慣例の構造を通じて制度化される」と想定される。

規則は、「政治活動が構築される慣例・手続き・習律・役割・戦略・組織形態・及びテクノロジー」として、かつ「これらの役割や慣例を含み、支持し、精錬し、かつ矛盾する信念・パラダイム・記号・文化・及び知識」として明らかにされる。規則は、「規範的に適切な行動」を明らかにすることをアクター達に可能にするのに重要である。それ故に「特定状況において特定の人物にとって適切なことは、政治的・社会的制度によって定義付けられ、社会化を通じて伝達される」。いかなる特定時においても「適切」であることを決定することは、問題がないわけではない。しかし規則と慣例は歴史的経験に反映し、標準化と同様に変わりやすさにも認め、かつ「適切な行動がその時の大部分を期待し得る自信」を築くのに十分な信頼を維持する。「制度は、個人・集団・及び社会的主体性を定義付け、それが特定集団に属することを定義付ける」。その蓄積的結果は、「潜在的に未発達な世界における不完全にして一時的組織の島々［孤立したようなもの］」をつくり、かつ維持する「政治構造」である。

もし制度の規定的定義は、マーチとオルセンの観点（規則・規範・及び手続きを運用する規準・及び組織形態と構造についての）に関する識別することが容易であるならば、第一に制度が生じる仕方を決定することは、見つけることが困難である。ロウンズ (2002) が記す如く規範的制度論者達は、「制度一般（或いは特定の政治制度）が生じる理由について容易な答えをもたない」。実のところ、「なぜという問い」への回答は、自明として主に扱われる（他の方法では全く混乱的と思えるかもしれぬ相互作用的世界における「秩序と安定」をもたらすために）[March et al.]。実のところ「なぜという問い」は、「どのように制度は形成するのか」という問いの中に包摂される。

「意味付けの推敲」概念は、制度が形成する仕方を説明するためにマーチ

とオルセンによって使われる。本質的に「制度」は、「関連する価値と認知の存在以前の構造を強める」。制度の意味付け構造は、以前の理解による社会化以前の諸個人から引き出す（see Peters）。これらの意味付けの共有は、諸集団内での（しかし諸集団にはわたらない）解釈や選好を共有する諸集団ないし諸制度［諸機関］へと諸個人からなる人々を区分けする傾向へと導く（March et al.）。「政治制度は、意味形成によって政治秩序が理解し、継続性を与える解釈的秩序をつくる」。

マーチとオルセンは変化への説明となると、彼らが「制度変化についての制度的観点」と呼ぶものを与える。開始の前提は、「規則全てが必ずしもよいものであるわけではない（特に無限にそうではない）」というものである(1989)。それ故に規則は、環境的前兆に応え、かつ変化過程自体から学ぶ、「慣例的な適応制度」(1989)として行動するように導かれる。「制度は決定を形成し、かつ環境圧力に適応させる一方で、目標を発展させ、精錬する」。長期的には政治制度の発展は、意図・計画・及び一貫した決定の所産としてよりもむしろ「徐々に進化する意味付け構造内での利用可能な解決策によって、変化する諸問題への漸増的適応として」みなされる。この意味からピーターズとピエールは、「有機的概念」及び「継続的な漸増的遂行の評価のし直し」によって特徴付けられたものとして、制度変化についての規範的制度論的観点を明らかにする。しかしマーチとオルセンが次のように信じないことを想起すべきである。即ち、彼らが服するように、変化の結果が次のように確かにして予定されることを［埋め込まれた歴史的経験、政治的・経済的・社会的資源、複雑な統治制度における諸制度の相互に絡み合うことないし「配置」、或いは「包括的衝撃」を］。

［5］ 経験的制度論

多くの方法で「経験的制度論」は、「旧」制度論の分析的伝統におけるより積極的な諸局面の多くを継続する。経験的制度論者達は、次のような仮定から始める。即ち、「制度が重要であり」、かつ「相互作用の公式的構造化が位置を決定し、或いは少なくとも行動に影響を与える」［という仮定から］(Peters)。「旧」制度論のように他の政治学者達がそれを非理論的にして記

述的として退け、かつその経験的制度論にとって、公式的構造が個人の行動と集合的選択に影響を与えるという信念において決定論的である傾向が存在する。

経験的制度論は、通常的に制度の存在を既知以前としてみなす［制度は簡明に政治生活の事実である］(Peters)。それ故に制度構成より以上にしばしば関心をもつものは、制度が分類し得る仕方であり、かつそれらの相互作用が監視し得る仕方であり、かつ諸制度群が範疇化し得る仕方である。地勢図を発展させる願望は、次のような間での経験的制度論において明らかである。即ち、多様に

「議院内閣」制あるいは「大統領」制、

「多数決主義型」議院内閣制或いは「コンセンサス型」議院内閣制、

「政策決定型」立法部或いは「政策影響型」立法部 (Packenham; Mezey; Norton)、

「アリーナ［活舞台］型」議会或いは「変換型」議会 (Polsby)、

或いは実施構造 (Pressman and Wildavsky, 1974) をもつものとの間においてである。

一部には制度を範疇化し、かつ制度を地形学へと適合させたい願望は、異なる制度形成の相対的「有効性」を樹立する関心から発する。「有効性」は政治制度 (Pasquinio) の遂行、或いは制定された政策類型の遂行 (Weaver and Rockman)、或いは民主主義的政府の政策遂行として多様に想定されている。各事例に置かれた基本的問題は、「制度が重要なのか」である。実のところこの問いは、1993年に刊行されたR.ウィーバーとB.ロックマンの題名を与えた。彼らの主要な関心は、政府の政策形成遂行能力への「制度的影響力」を調べることにあった。その基本的仮説は、「政治制度は、決定が形成され、かつ実施過程を形成し、かつその結果、これらが政策形成能力に影響を与える」ことであった (Weaver and Rockman)。彼らの最初の焦点は、大統領制と議院内閣制とを比較することにあった。しかしそれらはこれらの制度（彼らが〈レジームと統治類型〉と称したもの）内部での多様性には配慮を要した (1993)。その上彼らは、次のようにも意識した。「政治制度効果は、こ

れらの制度が機能するより広範な社会環境によっても、かつそれらの歴史的展開によってもともに介在し得る」(1993) と。彼らは、規範的制度論者達と並んで次のように認めた。即ち、「制度は、たんなる法的形態に反映するばかりでなく、規範的理解や期待にも反映する」(1993) と。彼らは、歴史的制度論者達と並んで制度の機能に対して「プログラムの歴史、過去における成功裡の即答、[及び] 指導者達の間の支配的信念」の重要性を快く認めもした。

それ故にウィーバーとロックマンにとって「制度が重要となるのか」の問いに対する十全な回答は、制度論的制約、意思決定過程、及び政治的・社会経済的及び人工的諸条件といった「他の影響力」を必要とする (1993)。我々の目的にとってウィーバーやロックマンは、大統領制と議院内閣制における執行部－立法部関係（政党の一体性、執行部補充、説明責任類型、及び意思決定過程をはじめとして）を特徴づける異なった制度規則に光をあてる時、機関間的関連の重要性を黙示的に指摘することに注目するには価値がある。彼らの分析は、「制度的文脈」について、及び「社会条件と組織」(1993) が制度効果に影響を与え得る仕方について重要性も有する。同様に重要なのは、制度効果が「リアルにして明確」である一方で、その効果がしばしば「間接的にして偶然的」でもあるという結論である (1993)。この制度の偶然性（より広範な政治的、経済的、及び社会的条件や勢力について）は、時代にわたり、かつ政治制度にわたって制度的多様性を説明するのに役立てる時、重要性をもつ。もし「制度が重要なのか」というその問いは、簡明であるならば、ウィバーやロックマンの著書及び例えば、A.レイプハルトのような他の「経験的制度論者達」の著作が例示することは、その諸解答が簡明ではないということである。

レイプハルトは、自らの経歴での多様な諸段階において異なった制度形成の結果を研究している。レイプハルトは、議院内閣制と大統領制の相対的長所 (1992)、及び両方の体制間の最も重要な相違を明らかにすること（執行部と立法部との関係）[1992, p.1]、及び「多数決主義型」民主政と「コンセンサス型」民主政と結び付けられたより広範な制度類型を分析することに関心をもっている。レイプハルトは、次のように主張する。即ち、明確な類型と規

則性は、政治制度が「その規則と実際がどのように多数決主義的か、或いはどのようにしてコンセンサス的かについての仕方に関する観点から検討される」。基本的区別は、政治権力の集中、その独占的、競争的、並びに敵対的制度構造と実際をもつ「多数決主義モデル」原理、及び包括性、交渉、そして妥協によって特徴付けられる「コンセンサスモデル」原理との間に識別し得る。これらの原理から最も重要な民主政制度と規則についての「10の相違」を推論し得る。

その結果、これらの10の相違は、次の二つの次元に従って集合化し得る。即ち、「執行部－政党」次元と「連邦制－単一国家制」次元である。

第一の次元は次の五項目の間で区別する。即ち、

第一に、「単独多数党内閣」におけるか、或いは「連合政権を共有する広範な多党制権力」のいずれかにおける執行部の集中の程度である。

第二に、政府執行部が支配的である執行部－立法部関係、或いは二つの機関間の権力の均衡が存在する執行部－立法部関係である。

第三に、「二党制」対「多党制」である。

第四に、「非比例制型選挙制度」対「比例制型選挙制度」である。

第五に、「多元主義型利益代表制」対「コーポラティスト型利益代表制」である。

第二の連邦制－単一国家制次元についてレイプハルトは、五つの相違を明らかにする。即ち、

第一に、「単一国家制にして中央集権制」的政体と「連邦制にして分権制」的政体である。

第二に、「一院制」立法部対「二院制」立法部である。

第三に、「厳格な」立憲制［憲法］対「柔軟な」立憲制［憲法］である。

第四に、「司法審査の欠如」対「司法審査の現在」である。

第五に、「執行部依存型中央銀行」対「独立型中央銀行」である。

これらの諸相違を記す時に、各対化の最初の半分は、多数決主義型民主政と結び付けられ、かつ残りの半分はコンセンサスモデルと結び付けられる。レイプハルトは、コンセンサス型民主政が「民主政の質、および彼らの公共

政策志向の親切さと優しさについて多数決主義型民主政を上回る」ことを論証しようと努める。しかし我々の目的のために自らの研究の重要性は、それが主要な諸群における制度の相互関連性を明らかにすることにある（レイプハルトの場合は二つ）。更にそれは、政治構造と政治文化との明確な相互作用を認め、かつこれらの相互作用の複雑性と多方向性を認める。多分同様な重要性をもつことは、以下のような重要な事実である。即ち、レイプハルトは、一つの多数決主義型民主政（「ウェストミンスターモデル」というその選択肢的名称が与えられるのは驚くべきではない）［上記で明らかにされた10の相互に関連付けられた諸要素に綿密に近接する］を明らかにするしかなく、かつこれはイギリスの制度システムと説く（ニュージーランドとバルバドスは、他の二つであるが、ともに多数決主義モデルの基本的諸局面から明らかに逸脱するという）。

§6. 結　論

　ジャッジは、最後にその結論で自らの制度の定義をまとめる。もし我々が新制度論を、テスト可能な理論といったものよりもむしろ「組織的視点」(A.Gamble) として、「分析枠組み、事態が関連する仕方の地図、一組の研究問題」として扱うならば、少なくとも我々は、新制度論によって与えられた「境界標識」のうちの幾つかを使う我々の制度研究の境界を定義付けることができる。この点において分析の境界が引かれるところを規定することは、最も簡明である。政治制度は、次のようなものと想定されよう。

　1．公式的組織と構造。
　2．こうした公式的構造は、「規範的に適切な行動」を規定する慣例や規則の受容に反映する手続きを運用させる規準に従って作動する。
　3．「適切な行動」は、組織内での（最強な）アクター達の規範や価値に反映し、組織成員達に対内的「意味解釈」を与える。
　4．順番に、対内的組織規範や価値は、より広範な社会的理解や期待に反映する。制度的文脈はかくして重要である。
　5．制度［機関］行動には、「偶発性」が存在する。即ち、その形態は、

同時代的には歴史的にもより広範な社会的・経済的・政治的条件や勢力によって媒介される。

　6．公式的組織は、制度［機関］的集団内で活動する。そこでは制度［機関］間的相互作用は、その配置内での特定の制度［機関］の諸活動の範囲を定め、かつ定義付けるのに役立つ。

　明らかにこれらの規定は、広範な新制度論モデル（及びその事柄の為に旧制度論的観点）からひかれる。これらの規定が示すものは、構造と規則の両方を含み、かつ構造（組織）と作用主（諸個人）の双方の重要性を認める政治制度概念である。制度概念は、公式規則と慣例、そして非公式規範と価値の両方を受け入れるのに包括的である。制度概念は、歴史の重要性及び経路依存性と結び付けられた「制約」を認めるが、社会・経済・政治勢力との権力関係と「諸観念」が結び付けられた規準の見直しのために、組織形態にインパクトを与えることを認めるのに決定論的ではない。更に制度概念は、政治制度がその歴史的社会的文脈に置かれるが、集団概念も制度が相互に関連されるという事実を示すとジャッジによって認められる。

　われわれは、ここでジャッジの制度論の要点と、これに沿ったその制度の概念定義をその論理にそくしてまとめてきた。われわれは、彼の新制度論を応用することによって、より具体的に現代のイギリス政治制度に応用しようとする試みを評価するものである。その定義は、最初に示した一般的なものよりも新鮮にして詳細であり、かつ包括的である。しかし問題がないわけではない。というのは彼は、後で本書のイギリス制度論において示されるが、その基本法などの旧制度論利点を軽視している部分があるからである。われわれは、新旧の制度論の長所を総合することが重要と見なすものである。例えば、イギリス革命期におけるジェームズ・ハリントンのような制度理念への信頼感の強さが制度形成には最も重要な要素のうちの一つでもあるからである。さらにジャッジの整理は、多様な制度の範囲をテキスト水準において提供している。こうした論点も含めてわれわれは、後の第2章においてジャッジの代表制度論も確認したい。

キーワード

歴史的制度論／新制度論／社会学的制度論／旧制度論／経路依存性／合理的選択制度論／多数決主義モデル／経験的制度論／規範的制度論／コンセンサスモデル

参考文献

Judge, D., *Political Institutions in the United Kingdom*, Oxford, 2005.
Lijphart, A., *Democracy in Plural Societies*, Yale University, 1977 [邦訳あり].
Steinmo, S., et al., eds., *Structuring Politics, Cambridge, 1992.*
March, J.G., et al., *Rediscovering Institutions*, Free Press, 1989.
Scruton, R., *The Palgrave Macmillan Dictionary of Political Thought*, 2007.
倉島隆編著『問題発見の政治学』(八千代出版、2004年)。
同上「ハリントンの平等な共和国の一考察」(『政経研究』2012年3月)。
同上『現代英国政治の基礎理論』(三和書籍、2003年) など。

第Ⅰ部

イギリスの政治制度

第1章　イギリスの立憲制（或いは憲法）
［I.バッジらの論点を中心に］

序　論

　前章が政治制度の理論的概観であるとすれば、本章は、イギリスの政治制度そのものの概観を表現すると言っていいものである。それは、イギリスの基本法を中心として、中世からその制度の最近の改革状況にまで論及するからである。こうした本書の位置づけによってわれわれは、広範にわたって制度論を進めることとなる。

　政治学において政治制度が通常憲法に記されていると言われる。われわれは、日本国憲法においても、国会・内閣・裁判所といった主要な統治機構を規定する諸章によって明瞭である。しかしイギリスの場合には、そのような統一的文書など存在していないのである。ここにバッジらが「イギリスには憲法は、存在するのか」という自分達の章題を構成する理由となっている。われわれは、こうした統一的に法典化された文書が存在せぬという意味では、存在しないことと解する。とはいえイギリスには長い時代にわたって存在している基本法がある。従ってわれわれは、それを立憲制として表現することとする。

　前記のように、われわれは、バッジらがイギリスの欧州連合（EU）加盟以来、大きくこのEUによって影響されてきたとみなす如く解する。特に本書は、その関連を重視するゆえに、彼らの論述を主要文献として選択したのである。バッジらは、歴史的発展が今日におけるイギリスの統治及び政治制度を強く形成している方法を検討している。恒常的に古き形態下で新しい過程を導入する幾百年にわたるイギリス国家の漸進的に進化する性質は、その特徴（特に、イギリスの立憲制［British Constitution］）を残している。イギリスの立憲制は、その前近代的起源・漸進的進化・及び不文制的地位ゆえに世界の民主主義諸国の中ではきわめてユニークである。最近まで大抵の解説者

達は、それが強力であるが、柔軟にして責任的政府ゆえに数世紀にわたってうまく機能していると称賛した。その主要な特徴(議会主権・法の支配・単一国家制・責任的政府)は、イギリスの実用主義と政治的才能の証拠とみなされたという。イギリス国民は、その立憲制下で実際上作用する方法をみるように、諸章からなる次の集合においてそうした主張を検討すると説く。実のところ、そのもともとの諸原理の多くは、政府自体の行為及びEU加盟によって1980年代及び1990年代において損なわれたという。イギリスの立憲制もそれが想定されるようには機能していない故に、かつそれがあるべきであるほど民主主義ではないというゆえに、批判を受けるようになっている。イギリスが結局のところ立憲制をもつかどうかでさえ、問題とした懐疑派がいる。というのはその問題がバッジらの章タイトルであるからである。改革要求は、1990年代においてより声高となったし、その世紀の変わり目において新しい労働党は、立憲制改革の主要なプログラムを開始した。

　本章は、以下で伝統的イギリスの立憲制、及びそれが最近において変化している方法を論じることとなる。

§1. イギリスの「不文的」立憲制［不文憲法］(地位と法源)

　人は、二つの異なった方法で一国の「立憲制(憲法)」について話す。時には人は、それがその国家の機能や権限を定義づける法や規則の一般的体系や、一般市民とその関係を広範に指す。この意味においてイギリスをはじめとする各国は、「立憲制(憲法)」をもつ。

　またある時には人は、それが上質紙上で典型的に書かれ、かつ荘厳な印璽で厳粛に是認された単一文書を指すという。1787年のアメリカ憲法や1949年の西ドイツ「基本法［Grundgesetz］」がその事例である。この第二の意味においてイギリスは、イスラエルとともに民主主義諸国の中ではきわめてユニークである。即ち、こうした諸国には何らの単一の憲法文書も存在しない。人は、大英図書館(或いはリンカーン大聖堂やソールズベリにある大聖堂)を訪れ、イギリスにおける成文憲法に類似するなにがしかのことについて、1215

年のマグナカルタを調べなければならない。

イギリスの立憲制が「不文的」であるということは、誤りである。イギリスの政治制度を規制する多くの法や規則は、実のところ書き留められている。それらは、議会法（制定法）、外国との条約、枢密院令（国王の名でなされた政府の命令）、裁判所によって歴史を通じて言い渡された判決（コモンロー）、欧州（EU）法、及び専門家（19世紀のW.バジョットとA.V.ダイシー、20世紀のW.T.ジェニングス卿とV.ボグダナア）の注釈である。以下の［表2.1］は、これらの法源を定義づけ、かつ諸事例を与える。

［表2.1］イギリスの立憲制の法源
〈1〉「制定法」（全ての他のイギリスの立憲制法源に優先し、かつ「立憲制」の増大する部分を占める「議会法」）。
［事例］（1）国民代表法［1832-1969］〈選挙権の拡大〉、（2）貴族爵位法［1963］〈一代貴族の創設〉、（3）欧州共同体（EC）法［1972］〈イギリスがECに加盟した〉。
〈2〉「国王大権」（君主のために行動する大臣によって遂行される機能である。彼らの権威は、国王から引き出し議会からではない。それは、枢密院令によって或いは宣言を通じて、かつ国璽尚書下の令状によって執行される。それは、その立憲制領域を漸進的に減じているが、外務・安全・保健事項にはなお重要である）。
［事例］（1）議会解散権、（2）戦争宣言権及び条約締結権、（3）栄誉授与権、（4）大臣任命権。
〈3〉「コモンロー」（これは、慣習的規則を意味する。特に特定訴訟における司法的決定によって樹立される「判例」を意味する。市民的自由及び集会の自由には重要である）。
［事例］（1）言論の自由及び集会の自由、（2）警察及び裁判所に関する個人権。
〈4〉「権威をもつ注釈」（立憲制的規則解釈として広範に承認された著書や著作）。

［事例］T.アースキン・メイ著『法律論（議会の特権、手続き、及び慣習）』（議会手続きの古典的手引書）。

〈5〉「習律」（確立された慣習及び実際［拘束力を有するとみなされるが、法の効力を欠く］。国王や内閣の実際に特に適用する）。

［事例］（1）議会議長の公平性、（2）内閣及び大臣の責任、（3）首相は、庶民院議員であるべきであること。

〈6〉EU法（EUは、イギリス法に優越する［両方の法がともに対立する場合に］。イギリス国内、EU法と矛盾するイギリス法を退けることが必要である。労働者の権利をはじめとする社会・経済立法には重要である）

［事例］「ファクトルタメ」訴訟（貴族院は、イギリスの商船法が協定の観点から違法と判決される）。

しかしこれらの著作は、一つの単一文書へと集められておらず、法典化されていないし、承認されてもいない。しかし、イギリスの立憲制構造の重要な諸局面は、少しも書き留められていないが、広範に受け入れられた理解形態（立憲制「習律」）を採用することにある。それゆえにイギリスの立憲制は、部分的には成文的であるが、全体的には法典化されていないとして記述される。イギリスの立憲制は、計画されず法典化されぬ漸進的進化の所産である。

イギリスにおける単一の憲法文書の欠如は、イギリス国家の例外的継続に反映する。この国家は、解放後の斬新な再生、及び新しくして成文憲法を予兆する独裁、内戦、植民地支配、並びに外国の侵略を被らないでいる。新しい立憲制の圧倒的必要性が生じる1688年の「名誉革命」以来の何らの歴史的契機も存在していない。

イギリスの「立憲制」も別の明確な点（それは、何らの特別な法的地位ももたぬ）において大抵の他の諸国とは異なる。成文憲法は、通常「確立」される。即ち、それは、特定的にしてしばしば絡みあわされた手続きによって変えるしかない。例えば、アメリカ憲法修正は、議会両院の三分の二の合意、及び諸州の四分の三の立法部による批准を必要とする。いくつかの諸国において主要な憲法上の変革は、国民投票によって承認されなければならない。イギ

リスにおいて議会は、他の法のように正確に憲法を廃止し得、あるいは修正できる。レファレンダム（国民［住民］投票）は、徐々に行われているが、それには何らの法的要件がないのである。

　最後に、イギリスの立憲制が次のような多くの他の諸国の憲法と異なる。即ち、そうした諸国の裁判所（時には特別憲法裁判所）は、憲法を解釈し、かつ政府立法ないし行為が違憲と判決する権限をもつ。イギリスにおいて裁判所は、政府や閣僚の行為が法と一致せぬと判決する。しかし裁判所は法自体が違憲と判決し得ぬ。しかし「人権法（HRA）」〈1998年〉以来法は、人権法と矛盾すると宣し得る。

§2．議会・政府・立憲制

　イギリスの「立憲制」は、与党がその利点へと立憲制を形成し直し得る次のような範囲で中央政府の手への権力集中の宣言を認める。これは、たとえそれが庶民院における多数決投票を刺激し得るのみとしても、憲法なしに今日の政府がかなりな立憲制的含意によって法を可決できる理由である。1918年以来イギリスにおいて露骨に党派的立憲制立法が稀であるが、次のような最近では数少ない事例が存在する。即ち、

　1．1984年法は、労働組合が（労働党へと主にいく）政治献金について組合員の投票を必要とさせた。しかし会社が（主に保守党にいく）政治献金についてその株主に投票の必要を要するいかなるそれに適合する立法もない。

　2．1986年法は、ロンドン市議会と他の六つの大都市議会（それらは、労働党支配下に通常あった）を廃止した。

　3．『ガーディアン』紙に対して保守党のうちの1人が訴えるのを助けるために短い発表によって古き『権利章典』を変える政権の本意は、容易に（かつ時には向こう見ずに）制定法がその立憲制を変えるのに使い得る方法を示す。

　［表2.1］に掲載された立憲制的権限をもつ他の法源のうちのいくつかは、政府によって効果的にコントロールされる。

1.「国王大権」は、議会から引き出すのではなく、全体的に法令遵守的国王からその権威を引き出す大臣達によって行使される。

2.「コモンローと司法判決」は、政府にとって一時的な当惑を証明するが、議会法によって覆すことができる。

3.「立憲制習律」のみ、それが政府によって承認されかつ実施される限りで、その執行［行政］部を拘束する。

その結果、イギリスの「立憲制」は、「政府がなすことに決定すること」とほとんど変わりないのである。

§3. 伝統的立憲制（1911年から1971年まで）

ある重大な諸問題について、その乱雑さと曖昧さにもかかわらず、1911年（議会法が貴族院権限を削減した年）と1972年（EC法がEUへとイギリスを加盟し得た年）との間に発効するイギリス立憲制に対する一構造が存在した。

その中心的原理は、次のようであった。即ち、1）単一国家制・2）議会主権・3）立憲君主制・4）中央集権制・5）政府の責任・6）代表制民主政形態。

全ての原理は、イギリスの統治制度の重要な特徴であり、かつバッジらの著書は、次の諸章でより詳細にそれを論じることとする。しかしここではその迅速な概観は、その立憲制が最近において変化し始める道筋を検討する前に必要である。

［1］単一国家制

イギリス国家は、連邦制ないし国家連合制よりもむしろ単一国家制である。これは、自らが望むある種の準中心的統治制度を創設し得る唯一の立憲制的権力の中心が存在する。連邦制において（例えば、ドイツ・オーストラリア・スイス・及びアメリカのような）政府の準中心的水準（州・地域・プロヴィンス）は、自分達の独立的にして憲法的に保障された地位と権限をもつ。連邦（即ち、中央）政府は、次のような理由でその憲法を変更しなければ、それらの地位や権限を変えることができない。というのは権限が、その政府の異なった水準によって共有されるからである。もちろん、権限や義務をもつイギリ

スには政府の地域単位や地方単位が存在する。しかしその要点は、それらの諸単位のみが次のような権限や義務をもつ。というのは立憲制的文書がそのように示すからそれらをもつゆえではなく、国会がそれらを認めるからである。実のところ、中央政府は、ちょうど自らがその権限と責務を変えることができるように、自らが望むように地域議会を設置し得、あるいは廃止し得る。

例えば、ヒース政権は、1972年に北アイルランドにおける50年にもなるストーモント議会を停止したし、それをロンドン中央政府からの直接支配と最終的に入れ替えた。サッチャー政権は、1986年にロンドン市議会と六つの大都市県を廃止した。次にブレア政権は、ストーモント議会・ロンドン市政府機構を設置し直したし、ウェールズ地域政府機構とスコットランド政府機構を創設した。

もちろん、なるほど中央政府は、フランス・イタリア・及びデンマークのような他の単一国家制において、主要な方法で地域と地方政府を改革しているが、そうした単一国家制において地域的地方的政府は、イギリスと比較して比較的強力にして自治的である。民主主義的単一諸国家制間でさえ、イギリスにおける政治権力は、中央政府に集中される。イギリスは、たんに単一国家制であるばかりでなく、高度に中央集権化された国家である。

[2] 議会主権

A.V.ダイシー（19世紀後半のイギリス立憲制に関する最も権威をもつ人物）は、議会主権を「イギリス立憲制の一つの基本法」にして「立法議会が関わる政治的事実」と記述した。議会主権は、議会（厳密にいえば「集められた女王・貴族・及びコモンズ」）以外の他のいかなる機関も法を形成し得ぬことを意味する。議会法は、成文憲法のような高次の法、或いは地域議会ないし法律裁判所のような別な機関には服さず、或いはそれらに制限されぬ。この意味において議会主権は、議会が欲することならいかなることもなし得ることを意味する（公式的制約なくしていかなる新法も可決でき、かついかなる古き法も元に戻すことができる）。イギリス議会は、いかなる法も形成でき、或いは元に戻すことができる。イギリス議会は、その前任者達によって拘束し得ず、

かつその後継者達によっても拘束できぬ。

　もちろん法権力は、実際的権力や或いは政治権力と同じではない。例えば、議会は、他の民主主義諸国において違憲であるあらゆる種類のことをなす法的権利をもつ（フットボール・ダンス・テレビやアルコールを禁じ、全ての選挙を廃止することさえなす権利をもつ）が、それらのことをなす政治的遂行能力をもたないのである。しかし議会への制約は、実際的にして政治的であるが、法的ないし立憲制的ではない。

[3] 立憲君主制

　イギリスは、国王が、国家の長にして国家社会の象徴として主に儀礼的役割を果たすことを意味する「立憲君主制」をもつ。国王は、18世紀と19世紀においてその政治的権力を漸進的に譲ってきた。19世紀と20世紀前半において君主の権利は、19世紀の立憲制の専門家であるW.バジョットの有名な言葉によれば、「情報が与えられ、励まし、かつ警告すること」にあった。実際上、現代の君主がそれらの権利をもつことさえ明らかではない。

[4] 集中しかつ集権化された権力（「選挙独裁」なのか）

　ちょうど君主制の政治権力が事実上零にまで収縮しているように、貴族院の貴族制権力もきわめて少なくなっている。1911年の議会法は、財政法案を阻止することを貴族院に禁じ、かつ非財政法案についてその引き延ばし権限を制限した。貴族院は、与党の選挙公約に含まれた法案を阻止しなかった（「ソールズベリ理論」）。時には貴族院は、庶民院から送られた法案を負かすこともあったが、通常庶民院を再度簡明に是認し（多分僅かな修正後に）、かつ貴族院はそれを受け入れたのであろう。もし貴族院が特に抵抗したならば、政府は1911年及び1949年の議会法に訴え、貴族院を全て迂回できよう。

　立憲君主制と貴族院の権限の縮小の組み合わせは、庶民院が至高であることを意味する。

　ある立憲制制度は、二つの強力な代表議会（二院制）を規定する。イギリスの「非対称的二院」制において上院である貴族院は、下院である庶民院の下位にある。

　大抵の他の民主主義諸国において国家権力は、成文憲法によってかつそれ

を解釈する裁判所によって制限される。国家権力は一般に政府の異なった水準（連邦・州・及び地方）との間で、異なった代表議会（中央政府の上院と下院）との間で、かつ連立政権を構成する異なった諸政党間で分有される。イギリスにおいてほとんど他の民主制諸国における以上に権力は、国家水準で中央集権化され、かつ庶民院で多数党の手に（換言すれば、「選挙独裁」）主に集中される。

[5] 政府の責任

　権力集中の一つの結果としてイギリスの制度に主張された大きな長所のうちの一つは、政府の責任である。中央政府は、その失敗のことで他のものを容易に非難し得ぬ（中央政府は、野党ないし連立の諸政党・貴族院・裁判所・行政サーヴィス・或いはその名においてなされた他のいかなるものも非難できぬ）。選挙制度と政党制も、個々の選挙人達から内閣と首相に対してまでに及ぶ責任の直接的にして破られぬ鎖をつくる。即ち、

　選挙人達は、議会へと自分達の選挙区の単一政党代表を送り、

　議会の多数党が与党を形成し、

　その与党が政府を形成し、

　その与党は首相によって内閣をつくり、

　かつゆえに政府・内閣・首相は、なしたことについて有権者達によって直接的に責任が保たれる。

　中央政府は、権力及び責任をもち、かつ究極的にはその政府のみが責任を保ち得る。

[6] 代表制政体

　イギリスの政体は、代表制政体である。19世紀と20世紀の多くの間公選国会議員達は、この国を運営する任務を続けることが任された。その原理は、次のようなE.バークによって1774年に述べられた。即ち、彼は、自分が人々に聞き、かつ人々のために懸命に働く気でいるのは、その議員として自分を正に選出した人々に話す言葉を遠慮なく言ったのではなく、庶民院における自らの行動が自身の判断によっていつも決定することを言ったのであると。

　この類型の代表制政体は、次のような参加民主主義や直接民主主義とは好

対照をなす。

即ち、そこでの市民達は、より直接的に政体に参加することによってその公選代表者達に対してより緊密なコントロールを行使するものとは［好対照をなす］。レファレンダム（直接的参加形態）は、イギリスにおいて使われたし、伝統的な立憲制秩序の一部ではない。

§4. 伝統的立憲制の強み

伝統的なイギリスの立憲制は、大きな強みをもつと広範にみなされた。即ち、その立憲制は、民主主義的耐久性をもち、かつ適応能力の基礎が与えられたし、安定した政体を創設するのに役立ったし、穏健にして効果的な政体を生み出したと。特に伝統的なイギリス立憲制は、よく機能したといわれた。

［1］耐久性［持続可能性］のある民主主義

イギリスは、世界で最古の民主主義国のうちの一つである。イギリスは、1215年のマグナカルタからその現在の形態にまで徐々に進化しているという。その期間中にイギリスは、権威主義的にして全体主義的政体・軍事クーデタ・及び極端な政治的脅威を避けてきている。イギリスは、膨大な社会的・経済的変化に適応しているし、戦争・及び帝国の盛衰を生き延びてきている。これらの全てを通じてイギリスは、その市民達の大部分の基本的な社会的・政治的権利の大部分を擁護している。

［2］安定的政体

大抵のイギリスの与党は、四、五年にわたって政権についているし、それほど頻繁には連立政権など経験しておらず、安定と継続を与えている。例えば、戦後のイタリアとフランスにおいて多くの政権の不安定が存在している。1945年以来イギリスにおいて定着されていない時期（1964-66年、1974年、1976-79年）が存在しているが、それらは短くして例外的である。

［3］穏健な政体

イギリスの政権は、大部分穏健な政権である。急進的な改革政権は、比較的まれである（1945年から51年までの労働党政権及び1979年から1990年までのサ

ッチャー政権)。更に広範なコンセンサスは、二大政党に通常及んでいる。これは、労働党右派のH.ゲイツケルと大いに一致した保守党左派のR.A.B.バトラーにちなんで1950年代に「バトケリズム」と呼ばれた。バッジらは、「社会民主主義コンセンサス［福祉政策と混合経済路線］」(1951-79年) と「新自由主義コンセンサス［経済成長路線］」(1979-2012年) についての政策一致を主張する。

[4] 有効的政体

より論争的にして容易には論証されていないことは、そのイギリスの立憲制度が効率的な政権を生み出すと言われることである。権力が庶民院における多数党の手に集権化される故に、政権はいかなる政権もそうできる限り、効果的な行動をとることがよりよくできる。このことは、政府の政策がよいか或いは悪いかであることを意味するものではないが、政権が決定を講じ得、かつ決定を実施し得ることを意味する。その制度には多くの拒否権的論点など存在するわけではなく、もし政権が措置を講ずる意思があれば、その措置を講ずることができよう。

[5] 実用主義的長所（立憲制はうまく作用する）

結局のところ、伝統的なイギリスの立憲制擁護者達は、その立憲制がうまく作用すると論じる。そのイギリスの立憲制は、通常時に安定的・穏健的・効率的・及び責任的政体を与え、危機期には十分に即応するに足る程柔軟である。例えば、イギリスの政体が強力にして単独の政権の第一次的事例であるが、必要ならば、連立政権へと円滑に移行している。イギリスが大恐慌 (1931-1936年) によってかつ再度第二次大戦期中 (1940-45年) に脅かされ時、連立政権へと円滑に移行した。1974年と1979年の労働党政権は、自由党とスコットランド民族党との非公式な議会合意によって政権に保たれた。

同様にイギリスが集権化された単一国家制の第一次的事例であるが、1999年のスコットランド議会とウェールズ議会の創設・及びストーモントの自治の復活以前でさえ、ある程度のスコットランド・アイルランド・及びウェールズへの権限委譲が存在した。選挙制度は、民主主義世界において最も比例代表制的でないもののうちの一つである。しかしその選挙制度は、平均的選

挙人の意見に近い政権をしばしば生み出す。イギリスの立憲制は、なるほど奇妙にして異常な存在であるが、その擁護者達はある長所によって次のように論じる。即ち、イギリスの立憲制は、大抵の民主主義諸国と同様にうまく作用しており、かついくつかの民主主義諸国よりもうまく作用していると。

§5．伝統的立憲制（神話と現実）

[1] 習律 [慣習]

　同時に批判的な声は、近年より一貫して増加している。その批判の中心には、イギリスの立憲制が一部には成文であり、かつ全体的には法典化されていないという事実がある。その事実は、公式的な成文規則に依拠するのではなく、習律に依拠する。即ち、遵守される慣習や実際に基礎づけられた不文の理解に依拠すると。19世紀の政治家であるW.E.グラッドストーンが言うように、「イギリスの立憲制は、人々の良識とそれを機能させる人々のよき信念に関して他のものよりも大胆に推定する」。

　伝統的立憲制擁護論者達は、習律の柔軟性を強調し、かつその立憲制の成文部分における隔たりを埋める能力を強調する。それらは、その立憲制の専門家であるP.ノートン卿が「立憲制機構の潤滑油」と呼ぶものである。懐疑論者達は、政権がその機構を滑らかにし、かつ野党にさびを残すと指摘する。

　他の習律は、彼らの変化を想像することがほとんど不可能であるほど堅く固定される。即ち、

　そうした習律は、国王が両院によって可決された法案に裁可をなし、君主が庶民院における最大政党の党首に政権を形成するように要請し、首相が庶民院にいつも議席をもち、議長が公平であり、議会は毎年開催せねばならず、選挙は最終的に五年毎に行わねばならない、というものである。

　他の習律は、流動的である。政権は、もし自分達がうまくやり通し得ると考えるならば、その習律を曲げたり或いは無視したりすることは知られている。党規律・庶民院の多数・及び議会の法的至高性の組み合わせは、それらがしばしばうまく成し遂げることを意味する。1977年にJ.キャラハン労働党

首相は、欧州選挙を規制する規則について自由投票を容認することに決定した。彼は、これが内閣の集団責任習律を破ったかどうかを決めることに議会で挑戦される時、憂鬱そうに次のように答弁した。即ち、「その習律は、私がそうでないと宣言する場合を除きなお当てはまる」と。

もし政権が不信任投票で信任を失えば、辞職するという習律は、適例である。19世紀及び20世紀の多くにおいて政権の計画に中心的であったいかなる財政ないし立法法案も信任の事柄とみなされた。この理解は、次のような労働党政権によって無視された。その政権は、1974年10月に三議席のみの僅かな議会多数によって選出され、かつ1977年3月に少数派政権となった。この労働党政権は、数多くの主要法案で敗北させられたが、不信任決議での唯一の敗北によって辞職を必要とせしめると主張された。

1994年の保守党政権は、減少する多数が与党の平議員達の反乱によって悩まされ、その予算の重要な部分が敗北される時（燃料の消費税の増加）、同じ習律に従った。皮肉にも同じ日にJ.メイジャー首相は、嫌がる保守党議員達に圧力をかけてEUを支持させるために、信任事項としてEUへのイギリスのかかわりを増す提案を定めた。何時その争点が信任争点であるのか。何時首相がそういう争点であるというのかとバッジらは問う。

[２] **大臣の責任**

「大臣の責任」は、どのように変化する政治状況と政府の私利がかつての堅固な習律（大臣達が自分達と、その官吏達がなす［なすことを省略する］ことに責任を負うという）をともに損なっているのかの仕方について教える事例を提供する。理論上、大臣達はその行為について議会で答弁し得る。しかし彼らは公職につき、かつ大きな個人的過失ないし省庁の誤りのことで責任を負う（辞任することが予測される）。ある大臣は、それらの理由で辞任している（D.ブランケットとP.マンデルスンはともに二回辞職した）。しかし多くは辞職しない。深刻な政策上の誤りや省庁の誤りが含まれる時でさえ、大臣は辞任せぬ。最近の辞任例は、次のようである。

〈１〉J.プライア（北アイルランド相）［1983年、ベルファストのメイズン刑務所における囚人の脱獄で］

〈2〉N.ラモント（財務相）[1992年、ERM（為替相場制度）からのイギリスの脱退で]
〈3〉M.ハワード（内相）[1994年と1995年の一連の囚人脱獄で]
〈4〉W.ウォルドグレイヴ[庶民院の誤りのことで]、及びN.ライル卿（検事長）[1996年のイラクへの武器醜聞で間違って指図することで]
〈5〉D.ホッグ（農相）[1990年代前半の狂牛病隠蔽で]
〈6〉J.ストロー（内相）[1999年、S.ローレンス殺害に関する警察の扱いについてのマクファースン調査における証人の住所の偶発的公表のことで]
〈7〉J.ストロー（内相）[1999年の旅券処理の引き延ばされた遅延のことで]
〈8〉K.ヴァズ[2001年の任務不履行で]

　大臣達が自分の省庁において幾千人もの公務員の行為のことで、個人的に責任をとることがもはや合理的でないかもしれぬ。膨大な政府の増大、大臣達の急な交替、及び行政の多くの省庁から遠ざける行政エージェンシーへの委任は、ある例におけるその習律を弱める諸理由であるのは当然である。
　この議論は、次のようなプライアとハワードを無罪にするかもしれなかろう。即ち、その2人は、囚人脱獄のことで個人的には責め得ぬが、ラモント、ウォルドグレイヴ、ホッグ、ストロー、ヴァズ（彼らは、自分達の誤りで直接的責任を負った）にはほとんど言い訳できなかろう。彼らは、自分達のキャリアと政治的評判を損なうことを避けるために公職に執着した。現実にはその習律は、混乱を避けるために可能な限り公職に執着し、追い込まれる場合に辞任するのみである。大臣責任習律がしばしば作用せぬことが本当である場合に、政府の責任メカニズムは、ひどく弱められる。

[3] 秘密性
　イギリスの政治制度は、現代の民主主義諸国間で最も秘密的なもののうちの一つである。国家の諸機関と官吏達は、1989年の徹底的にして強力な公的秘密法によって擁護される。この国の情報公開法規定は、大抵の民主主義的基準に照らせば弱くして非効率的である。もしイギリスの立憲制の長所は、

第1章　イギリスの立憲制（或いは憲法）　55

それが政府を効率的にする方法において権力を集中させることにあるならば、これが緊密にして恒常的検査から政府を擁護する弱点が存在する。もしわれわれは、公務員がなしていることを見つけることができなければ、バッジらは、どのように公務員にその活動のことで責任を負い得るのかと問う。

[4] **無責任な政体なのか**

1960年代と1970年代においてイギリスは、その責任ある単独政党政権のことで広範に称賛された。1990年代においてそれは、議会と世論にはあまりにも強力にして不十分にしか責任を負わぬという執行［行政］部に対して徐々に批判された。1980年代後半の人頭税は、もっとも顕著な事例であった。その人頭税は、多分世界で最悪の観念のうちの一つとして非難された時、大多数（多分保守党議員の多数でさえ）の望みに反して強いられたのである。イギリスの立憲制が良識とそれを働かすよき信念に大いに依拠するというグラッドストーンの主張には大いに真理がある。彼らが良識とよき信念を欠く場合はどうなのかとバッジらは問う。

[5] **硬直性**

なるほどイギリスの立憲制は、柔軟にして適応可能性をもつ。イギリスの立憲制は、改革する要求に応えるのに困難であることも本当である（例えば、貴族院改革は、今100年間にわたって解決されぬ争点である）。政府の秘密と選挙制度はもう一つの事例である。イギリスの立憲制は、政府に大きな権力を置き、かつ人々は政府にこの権力を与える規則をしばしば変えたからである。

[6] **民主主義の赤字［不十分性］なのか**

批判者達は、伝統的な立憲制の多くの民主主義的弱点と失敗（貴族院の非公選的性質・選挙制度の不公平性・現代の権利章典の欠如・情報公開規定の弱点・秘密性・中央政府への過剰な権力の集権化と地域及び地方政府の弱さ・庶民院の弱点・執行［行政部］の強さ・並びに参加的政体形態よりもむしろ代表制政体への過剰な依存）を指摘している。伝統的立憲制の崩壊が20世紀末へと多く示し始めたように、立憲制改革への動きは、より強力となったし、労働党政権は大きな立憲制改革を導入した。

§6. 最近のイギリスの立憲制改革

　われわれは、本節において引き続きイギリスにおける最近の立憲制改革について、バッジらの以下の諸節を通じて概観する。これは、「新しい労働党」というスローガンの下で公約され、かつ実行へと向けて推進されるものである。それは、その以前の保守党政権ではほとんど手がつけられぬ事項であった。確かによき伝統を守り、かつ状況に応じて改革する保守主義の伝統は、理解できる。しかし今日ではEUへの加盟などにより、それらの諸国との比較でイギリス国民は、自国の制度を考察するようになってきている。従って、ブレア政権はそれと真正面から取り組むこととなった。これは、「憲章88」(アメリカの制度を手本とするもの) の共和制を主張するほどラディカルでないとしても、その制度を念頭に置くものであった。バッジらは、まず次の如く歴史的にその問題を説明し始める。

　ヴィクトリア朝時代とエドワード朝時代 (1837-1914) において立憲制改革問題は、政治課題を支配したし、諸政党を戦闘へと闘わせたし、政治家と国民の情熱をともに燃え上がらせた。

　チャーティスト運動 (普選運動・秘密投票制・財産資格要件廃止・均等な選挙区・議員給与・及び毎年の選挙を迫った1830年代と1840年代の国民運動)、アイルランドの自治運動、並びに女性参政権運動は、大衆デモ・騒動・及び暴力さえも結び合わせた。

　1928年以後 (女性が男性と同じ投票権が与えられた時)、立憲制改革問題は、1930年代の大恐慌と1939年から1945年までの大戦期によって窮地に追い込まれた。それは、1979年から97年の間の保守党政権の権力と行動が再びその問題を惹起するまでそこに残った。大抵の市民は、職・戦争・税・公共サーヴィスといった、「生活の糧」問題と比較される大きな問題にそれを与えなかった。しかし世論調査は、立憲制構造に不満の拡大を明らかにする。

　「憲章88」(名誉革命から三百年を境に、主に成文憲法を中心としたより民主主義にしようとする急進的運動) 運動の改革プログラムは、この不満に明確な焦点を与えた。

われわれは、これまでバッジらの章における如く、その制度が過去25年において変化している簡明な理由について、1911年から72年までの間の「伝統的」立憲制に言及している。その伝統的立憲制の多くはそのまま現存している。しかし変革と改革の一連の蓄積は、1973年のEU加盟とともに開始した時、イギリスの立憲制に大きな影響を与えている。

[１] 欧州のインパクト

バッジらは、イギリスのEC加盟が立憲制的地震をもたらしたといっても言い過ぎではないとさえ言い切る。この章の初めにおいて我々は、議会主権がイギリスの立憲制の一つの基本法であるというダイシーの注釈を引用した。EC加盟は、それがいかなる以前の国際条約とも全く異なる故に、それに終止符を打った。外交条約に署名すること或いは国際機構に加盟することは、議会主権と必然的に矛盾するとは限らない。イギリスは、EC加盟のずっと以前に国連・NATO・及びGATTの一加盟国であった。それらは、イギリス政府に義務を課したが、いかなる法も形成したり元に戻したりする議会の権利に影響を与えなかった。

それらは、ECに加盟することとは全く異なった。イギリスのEC加盟を合法化した議会法（1972年EC法）は、ローマ条約と欧州司法裁判所の決定と同様に、EC全ての第二次立法を国内法へと組み込んだ。実際的な目的にもかかわらず、1972年法は、イギリスをして全ての現在及び将来の欧州法に従わせ、かつ故にその後継の議会に欧州法を受け入れさせるように拘束する。

次のような理由によって議会主権がそのまま残ると論じる立憲制解説者もいる。というのは議会は、1972年法をいつも廃止でき、かつEUとの他の協定を無効にできるからである。技術的にはこれは、その通りであるが、EUを離脱する機会が無視し得る限り純粋な技術的なままに残る。とはいえ2009年に発効したリスボン条約でイギリスは、EU離脱を可能にさせた。

議会立法を判断するとき欧州法を使うイギリス裁判所の最も著しい事例は、「ファクトルタメ」訴訟である。その訴訟は、1988年の商船法がEU法と矛盾し、かつ適用すべきではないとスペイン漁船の所有者による主張を含んだ。貴族院は、EU法が1988年法に対して優位すべきであると全会一致で判決し

た（その漁業者達によって主張されたECの権利を支持する欧州司法裁判所［ECJ］判決に従っている）。ファクトルタメ訴訟は、次のような理由ゆえに重要である。即ち、それは、全て確かにイギリスの裁判所が今、政府の行動が違法と宣する（彼らは、議会法が違法と宣し、かつそれが議会主権原理を終わらせたと）からである。欧州法によって覆された多くの類似な（根本的ではないが）イギリスの訴訟が存在する。

　要約すれば、バッジらは、EU加盟が［1］議会主権に終止符をもたらし、［2］裁判所の立憲制的権能を強めているとまで言い切る。

　われわれは、それをすべて認めるわけではないが、両者に緊張をもたらし、かつ法の支配・民主主義・市場主義などというイギリスの基本法と同じ原理によってEC法が運用されていることを認める。従って強い拘束力をもつEC/EUが欧州規模でともに進むこととなり、この国がそれとともに活動する大いなる状況が出ている。故にわれわれは、それが従来と異なり、イギリスの立憲制的局面に新たな影響をもたらしているとみなす。

　［2］レファレンダム（国民［住民］投票）

　イギリスは、主要な立憲制変革を批准するために国民投票を徐々に使っている。たとえレファレンダムが議会主権や代表制民主主義の諸原理と容易に適合しないとしても、かつ立憲制自体が立憲制の変革のために国民投票を必要としなくとも、レファレンダムを行使している。最初に、1975年のEUの国民投票がなされ、1979年と1997年のスコットランドとウェールズの権限委譲が住民投票によってなされた。それ以来次のような三大レファレンダムが行われている。第一に、1998年のレファレンダムは、ロンドン市政［府］機構創設に合意するものである。1998年のもう一つのものは、北アイルランド地域政府機構設置合意を支持するものである。2004年におけるものは、公選の北東イングランド地域議会を拒否しているものである。2001年と2004年の間にいずれの政治構造を採用するのかを決定するために地方自治体によって行われた30の住民投票があった。国民投票は、イギリスが統一通貨ユーロに加盟することの是非について約束されている。

[3] 司法 [法令] 審査

司法審査の増大は、EU加盟が付加的権限を国内裁判所に与える前に始まった。本節では次のことに注目することが重要である。

1．イギリス国内裁判所は、中央政府と地方政府の両方で政治家達の決定と行動を見直す時、1960年以来快く徐々により順向的役割を果たしている。著しい事例は、政府のテロ対策法の2004年において8対1の票差で法律貴族の拒絶にあった。

2．訴訟の数少ない比率しか根本的に異なる立憲制原理を導入していない。例えば、1993年に貴族院は、内相が避難民訴訟での彼の行動を、裁判所の法廷侮辱であると判決した。その訴訟は、次のような理由で重要であった。即ち、裁判所は、大臣達が自分達の行動において国王の免責を主張する大臣達の古くからの権利を奪うという理由で。

3．司法審査の適用数は、1980年代以来多くにわたって倍加している。そのうちの多くは失敗しているが、その増加は司法審査がレファレンダムのように、その立憲制度の不可欠な部分であるという。

§7．「新しい」労働党の立憲制プロジェクト

本節は、その改革背景となる前節をうけ、「新しい」労働党による具体的な立憲制計画をより直接的にまとめるものである。

彼らは、EU加盟・レファレンダム・及び司法審査の立憲制的含意が、重要であるが、1997年の新しい労働党の選挙が更に一層徹底した変革をもたらしたと説き始める。

1930年半ばから1980年代半ばまで労働党は、立憲制問題について伝統主義的であった。しかし少数の議員（たとえば、T.ベン議員）は改革を支持した。大抵の労働党の指導者達は、その制度が自分達をして定期的に権力を得ることができると考え、その改革がほとんど必要なしとみなした。M.フット（1980－83年の党首）のような左翼達は、この見解を労働党右派のものとみなすようになった。

労働党の思想転換には、いくつかの原因があった。
　1．労働党は、18年間（1979－1997）にわたって重要な野党であった。次の選挙には勝ち得ないのではないかという恐れは、民族政党や次のような自民党との橋渡しをすると同様に、立憲制改革をより魅惑的にした。自民党は、改革を主張し、かつ労働党に政権をもたせる必要があり得るとみなした。
　2．彼らが保守党政権（1979－97）の過剰な秘密性・個人権や集団権の無視・及び自分達の手に政権の集中をもたらすとみなすことによって、多くの者が幻滅させられた。
　3．二大政党における平議員の力の欠如である。
　4．理論上、貴族院は立憲制的背景として行動する。しかし重要事項に関してその保守党の多数は、それが保守党政権の法案に稀にしか反対せぬことを意味した。
　5．スコットランド労働党は、次のような理由でスコットランド議会の長所へと転換された。というのは1979年と1997年との間にスコットランドは、たとえスコットランド人達の圧倒的な比率が保守党政権に反対投票したとしても、保守党政権によって支配されたからである。スコットランド民族党（SNP）は、スコットランドが独立するようにこの状況を効果的に利用し、漸進的にかつ労働党支配地域において主要な挑戦政党として保守党と入れ替わった。労働党にとってスコットランド議会（それを労働党は、とにかく支配することを期待する）の容認は、SNPをさえぎり、かつスコットランドにおける保守党を洗い出すために小さな必要の代償とみなした。
　6．ひとたびスコットランド議会の主張が認められれば、ウェールズの人々が自分達と同じ議会をもつべきであり、かつ多分またイングランド地域や大都市地域と同様にもつべきであるということとなった。政権についた労働党は、いくつかの問題について著しい速度で進めたが、他の問題についてはゆっくりとしか進めなかった。

［1］イングランド銀行の独立

　労働党は、選挙に勝利した4日以内に財務相であるG.ブラウンが、次のように万人にほとんど驚きをもって発表した。即ち、イングランド銀行は、

欧州における多くの中央銀行類型に従うこととし、かつ政府から独立して利子率を設定する権限をもつと。これは、それ自体で主要な立憲制変革ではないが、権限を委譲する中央政府の本意を宣したのである。

[2] 人権 [改革]

イギリスの伝統的な権利章典は、その成立当時において画期的であった。しかし今日では他の欧州諸国と比較すれば、遅れてしまっていた。われわれは、そうした視点からこの国のそれが問題を残した状況から、新しい権利章典が必要となって過程を念頭に置かねばならぬ。

イギリスの権利章典への多くの要求後に、人権法は1998年に可決された。これは、ストラスブールの「欧州人権裁判所（ECHR）」によって実施される欧州人権条約をイギリス国内法に組み入れる。イギリス政府は、その立法がその条約と一致することを確かにすることが必要とされる。しかし、その法の一つの重要な少数陣営は、立憲制秩序を擁護しようと試みる。「議会主権（即ち、それがなお存在するという神話と彼らはいう）」を保全するために国内裁判所は、議会立法を退けることができぬが、「両立し得ぬという宣言」を出すしかない。もし政府ないし議会がそうした宣言を無視することに決めるならば、起こることなど明らかではないのである。

人権訴訟が国内裁判所を手詰まらせる警告にもかかわらず、その法（2000年に実施）は、それを成功裡に静めた。しかし次のようなD.プリティのより宣伝された訴訟をはじめとして、新立法から波及する数多くの法的決定が存在した。即ち、プリティは、運動ニューロン病の終末的病気により2002年に欧州人権裁判所によって、却下された自殺幇助を擁護した。同年にECHRは、連続違反者を刑務所に収監しておく内相の決定を覆した。2003年にイギリスは、次のような2001年のテロ対策・犯罪・及び治安法（アメリカの9月11日の同時多発テロに対する政府の対応）によって批判された。即ち、その法は、非イギリス国籍者達が容疑がなくとも、或いは控訴権をもたなくとも無制限な行政拘留に置かれることを認める。

告発なしの拘留は重要な人権問題となり、かつ2005年において貴族院は、次のようなものの以前に政府法案を19回負かした。即ち、有事立法は、容疑

者達が告発ないし有罪判決なしに内相に前例のない統制権（外出禁止・逮捕・及び自宅監禁をはじめとして）を与えることが可決される前に。

[3] スコットランドとウェールズへの権限委譲（「地方分権改革」）

1997年のレファレンダム後に、スコットランドとウェールズ議会が創設された。スコットランドとウェールズにおけるこれらの構造が本来的に不安定であると感じる者もいる。

それは、一度限りになされている最終的な決定などではなかった。むしろそれらは、二つの地域が自分達の問題に対して益々多くの権力を求める長期的過程を形成する。それらもスコットランドとウェールズの国会議員達が庶民院の前に来るイングランド地域に対する関連性問題について話し、かつ投票し得るが、庶民院のイングランドの議員達が彼らの公選機関の前に来る諸地域におけるスコットランドとウェールズに対する関連性問題について話したり投票したりできないという変則（「西ロージアン［イングランド］問題」）をつくるという。

[4] 北アイルランドにおける自治

1972年と1997年との間に北アイルランドは、ロンドンから直接支配されたが、1998年の聖金曜日の協定（同年の住民投票によって是認された）の結果として、ストーモントにおける北アイルランド議会は1998年6月に再選された。その管轄権は、スコットランド議会のものと類似したが、同じではない。しかし、権限委譲以後の自治政府機構が2002年10月に停止された後に、北アイルランド議会の長期的運命は、その均衡のままに残る。

[5] ロンドン市政［府］機構

1999年のロンドン市政［府］機構は、直接公選のロンドン市長と、25人からなるロンドン市議会（別々に公選される）に与える。それらは、2000年7月に最初に公職に就き、かつロンドン運輸、警察、消防、緊急計画、経済開発、環境、及び文化をはじめとする首都規模の規制について32のロンドン自治区と協議して責務をもつ。その自治政府当局の30億ポンドの大部分は、僅かしか公式的政治権力をもたぬが、前市長であるK.リビングストンは、高い政治的洞察力をもち、かつ中央政府外で影響力をもつ。ロンドン地下鉄財

政に対するリビングストンと中央政府との闘いは、ロンドンオリンピックを確保する時、自らの役割をもつように、そのマスメディアの見出しに影響を与えている。ロンドンの中心部への車両混雑費が導入された時、激しく批判されたが、一般的には成功とみなされる。

[6] 貴族院

労働党政権による最初の改革段階として1999年の貴族院法は、貴族院から大部分の世襲貴族を除き、かつ一代貴族に統制を任せる。第二の改革段階は、まだ決められていない。しかし野党と多くの労働党議員達は、現在の貴族院よりも大きな権限をもつほとんど全体的に公選議院を望んだ。

それゆえ労働党政権は、主に任命上院ないし公選上院との間で決定しなければならない。

任命上院は、長老の政治家や多様な生活分野からの優れた人物(「卓越しかつ善なる人々」)から構成され、大衆の民主主義的正統性を欠くかもしれなかろう。同時に直接公選の上院(大抵の市民によって強く支持される)は、庶民院に対して挑戦へと導き得る民主主義的信頼をもつこととなろう。このディレンマは、1999年以後の貴族院の第二段階を遅らせたし、全ての政府の改革提案が庶民院によって拒否される2003年2月に完全に失速した。

その時以来この問題は、進展していないが、貴族院が近年沢山の政府立法に激しく抵抗しているゆえで必ずしもないとしても、主張されるままに残る。上院議員を任命しかつその議員を「一代貴族」とする政府権限は、しばしば論争をもたらしている。2006年前半において労働党への政治献金者達が貴族の爵位に任命されることに対する醜聞が起こった。

[7] 選挙制度改革

19世紀の当初からイギリスは、総選挙において小選挙区相対多数代表制を使っている。この簡明な選挙制度は、議会において単独政党政権をしばしば生み出し、かつ庶民院において安定し、かつ責任ある単独政党政権を生み出す。それは、選挙での不公平(不均衡性)としばしば連係され、かつその不均衡性は大政党に有利であり、かつ少数政党に対して差別する。

労働党は、2005年総選挙で35%の得票率で55%の議席占有率を占め、他方

で自民党は、22％の得票率で10％足らずの議席率しか得ていない。労働党は、選挙制度改革を意図する時もあり、かつ1997年に政権につくと、ウェールズ議会・スコットランド議会・及びロンドン市議会選挙に追加議員投票制〈AMS〉を導入した。しかし、ロンドン市長選挙では労働党は、補充投票制〈SV〉を導入した。他方では欧州議会選挙で労働党は、欧州指令に従って地域名簿式制度方式を導入した（1999年の欧州議会選挙法）。北アイルランドにおいて単式移譲投票制（STV）が北アイルランド議会と欧州議会に使われる。その結果は、五つの異なった選挙制度がイギリスで最近使われるが、批判の主要な標的（総選挙と地方選挙における小選挙区相対多数代表制の使用）は、改革されないままである。

　労働党は、総選挙での選挙制度改革についてきわめて両義性的である。選挙制度改革委員会（プラント・コミッション）は、この争点について分裂した。一方において労働党は、保守党が、1979年と1993年との間の少数の得票で四期連続で勝利したと認識した。そして彼らは、なお不人気な政策（公営水道・鉄道の民営化・人頭税・及び燃料税）によって何とか推進しようとしたと認識した。他方において比例代表制（PR）への変革は、労働党に次の二つの主な不利をもたらすこととなろう。第一に、労働党は、PR下では幾つかの議席を失なうこととなろう。第二に、1935年以来絶対多数得票をえた政党が存在しない故に、比例代表制は庶民院において連立政権をほとんど確実に含意することとなろう。なるほど選挙制度改革は、単独政党政権である保守党政権の終結を当然として意味しよう。同様に労働党は、いつも一つないしそれ以上の少数政権と政権を分有しなければならなかろう。

　［8］レファレンダム（住民［国民］投票）

　「新しい」労働党は、主要な争点（ウェールズ議会とスコットランド議会・ロンドン市政［府］機構・北アイルランド及び北東イングランドの地域政府機構）についてレファレンダムを求める実際の上に構築し、かつ必要があれば、新選挙制度とイギリスのユーロ加盟に対する二つ以上のそれを約束している。

　［9］情報公開法

　「情報公開法」は、遅延・平議員の反乱・及び大いなる批判後に2000年に

可決され、かつ2005年に完全に発効となった。情報公開法は、公共機関に保たれた情報記録に関する全ての諸類型に対する一般的アクセス権を規定するとみなされる。この情報公開法は、要請する20日の作業期間内でこれらの権利を遵守するように義務づけ、かつそれらの義務を実施するために「情報コミッショナー」を設置する。しかし、そこには36の免除範疇がある。大臣や地方自治体は、情報を発することを拒否する一つの理由として「公共の安全に害」をなし得る故である。その結果、その公開法がそれに代わる任意的実際の準則には何らの現実的改善もないと信じる者は多い。それにもかかわらず、2005年の最初の3か月において情報に対する全部で13,400件の要請が登録されている。そうした要請は、その年の末までに情報が多様な諸問題（銃撃の警察調査・危険度・駐車違反の罰金・学内暴力・学校基金・核廃棄物処理敷地・及び食品の安全計画をはじめとする）について発せられている。同様に情報の発信における20の作業日要件を超える遅延が存在しており、かつ2005年末までに情報コミッショナーが1,300件以上の未解決の不満を蓄積していた。

　たとえ情報公開法が僅かな一歩前進であるとしても、それは、三つの他の公開法が一歩後退している。2000年の調査権限法は、以前にそれに利用し得ぬ電子情報が、政府権限を広げかつ強めるという。

[10] 2005年の立憲制［憲法］改革法

　立憲制理論は、権力があまりにも少数の者の手に集中されないことを確実にするために、権力分立を主張する。これは、政治的執行部（首相と内閣）、立法機関（貴族院と庶民院）、及び司法部を別々に保つことを意味する。　しかし、従来イギリスでは大法官が貴族院を主宰し、かつ司法部の長であり、かつ閣内相であった。2005年の立憲制改革法は、これを変革し、かつ法律貴族権限を引き受けるための独立的「最高裁判所」を規定し、かつ大法官の司法機能を新設の「イングランドとウェールズの裁判所」職に移譲し、かつ司法職任命推薦のために独立的「司法任命委員会」を設置することを規定する。新しい貴族院議長職（大法官によって遂行される伝統的な職）が設置されるように当時思われた。2012年現在それは、実行されている。

[11] 立憲制の擁護者達

　立憲制改革の多くは、その適切な作業を確実にするための一組の新公職によって支えられる。オンブズマン・国家会計院と行政サーヴィス・コミッショナーに加え、次のような公職ないし機関が存在する。

　1．「選挙委員会」（選挙・レファレンダム・及び選挙区割りに関わる）

　2．「公生活規準委員会」（調査・報告研究を公生活における規準に関する公的態度、争点、及び関心へと導くため）

　3．「情報コミッショナー」（公的情報へのアクセスを促進し、かつ個人情報を擁護するため）

　4．「公的任命コミッショナー」（約1,100の地域機関及び北アイルランドのあるもの諸機関や諸委員会に対して、イギリスの大臣達とウェールズ議会議員達によってなされた任命について規制・監視し、かつ助言するため）

　5．「議会規準コミッショナー」（利害関係者達のメンバー登録をなし、かつ不満を調べるため）

　6．「任命委員会」（非政党の政治的一代貴族としての任命に関する人々を推薦するため）

　7．「司法任命委員会」（司法的任命や女王の助言的任命手続きを見直し、かつそれらの手続きの活動についての不満を調査するため）

[12] 未完のプログラム

　立憲制問題の専門家達は、新しい労働党の立憲制プロジェクトの意義について広範に異なる。イギリス政府がいつも強力にして責任を負わぬと、主張する者もいる。イギリス政府は、伝統的制度の一体的・単一制国家的・及び柔軟な性質を修正しているが、変換していないと論じる者もいる。第三の学派は、1972年及び特に1997年以後の革新が立憲制革命にほかならぬと主張する。

　1997年に開始する「立憲制改革プログラム」をどのようにみなそうとも、明らかに完成していないのである。スコットランドとウェールズの地域政府機構は、より大きな権限委譲を推進するように思える。ウェールズ議会報告は、そのように既になされている。北アイルランド議会の運命は、その均衡がとれてはいない。情報公開は不十分である。他の諸改革の諸局面は、無に

帰している。貴族院と大法官職［この職は、現在解決された］についての主要な争点は、未解決である。イングランド地域への権限委譲は、北東部における簡明にして不成功裏なレファレンダム以後に棚上げにされている。総選挙における選挙制度改革は、たとえ現連立政権で自民党が主張したとしても、実現の可能性は高くない。郵送投票は、容易である。しかしある裁判官は、バナナ共和国（未発達で政情不安な国）を辱めるものとして2004年の地方選挙詐欺行為の証拠を記述した。電子投票は、詐欺行為を被りやすいのである。他の基本的問題（即ち、貴族院の相対的弱点・政府の秘密性・政党の財政運営・労働党への献金についての疑問によって2006年に復活された争点・政党制の過剰な集権化）は、僅かに取り組まれるのみである。

　彼らは、以下の諸章において「民主主義とイギリスの立憲制問題」の特定の諸部分においてより深く検討したいという。その間に彼らは、その争点がなお解決されず熱く論争され、かつ話題的なもののままに残ると記すことができる。人々の約三分の二が次のように信じると調査は示す。即ち、イギリスが統治される方法は、「極めて多く改善」或いは「大いに改善」を必要とすると。その半分以上は、イギリスが益々民主主義的でなくなりつつあると信じる。ひとたびイギリスの立憲制は、関心をもたぬが大きな誇りをもつ争点となると、今懸念と批判の問題をより多く抱えるとバッジらによって説かれる。

§8. 要　約

　バッジらはこの章が、イギリスの「不文的立憲制（不文憲法）」の主要法源と特徴を要約している（それは、その立憲制が現実的に立憲制であるかどうかの問題から出発する）という。確かにその非公式的にして拡散的な性質は、それがつくるのに役立っている強力な中央政府によって操縦を開く余地を与え、かつこれは増大する懸念の源泉である。この章によって強調される特定の立憲制的特徴は、以下のようである。

　1．イギリスの立憲制は、部分的には成文にして全体的には法典化されぬ性質をもつ。

　2．その立憲制が「習律」（とはいえ、もしそれが政権にある政党に適合するならば、根本的に解釈し直し得、或いは無視さえし得る実際ないし慣習）

によって補充されねばならぬ範囲をもつ。

　3. その伝統的立憲制の主要な理論（単一国家制・議会主権・立憲君主制・中央政府内に集中された権力・政府の責任・及び代議制［直接制よりもむしろ］民主主義）をもつ。

　4. 伝統的立憲制の擁護者達は、その立憲制が、実用主義的にして作用する穏健な政府をもつ民主主義のための耐久性を有する基盤を生み出していると論じる。

　5. 批判者達は、大臣責任及び内閣責任習律が、いつも作用するわけでもなく、かつ中央政府にある秘密性・硬直性・及びあまりにも多すぎる権力が、「選挙独裁」をつくると論じる。

　6. 伝統的立憲制における諸変化は、EU加盟によって、かつ立憲制事項における重要な役割（司法審査）を果たすイギリス内裁判所の本意によってもたらされた。

　7. 新しい労働党の立憲制プロジェクトは、1997年と2000年との間の未曾有な一連の改革を結果としてもたらした。その伝統的立憲制に大いなる効果を与えていると論じる者がいる。しかしその改革プログラムがなお未完であることには全ての者は一致する。

結　び

　われわれは、本章においてバッジらの「イギリスに立憲制（憲法）は存在するのか」と題された章を通じて、この国の政治制度を概観してきた。既にそれは、「要約」項も含む故あえて繰り返す必要もない。しかしわれわれが確認したいのは、「はじめに」で述べた如く、彼らがその欧州連合（EU）との関連を強く主張していることである。われわれは、本書の第Ⅱ部でEU政治機構論を示している。しかし本章は、そのEU論に序論を与えるものでもある。バッジらは、この関連を大いに強調する。現実の影響力は、その機構が強い拘束力をもちかつ市場経済主義や法の支配、さらに民主主義といった制度的共通点によって根拠づけできる。

　最後にわれわれは、変化しつつある立憲政治状況について付け加えなければならぬ。というのはわれわれが基本文献としているものは、2006年頃の資

料を基に論じられているからである。最近の立憲制政治論議について、M.ラッセル（2011）は、労働党の改革を次のように皮肉る。ブレアは、その前任者であるJ.スミスの改革路線をそのまま踏襲したことを強調し、必ずしも自らがそれを強く望んだわけではないという。G.ブラウンは、思い切った選挙制度改革などをすると公言したにもかかわらず、結果的にそれを実行し得なかったというものである。最近の連立政権は、両政党の妥協として選挙制度改革のレファレンダムを実施したが、否決されている。これは、この立憲制改革についての両党の路線の違いゆえ、不確定要素も残すこととなる。

　われわれは、本章においてその概観水準を跡付けた程度のものであり、次章以下で本格的な各論へと接近することとなる。

キーワード

議会主権／法の支配／立法上の主権／立憲制習律［慣習］／EC/EU法の優越／権限委譲／新しい労働党の立憲制プロジェクト／国王大権／基本法／不文憲法［立憲制］／単一国家制／責任ある政府／コモンロー

引用・参考文献

Budge, I., et al., *The New British Politics*, 2007.
Dicey, A.V., *An Introduction to the Study of the Law of the Constitution*, 1959 ［邦訳あり］.
Bagehot, W., *English Constitution*, 1868 ［邦訳あり］.
Blair, T., *A Journey*, 2010 ［邦訳あり］.
Kelso, A., *Parliamentary reform at Westminster*, 2009.
Harrison, K., et al., *The Changing Consitution*, 2006.
Heffernan, R., et al. (eds), *Developments in British Politics 9*, 2011.
Judge, D., *Political Initutions in the United Kingdom*, 2005
中村民雄『イギリス憲法とEC法』東京大学出版会、1993年など。

第2章　イギリスの代表制度（議会）
[D.ジャッジの論点を中心に]

序

　われわれは、序章でジャッジの政治制度の概念定義とその方法論に論及してきた。引き続き、本書は［規範・価値・組織などを含む］イギリスの政治制度の概観へと論を進めてきた。われわれは、本章においてその政治制度のより具体的な基本事項について論じる段階にきている。

　そのジャッジのテキストは、前記のようにこの分野では数少ない本格的な方法論を採用していた。われわれは、本章においてイギリスの政治制度の核心のうちの一つである議会を取り上げる。従って本章は、そのジャッジのそれをたたき台としてこの分野では比較的新しい新制度論、特に歴史的制度論を使ってその制度論における議会の基本問題を論じようと試みるものである。

　ジャッジのその章題は、「代表制度（イギリス議会）」と表現している。その支柱としての諸節が、ウェストミンスターモデル、庶民院、貴族院、及び君主制として構成される。彼のそれは、ウェストミンスターモデル理論を基本に据え、伝統的なイギリス議会主権の三要素を構成することとなっている。ジャッジは、そのテキスト水準において、こうして比較政治の新しい方法論と伝統的な議会主権論とによってその議会を「神話と正統性」、「伝統と執行部権力の優越」などを通じて論じるものであろう。われわれは、この分野の基本的理解を目指すゆえに、それを基本文献とする根拠にも叶うこととなる。早速われわれは、その説き起こしから跡付けてみよう。

§1.　概　観

　ジャッジによる「代表制度」章は、「ウェストミンスターモデル」を検討すると宣せられる。これは、庶民院がイギリス国家において要となる制度

［機関を含む］的地位を占めるモデルであり、機関間的相互作用の特定的類型と「適切な行動」についての特定的概念を生み出しているという。それは、ウェストミンスターモデルが組織的観点としての（—「組の規範・価値・及び意味付け」を明らかにする意味において）価値をもつと受け入れられるならば、この特定の観点がイギリスにおける政治言説を支配するようになる仕方と理由を理解することは、重要である。この意味において現代の制度的議会形態を理解することは、以前にあったもののある理解を必要とする。ジャッジの章でなされた簡明であるが本質的である分析的論点は、議会が一群の諸機関内で想定されねばならぬ。それは、一方では執行［行政］部と、他方では代表機関としての政党と込み入ってリンクされる。その結果、これらの諸機関は正統的政府についての諸観念の一体系内で作動する。これらの仮定と理解は、議会が他の諸機関と相互作用をなす仕方・議会が一組織として作動する仕方・及びその議員達が自分達の役割（規範・価値・及び「適切な行動」概念において明らかにされたような）について想定する制度的含意をもつという。

§2. 序　論

　ウェストミンスター議会分析によってイギリスにおける政治制度の検討を開始する事は、道理を外すように思えるという。大抵の標準的教科書は、議会研究を彼らの章だての優先順位リストにおいて格下げするか (see Budge, I., et al.)、或いは議会に結局のところ別な1章さえも与えない (Dearlove, J., et al.)。その他の教科書は、イギリス議会によって遂行された役割を義務的に記録する一方で、それに「立憲制の生きる屍」の地位を与える (Kingdom, J.)。その他の教科書は、「議会がなし得ることとなし得ぬことについて誇張され、かつ非現実的な諸理念をうみ出し得る議会の神話を明らかにしようと努める」(Riddle, P.)。それは例えば、議会主権概念といったイギリス立憲制的議論のある「基礎」が率直に「無意味」(Riddle) であると快く結論付ける。もしこれらは、どこか他のところで我々の分析を開始するのに十分な諸理由でないとしたならば、その制度の意味への主張が基礎付けられるモデル

(「ウェストミンスターモデル」)は、次のように「過剰に簡明化された」として全面的に退けられている。即ち、「権力の性質についての粗い仮定」をもつごとく、かつ「偽りの二元性」をつくる如く（Smith, M., 1999; see also Rhodes, R.; Richards, D., et al.）にである。それゆえになぜジャッジは、議会と「ウェストミンスターモデル」で始めるのかと問うものである。

§3. ウェストミンスターモデル

　その第一の理由は、簡明に「ウェストミンスターモデルへの制度的アプローチの中心性」（Rhodes）であるという。M.スミス（1999）が記す如く、このモデルは「特定の諸制度の作用と権力へのその関心において制度的」である。その第二の理由は、このモデル批判の全てにもかかわらず、それが「一貫した選択肢によって入れ替えられない」（A.Gamble）からである。イギリスの諸制度［機関を含む］が作動し、相互作用する仕方の正確な記述を提供するその失敗の認識にもかかわらず、「このモデルの最も重要な特徴は、それが大抵の政治家や官吏達がそのシステムを認識する仕方を熟考するということである」（Richards et al.）。それ故これらのモデルは、［これらの］諸アクターが活動する仕方を知らせ、かつ条件付け続ける（Ibid.）。ウェストミンスターモデルが「政治行動を形成し続ける政治的伝統を具現する」という事実が与えられれば（Rhodes）、その批判者達でさえそれが、ゆえにイギリス政治制度分析のための「不可欠な出発点」であると認める。

　ウェストミンスターモデルは、「正統的神話」として（Richards et al.）21世紀における本質的重要性をもち続ける。あの「神話」の中心に根差された時、庶民院は、「その国の政府に絶対的に不可欠な正統化を」与える（Miliband, R.; see Judge）。この意味において庶民院は、「イギリスの政治システムにおいて最も重要な制度でこれまで」あり、かつ「300年以上の間イギリス統治の理論と実践の中心にある」（Miliband）。

　ウェストミンスターモデルにおいて庶民院は、国家の制度群の中心に文字通りある。議会とは、「国家議会の下位にある」全ての他の「諸部門」をも

つ主権（最高の権威）の究極的源として明らかにされる（Gamble, A.）。その要となる制度的位置は、それらの相互作用の特定な類型と特定な諸概念をうみ出している。これらの相互作用は、次のようなD.リチャーズとM.スミスによって特徴付けられる（2002）。

「諸決定全てが議会内で形成され、かつ何らの高次な権利も存在しないのである。正統性と民主主義は、大臣達が議会で回答でき、かつ庶民院が国民によって選出される理由で維持される。諸決定は、内閣によってなされ、かつ中立的な行政サーヴィスによって実施される」。

R.ローズ（1997）が、次のようなウェストミンスターモデルへの少し異なる制度的輪郭を引き出す。即ち、「議院内閣・議会主権・立法部の多数党のコントロール・制度化された野党・大臣責任・及び中立的な行政サーヴィス」を。しかし制度の相互関連性・より広範な社会的理解と意味付け・及び「規範的に適切な行動」についてのそれら自体のもつ対内的規準に従って、活動する組織と構造としての諸機関への焦点は、ウェストミンスターモデルについてのローズの解釈、並びにリチャーズとスミスの解釈の黙示的特徴である。更にその両方とも「研究の重要にして価値あるものを明らかにする」組織的観点としてそのモデルを明らかにする（Rhodes）。ローズ、スミスとリチャーズの議論にともなう困難は、それが特定の制度形成に我々の注目を向けることを受け入れるが、彼らがそのモデルの処方箋を経験的事実とみなすということである。しかしローズが（1997）ある点において認める如く、そのモデルの有用性は、「その事実上の正確さのみに」あるのではない。実のところその有用性が「その事実的正確さにおいてさえ」根差されないことを更に進め、かつ主張することは可能である。それは、正統的統治を規定する一組の規範・価値・及び意味付けである。その民主主義的資格は、代表制政体（必ずしも代議制民主主義でさえもないのである）の受容にあり、国家権力が割り当てられる「べき」仕方や活動すべき仕方についての処方箋にある。更にそれは、イギリス統治自体によって明示的に配された「正統的神話」である。

[1] 歴史と理念の重要性

我々は、ウェストミンスターモデルが組織的観点として価値をもつ（「一組

の規範・価値・及び意味付け」を明らかにするという意味で）ことを受け入れるならば、この特定の一組がイギリスにおける政治言説を支配するようになった仕方と理由を理解することは、重要である。実のところこの観念の価値が現実の記述としてではないとここで強調することには価値があるからである。というのはそれは、一世紀以上にわたってイギリスの実際に呼応していないからである。その時以来その実際は、執行［行政］部支配の一般的な歴史類型において例外であった（1846年から1868年との間には本質的である）。かくして「それは、イギリスが統治される仕方について正確にして包括的説明ももはや与えない」(Rhodes) 故に、それを批判する人々は、次のことを認めることが出来ない。即ち、19世紀後半においてさえ、それは「事実上理念化された見解」(Birch, A.) であったし、20世紀の大部分に［ウェストミンスターモデルにおいて、要約された］、「自由主義国家理論の信奉者達は、政治的実際が［これらの］諸原理から離れていることに後悔して気付いている」ことを (Birch)。それゆえウェストミンスターモデルの重要性は、その記述的正確性ではなく、むしろ「それが［イギリスの政治］システムの制度的継続性を捉えるし」、イギリス政府を理解しようと努めるものが誰であれ、イギリスの政治的伝統のこの要素を理解せねばならない」(Rhodes)。

〈1〉議会制国家

　序章で記された如く、歴史的制度論の基本的教義は、現代の制度形態が以前になくなったもののある理解を必要とする。歴史的制度論は、諸制度［機関を含む］と巨視的多水準過程並びに社会勢力間関係、及び諸観［理］念と権力の重要性を強調する。「経路依存性」概念は、多くの歴史的制度分析、並びに最初の制度的選択と構造がやがて自己強化的となっている信念へと固定するようになっている。制度的継続性と持続がこの観点から期待される一方で、変化（それが起こる時）は、説明されねばならぬ。一つの道筋は、制度的変化を進化的モデルへと構築しており、かつ諸制度［機関］は行動を「学び」、かつ修正する能力をもつという形によっている。もう一つの道筋は、「重大時」を明らかにし、かつ継続の時期が実体的な制度変化によって強調するために、論じている。この概念は、順次「強調された均衡」、及びそれらの環

境における対外的変化に対する制度モデルとして、鋭い過去との断絶を明らかにする制度変革の「分裂モデル」といったきわめて類似な諸観念によって対応される。

　歴史的制度論の諸局面は、イギリス議会の発展を分析しつつ理解する時、価値をもつ。驚くまでもなく、議会の起源は、歴史的制度論者の注目を引きつけている。代表諸機関の発展は、「支配者が歳入のために議会に交渉させる」ことによる「交渉モデル」と関連付けられる (Herb, M.; see also Bates, R. 1991; Tilly, C., 1992)。確かにこうした「交渉」は、イングランド議会の起源を説明するのに役立つ。13世紀の議会の間断的会合は、国王が課税範囲ばかりでなく、そうした課税への合意にも同時的に拡大することを可能にするのに役立つ。しかし同意を確保すること（それによって国王の最も強力な臣民達によって構成された如く）は、「政治的国民」の見解の懇願が重要な政策事項について、確かに一機関として議会に先行した。実のところ課税同意原理は、1215年のマグナカルタに書かれた封建制的原理でそれ自体あったし、故に国王によって召集される時、議会の承認された領分であった。議会は、一集合機関として会議を開く時、国王に提供された助言や協議が性格上個人的ではなく、集団討議と審議から引き出されることを例示した。共通な議事について「伝えられた」意思の集約についての焦点の如く、集団機関としての議会概念は、かくして13世紀末において明らかであった。

　同様に顕著であることは、これらの同意と代表原理が、強力な執行［行政］政府に対する挑戦としてではなく、その支持で訴えられる。13世紀以来のイングランド（後にイギリス）国家について、及び議会自体の起源についての区別的特徴は、議会よりもむしろ政府に置かれた強調なのである。イギリスの代表制度は、執行［行政］権を正統化する手段として、歴史的に想定されており、機能されている。イギリス議会制的伝統が関わっていることは、「政治的国民」と統治者との間の意見の伝達、政府の活動がその「国民」の代表の同意を必要とする範囲に対する政府の統制、及び統治者達の変化の正統化である。ほとんどその当初からこれらは、イングランド国家（後にイギリス）の本質的な特徴と、それが「議会制国家」というタイトルを正当化す

る理由（D.Judge）である。13世紀末に召集された議会の重要性は、次のようである。即ち、議会は、将来の議会に前例をおくことであり、或いは歴史的制度論者の語法においてそれらは、将来の制度的発展の「経路」を描くのに役立った。

　かくして近代国家の承認し得る類型の特徴が告げられるようになる17世紀以後のイングランド国家の発展の特有な類型にとって唯一の類型のための一理由は、中世の政治形態との著しい継続性から生まれる。重要なのは、中世イングランドの政治制度は、君主の［執行］行政権力が条件付きである前提に既にあった。

　しかし16世紀（及びチューダー朝期）になって初めて、政府の実際がこの前提とより体系的に一致した。チューダー朝君主達下での国家再編は、代表議会を通じて執行［行政］部の優越を肯定した。この時、議会における国王の統一は、国王と支配的経済階級との間の政策合意が与えられると、主に当然のこととみなされた。この統一から国王は、その権力を増大する事が出来た（議会の同意を条件とする）。国王権力が国家内で引き上げられたと同時に、議会自体内における権力差の漸進的再編も存在した。国王の評議会における国王の大臣達と議会との関係は、次のように確かにするように方向付けられた。即ち、大臣達は、貴族院におけるよりもむしろ庶民院に出席し、かつ大臣達は庶民院に選挙を求めることを期待されると。立法部への執行［行政］部責任は、庶民院における閣議に地位を確保した時、執行［行政］部を支持し、かつかくしてコントロールする立法部責任と併行して制度化された。こうした状況における制約は、政府の中心にその統一から生じる「無責任な」野党に置かれた。

　17世紀の内戦中における国王と議会の間の権力関係の逆転は、「分裂的」変化について歴史的制度論者達によれば、国家における経済・社会・政治勢力のより広範な変換に反映した。「議会における国王」の制度的統一は、第一次的に次のような理由で壊された。即ち、「国王の政策の諸目的は、庶民院で代表された諸階級の諸利益と政治概念にはもはや適合しなくなったからである」（Butt, R.）。かくして国家の政治的断片化は、（国王とその支持者達の

継続的な封建的主張、並びに要件と農業生産を商業化し、かつ資本化するジェントリーと同盟化された地主階級セクションの台頭する諸要求との間において）経済的利益のより広範な断片化に反映した。ウェストミンスターにおける分裂は、経済的に支配階級の横断的セクション自体が分裂した如く、国会議員達との国における分裂に反映した。これらの広範な経済社会的変換に関連して制度的変革が到来した。

　最終的にこれらの諸変革は、1689年の立憲主義の確立において承認を得た。1689年の真の重要性は、同意・代表・及び議会における国王主権についての歴史的に政治原理が新しい自由主義経済の登場と、自由主義社会の発展原理と一致させた。この意味で1689年の名誉革命は、政治的にして経済的であった。1689年以後、法的優越は、他のいかなる国家機関におけるよりもむしろ（君主であれ裁判所であれ）議会にあるのは議論の余地がなかった。正統的権力の境界は、かくして画定された。後の諸世紀が証言したことは、自分達自身の諸利益を進めるために、これらの諸境界内で活動することができる経済勢力になる変化する連合であった。議会は、より広範な市民社会へと連携された一機関である。その社会が変化したように、1689年の立憲主義の確立枠組みは、その国家政策がそうした諸変化に反映するように仕向け直すことが出来ることを証明した。イギリスにおける後の国家発展史は、国家の中心に議会を据えた。しかし不可避的に議会は、国家の意思決定の中心として維持されなかった。議会がなし得ることを証明したことは、進化的な政治枠組み内での革命的な経済発展をとりこみつつあることにあった。

　実のところ、この枠組みにおける議会の中心性こそ、ウェストミンスターへと、台頭する産業諸階級の政治的要求と政治的大望に焦点をあてた。それ故に、政治権力の現実と自由主義理論の論理もともに、1832年以後の新産業階級の選挙権の漸進的承認に導いた。その結果、都市階級と産業階級の議会承認は、そこでの政党制への影響をもった。P.ノートンが記すように（1998）、「対外的環境は、19世紀における議会政治における主要な力となった」。政党は、議会政治における主要勢力となったし、制度変革を伴わせた。「政党政権」の本質は、政党が与党と野党の両方に特定化され、かつ各政党が選挙の多数を

確保しようと努めるによって、1830年代半ばにまで明らかであった。しかし野党の動員はより問題であることを証明し、かつ19世紀末になって初めて野党は、イギリスの議院内閣制の構造的特徴となった。初期政党政権の発展と組み合わさって、大衆組織を形成し、かつその公選代表の陣営で政党の政策への支持を確保するために1867年以後の保守党と自由党の再編は、執行［行政］部の規準への支持の一貫性を保障した。その重要な点は、1867年以降から（以前にないとしても）諸政権が立法の経路のことで庶民院内において一貫した支持に依拠し得ることである。更に選挙権改革と連携された庶民院の漸進的「民主化」は、非公選の貴族院に対する優越のその主張を高めた。

　政党政治が発展したように、議会は「国法全体を徹底的に改善するために、かなりな勢力によって立法し始め」た (Maitland, F., 1908)。徐々に一般的な議会法は、急速に工業化された国家において経済・社会関連を構造化し、かつ規制するために導入された。立法的「積極主義」は、議会に三つの主要な結果をもたらした。第一に、より多くの規制的責務が議会によって可決された立法の結果として執行［行政］部を生じさせた。第二に、多くの組織化され、セクショナルにして機能的代表機構が登場し始めた。現代イギリスの諸特徴（執行［行政］部の優越と利益代表制）は、かくして19世紀半ばの議会の正に「黄金時代」において前もって示された。第三に、庶民院の手続きに対する執行［行政］部の漸進的拡大が存在した。政党支持と同様に時は、立法の便宜的処理を確かにするために必要とされた。後の数十年において工業化の加速化とそれに伴う社会的結果は、執行［行政］国家への転換を簡明に加速させた。近代国家イギリスは、19世紀末までに、かつ確かに20世紀最初の10年末までに次のようなその制度形態において独特に構造化された。即ち、議会は、立憲主義理論において主権者であるが、執行［行政］部は実際上の「主権者」であったと (see Grifith, J., 1982)。議会と政府との間の中心的関係についてその不均衡は、後には決して修正されない。このことは、次のようなS.ウォークランド (1979) の意見におけるゆえである。即ち、

　「この構造は、[20] 世紀の多くの間、議会の役割についてのその基本的仮定においてほとんど変化しておらず、かつその目的を極めて上手く役立て

ている一組の理解と習律を変えるにはほとんど刺激を感じていない現代の政府には、同様に魅惑的であることを証明している」。

〈2〉理解と立憲制習律(慣習)

この手短かな歴史回顧から議会制度についての幾つかの観念や仮定が、明らかにされる。しかしこれらをリスト化する前になされるべき本質的な分析点は、次のようである。即ち、一群の議会諸機関で想定されねばならず、そうした諸機関において議会が、一方では執行[行政]部と、他方では代議制度としての政党と分かちがたく連係される。諸機関の要素的相互関連性は、「議会における国王」としての議会の公式設計において捉えられる。庶民院の優越が19世紀末まで実際上、かつ1911年議会法において制定法によって確保されている。しかし貴族院はなお残りの立法権を保持し、かつ国王は「国王の大臣」によって庶民院において名目上なお示される。

その結果、これらの諸機関は、正統的政府についての諸観念や諸観点の体系内で作動し、法的権威の在所(主権)、議会の代表性並びにその代表機関(「代表的・責任的」政府といった用語で捉えられた)に対する政治的執行部の責務、及び(「政党政権」概念における)諸政党を通じての執行[行政]部の維持についての一連の理解を包摂する。

これらの諸仮定や理解は、次の三つの仕方について制度的含意をもつ。即ち、議会が他の諸機関と相互作用する仕方・その議会が一組織として活動する仕方・及び議員がその役割(規範・価値・並びに「適切な行動」観念において明らかにされた如く)を想定する仕方について。これらの諸仮定や理解は、現代のイギリス議会の次のような検討を構造化するのに使われる。

§4. 庶民院

われわれは、今イギリスの民主主義を象徴する庶民院を検討する段階にきている。周知の如くイギリスの民主主義は、国民主権という「政治的主権」の表現によって示されるごとく、この庶民院が公選機関として担うこととなる。ジャッジが「代表制度」と表現するものがそれを適切に示すものである。

即ち、それは、国民代表機関であるというものである。本節ではその基本事項を確認することとなる。

　ジャッジによれば、庶民院は、規範・価値・及び次の諸節において明らかにされた「適切な行動」についての諸観念を転換させる一連の相互に関連付けられた制度的役割（代表・審議・立法・及び正統化制度［機関］として）について想定し得るという。

［１］ 代表制度［機関］

〈１〉［国民とその代表との］連関と地域

　ジャッジは、庶民院がその歴史を通じて代表機関として明らかにされると説き起こす。実のところイギリスの議会政治（執行［行政］活動の同意・正統化・公認について）の中核的諸原理は、地域代表の上に築かれた（see Reeve, A. and Ware, A., 1992; Judge, 1999）。B.マニンが助言しているように (1997)、当初から「我々は、代議政体の創設者達によってなされた、いくつかの制度的選択が事実上問われていることを我々自身想起する必要がある」。イギリスでなされた「諸選択」のうちの一つは、「国会議員（MPs）」が選出される地域ベースにあった。現代の下院において個々の国会議員は、地域選挙区を代表し続ける。基本的には庶民院は、イギリス全体で659選挙区（2010年以後649）を代表する。地域代表ベースの重要性は、国会議員が第三者として、選挙区によって相互になお演説する時、庶民院議院討議において日々強調される。この古風な演説様態が時代錯誤であるという非難にもかかわらず、庶民院の「近代化委員会」は強引にその伝統を支持した。議員は、個々の市民として下院に出席するのではなく、その選挙民代表としてそこにいるのであり、かつこの資格においてこそ、彼らが話しかけるべきである」（HC［House of Commons］600, 1998）という。

　地域代表（地理的な地域の集合利益、及び地理的地域内での諸個人の利益と意見代表）は、かくして庶民院の制度的規範に直接的に影響を与える。これらの諸規範の力は、次のように例示される。即ち、そこにおいて議会は、選挙区と選挙民が21世紀の代表の第一次的在所として国会議員（MPs）によってなお明らかにされると。

選挙区規模と数は、イングランド、スコットランド、ウェールズ、及び北アイルランドの四つの各々における「選挙区割り委員会」によって決定される。1940年代以来選挙区割りの見直しは、8年から12年間隔で引き受けられている。イングランド「選挙区割り委員会」によって行われた第5次一般見直しは、2000年2月に開始し、かつその最終報告は2005年末ないし2006年前半までに出されるように予定された。「区割り委員会」は、その見直しを引き受ける時、諸選挙区内での「利益共同体」及び「地方の絆」を維持する原理に一般に配慮が必要である（2000）。四つの議会区割り委員会の諸機能は、第5次見直しの完成時に他の諸任務間にイギリスの選挙機構を近代化し、かつ民主主義過程のより大なる公的認識を促進する責務が担わされた新「選挙促進委員会」に移譲されることとなる。

　もし選挙区割りにおける地方の重要性が、その「選挙区割り委員会」の作業において明らかとなるならば、故に選挙区代表の重要性も議員自身の役割志向において明らかである。地域性及び選挙区の強調から生じつつあるのは、付随的な制度的含意である。一つの結果は、選挙区の「ゲートキーパー」［情報仲介者］を通じての市民代表的相互作用経路である。もう一つの結果は、政党代表の現代的支配に予め先立つ代表的役割の「社会的理解」であり、かつ作業類型と作業時間について庶民院自体の組織構造と規則へのインパクトである。

〈2〉 除外 ［議会エリートと一般市民との「区別の原理」］

　「代表制政府のもう一つの不平等的性格は、広範な討議（即ち、代表者達が自分達を選出した人々に対して社会的に優越すべきであると）後に意図的に導入された。…代表制政府は、公選の代表達が彼らを選出した人々とは社会的に異なる市民達と区別され、かつ区別すべきであるという十全な認識において立てられた。我々は、これを『区別原理』と呼ぶこととする」(Manin, B., 1997)。

　イングランド（そしてイギリス）において地域代表は、中世期以降から自明になされたし、地理的共同体が経済利益と解けぬほどに連携された（それが土地利益であれ商業利益であれ）と信じていたし、それらの諸利益の受益者達の「当然な」代表達であると信じていた。19世紀の選挙権改革以前に選挙民

は、各選挙区において数的には少なく、かつ経済的にかつ社会的に支配的な人々であった。その結果、代表は数的に更に一層小さく、かつより一層エリート主義的であった (see Manin, 1999)。議会議員資格は、かくして社会的には排他的で、「特有的」として明らかに制限されていた。この意味から「制度化」(Polsby, N., 1968) [(一制度) となる] の基本的要件のうちの一つは、満たされた。論争されない議員選挙と低投票率は、1832年以後の選挙権の漸進的民主化以前の庶民院の「制度的境界」を確保するのに役立った。多分皮肉にも「非競争的選挙」と政党競争の性質から生じる低投票率は、民主制以前の議会の制限的性質を写すのに役立った。議会エリートは、「能力主義」(福祉提供と教育機会の戦後の拡大の受益者達) を示す。同様にこのエリートは、常勤にして長期の「政治キャリア」を追求することが利用可能である機会に反映する。M.ラッシュ (2001) が観察する如く、「議員は、多くの職業の役割と類似する仕方で自らの役割を遂行する。即ち、議員となることは、彼らの唯一ないし圧倒的に主要な職業であり、かつ給与において彼らは常勤として扱われ、サーヴィスと施設の提供において職業人として扱われる」。

　2004年4月後の議員の給与は、57,485ポンドであった。全ての議員は、同じ給与を受けるが、大臣と他の有給議会職保持者は、その職のために特別給与を受ける。議員の給与は、同年の20,000ポンド以下の平均所得者達から議員の区別の部分的反映でそれ自体ある (そしてその事柄故に頂点の所得者からの区別)。特に各議員は、3人の常勤スタッフ成員担当を雇用するために、66,458ポンドと77,534ポンドとの間を主張し得る (議会任務を遂行する一方で、自らの自宅から離れて居住する時に生じた「特別費用のために」20,902ポンドまでと同様に、「臨時歳出供与」[本質的には「任務費用」]) で更に19,325ポンドを要求し得た。議員も、無料の文房具・国内電話料・及び郵便サーヴィスと同様に3,000ポンド程度の価値の基準一括の任務費用を受け取っていた。

　2001年選出の庶民院議員における典型 (ほとんど公式的である) は、中産階級で、大学教育を受け、かつ圧倒的に男性であった (女性でさえも職業的教育的背景について男性と類似した)。著しいのは、次のような議員数の増大である。即ち、彼らは、議員になる前に政治的地位を保持していた。1997年と2001

年における新選出議員の受け入れは、「キャリア政治家」(即ち、「政治の為に生活し、可能な限り早く庶民院への参入を求め、かつ可能な限り長く庶民院にいるように努める個人」)である [Norton, 2004]。「キャリア政治家を定義付け、かつ識別する」のに役立ったことも、彼らの「大臣職への野心」なのである (Rush, M., 2001)。議会の役割遂行へのこれらの大望の重要性は、まもなく検討される。しかし議員の排他性が、21世紀へと続き、かつ庶民院の制度的広大さが保たれ、かつ事実より広範な市民社会に開放し、かつその庶民院機構を連携さすことが想定される正に代表過程によって補強されることに今簡明に注目しよう。代表基盤(「政党」と「選挙区」)についての支配的諸観念は、選択肢的概念(小宇宙的代表)を損ない、かつ議会政治の排他性的動態を支えるのに役立つ。B.マニン (1997) は、次のような自らの結論において簡潔にこの点を捉える。即ち、「代表政体は、それがその創設以来存在していること(即ち、社会的地位、生活様式、及び教育によって市民の大半から区別されたエリート達の統治)のままに残る。私が今日証言しつつあることは、『新エリートの発達と別のエリートの低下』に過ぎぬ」。それ故に、イギリスの代表についての行き渡る諸観念の重要性は、次のようである。即ち、そうした諸観念は、社会の多くの多様な諸集団(大部分特に女性や民族的少数派)にとって明確に非民主的実際なように思えることに正当化を与え、かつそのことに抗して擁護することにある (see Judge, 1997)。

〈3〉政党代表

われわれは、政党が代議政治における重要な要素と見なす。とはいえわれわれは、政治制度を中心に論理だてるゆえ、紙幅の都合上、その章だてを省かざるを得ぬ。とはいえ代表制度論として最低限度の政党に他の諸章も含めて論及する必要がある。ここでもそうした理由で言及することとする。

「選挙が、政権を形成するために選挙後の議会でともに集まる、諸個人を選出することを簡明に含意したとすれば、彼らの政策が何であり、かつ選挙人達が政府の政策に影響を与えるその機会を失うことを予め知るものなど誰もいなかろう。それ故、過去1世紀半にわたってイギリスの民主政のゆっくりとした拡大が、諸政党の強化と成長、及び政権のための諸政党間の国家規

模における競争の激化によって固められていることには何らの偶然的一致でもないのである」(Budge et al.)。

現代イギリスの代表実際が、政党政治の周りを回り、かつその結果拡張によって現代議会政治が政党政治でもあることには論争がない。かくしてH.クリンジマンが記す如く (1994)、「政党は、市民と統治過程を関連付けるシステムにおける主アクターである。…政党は諸要求を一貫した政策一括に集約する (有権者に選挙時に選択を与える過程)。政党は、政権を形成したり、立法部において野党として行動する」という。

政党政治は、党員に対する党首達による、かつ党への投票者に対する政権の責任過程を想定する。政党の公約と政党の遂行に関するその一致 (或いは分裂)、選挙プログラムにおける公約の表出、公約のマニフェスト枠組み内における政策の移行、及び有権者の選好と政策出力の交流といった全ては、現代のイギリスの代議政治における「マニフェスト」と「選挙結果による民意」といった中心概念に注意を向ける。

「選挙結果による民意」(選挙での勝利による政策提案の是認) 観念は、見かけによらず簡明であり、かつ次のような論理的連続に従う。即ち、

1) 各政党は、マニフェスト形態における政策プログラムを選挙民に提示する。
2) 有権者は、このプログラムに基き、相競う諸政党間での伝えられた選択をなす。
3) 成功裡の政党は、このプログラムをひとたび政権につけば、ある実際へと移そうと努める。
4) 与党は、次の選挙におけるその公約を実施するのにその成功について選挙民によって判断される。

実のところ、この観点が与えられることは、責任政府の理念化された見解である。そこには議会エリート達の活動が党の基本方針を通じて熟考された、有権者の選挙上の選択によって正統化される。

しかし、究極的には代表の「政党」解釈の中核要素は、議会内規律の正当化である。イギリスの諸政党全てを統一することは、「選挙結果による民意」

概念に基礎付けられた党規律観念の擁護である。実際上での日常的違反にもかかわらず、この概念ベースは、議会エリート間で主に問われないままに残る（see Topf, R., 1994）。本質的に政党理論を正当化することは、「公選代表は、自分の選挙民の選択の明白な利益に反し、自分の選挙区における行き渡る意思に反し、かつこの国のために最善であることについての彼自身のもつ個人的判断とは逆である政策に投票するように彼の党管理者によって強い得る」システムである（Birch, 1971）。2001年における議員の71％が「政党」をして、その代表の役割を定めるのに重要と信じた事実は、その理論的基礎の経験的阻害の維持にもかかわらず、政党代表観念の力の継続を明らかにする。ここでは彼らは、きわめて皮肉な見解を展開する。

（1）庶民院の政党構成

1997年から2010年の初めまで庶民院は、労働党によって支配されていた。しかし、2010年半ばから2012年現在まで単独過半数［総数 649］を得た政党が存在しない。ゆえに連立与党は、第一党の保守党［307］を軸に第三党である自民党［57］との連立政権を形成する［労働党は259］。

（2）通常の経路

政党支配は、下院自体の組織において反映される。しかしロジャーズら（2004）が観察するように、

「ウェストミンスター政治における政党の膨大な重要性が与えられれば、政党が、下院規則においてそれほど明示的には承認されていないことは、たぶん驚きであろう」。

しかし政党組織及びその周囲で発展している連携された規範や習律なくして下院は、活動し得なくなろう。T.ライトが記す如く（2000）、「庶民院の本質的な諸特徴全ては、政党の現実によって構造化される」。諸政党の組織的影響は、庶民院における正に着席構造においてさえ、明らかである。諸政党間での区分は、一方の側で（議長の右側のベンチで）の与党の配置に反映し、与党に直面するベンチには野党の配置に反映される。従って下院の諸委員会は、「下院構成」に反映し、かくしてより広い下院の政党均衡に反映する。

下院は、与野党間の基本的区分に従って構造化される。その公式手続きは、

この基本的な敵対的関係に反映する。他方、日々の庶民院の慣行は、それぞれの政党管理者達の間に達せられた非公式な合意的理解によって決定される。こうした党の管理者達は、「院内幹事（ホイップ）」（狩猟会合における狐狩り用犬を統制した「猟犬指導係」にちなんで）として知られる［2004年の狩猟法下での狐狩猟の禁止以前］。その制御類推は、院内幹事の役割の二つの次元を指す。その一方の次元は、政党代表の個人活動構造に対する制御である。制御概念が大抵の注目と批判を引きつける一方で、管理概念が院内幹事の役割を最もよく捉える。諸政党全ての院内幹事は、下院議事を運営するために「通常の経路」を通じて協力する。「平議員（MPs）」は、「あまりにも親し過ぎ」、かつあまりにも秘密的であることで、「通常の経路」を批判しがちである。しかしこうした協力は下院院内幹事が完遂されるのに必要である。かくして例えば、日常的議事予定、法案の日程化、諸委員会数、及び特別委員会数の配分は、「通常の経路」を通じて正常に決定される（Rush, M., et al.）。

院内幹事の他の主要管理機能は、各政党の対内管理である。投票管理は、党員が必要とされた数としかるべき仕方を確かにする時に特に重要である。各政党は、議事の日程化と、その議事の重要性を議員達に保たす必要がある。P.ノートンが記した如く、「議事量が多く扱われれば扱われるほど益々ガイダンスの必要が大きくなる」（1981）。伝統的にこの情報は、日々のその日程文書で議事事項の優先順位付き登院命令制度（一行から三行まで）を通じて伝えられる。特定の項目の党派的重要性は、優先順位付け規模の増大によって示される。三行登院命令は、党指導部によって出席と投票に与えられた最高度な優先順位を示す。この方法は、労働党議員に対する電話帳の発行によって1997年議会に補完される。こうした技術の使用についての批判にもかかわらず、それはある水準で、後部座席への参加を管理し、かつ下院で投票する伝統的手段を簡明に更新する。

政党の院内幹事の第一の目的は、投票に必要な議員数を確保するためであり、与党側で動議ないし立法提案を支持して必要な多数を確保するためであり、かつ野党側では与党提案からの反対の度合いを記録する伝統的手段の更新を簡明に記録するためである。1997年と2001年議会における労働党による

圧倒的過半数の議席の占有の規模が与えられれば、議会労働党（PLP）の出席を確保することは、簡明にルーティンにして機械的であったことが期待されていただろう。しかし平議員達に関するある賢明な管理は、なお必要とされた。労働党院内幹事は、「もし私が是認票を失うならば、私の票は、ここあそこにもないこととしてしまう」という強力な平議員論理に反撃せねばならなかった。

　院内幹事の管理的役割の第二の目的は、平議員達に対する党の指導部のプログラムの連絡であり、かつそれと引き換えに指導部へと平議員の意見の伝達である。この連絡機能に関わるのは、党内の合意管理、及び投票の統一維持である。院内幹事は、「協議的にして包括的」となるよう努める一方で（Cowley, P., 2002）、そうすることを求められる時、「説得と強制」を快く行使する。院内幹事は、自分達の随意で一貫して反対したり、忠誠を勘案する一連の意欲刺激を挫く役割をもつ。しかし究極的には議員は、恐れからでも動機からでもないが、簡明に次のような理由で自分達の指導部を第一次的に支持する。即ち、議員は、政治についての共通な包括的観点を共有し、かつ統一されるようにありたいと望むからである（ibid.）。しかし2003年春のイラク問題に対してなした如く、この合意が裂かれるとき、党院内幹事の説得、交渉、及び脅しは、平議員の反乱を阻止するには不十分である。イラクに関する投票において2003年2月と3月に122人と139人の労働党議員は、その政府政策に抗してそれぞれ投票した。これらは、現代の政府に抗して記録された最大の反対投票であった。しかし彼らはしばしば反乱するわけではない。しかしかなり大きな数で反乱するのは簡明に1997年以来、労働党議員の傾向のうちの最も劇的な事例であった。P.カウリーの研究が論証するごとく（2002）、労働党後部座席議員の50％は、1997年から2001年議会におけるある段階において、かつ一連の政策についてある程度、政府に抗して投票した。この類型は2001年以後、2001年6月と2004年11月との間の3会期において211人の労働党議員を含む191の別々な平議員の反乱が行われた（Cowley et al.）。

　しかし、政党が、意見と自己認識の意味についての圧倒的合意の上に構築される」と（Weir, S., et al.）一般的主張を強調することには価値がある。次

のように強調することにも価値がある。即ち、この比較的厳格な合意は、組織的・制度的複雑な状態をもたらすことを(例えば、政党と庶民院内での分業により広範に影響を与え、かつ議会のキャリア軌道についての規範により広範に影響を与える)。

［２］ **審議制度［機関］**

諸理念と制度的実際との間の相互関連性は、庶民院における審議に置かれた強調に更に明らかにされる。21世紀において多くのものに非論理的に時間消費的活動(果てしない討議)と思えるかもしれぬことは、以前の数世紀から引き継がれた制度的規範と価値についてなお全体的に合理的である。審議の強調は、個々には議員が、かつ集合的には下院がなすべきことについての諸理念と緊密にリンクされる。実のところこれらの諸理念の今日的力は、この点において注目に値する。21世紀における議員は、次のような見解に圧倒的に(89％)なお賛成する。即ち、公選代議員は、国民全体の利益を代表すべきという見解と。同様に明らかに議員の81％は、次のように信じた。即ち、議会において行動し、かつ投票する彼らの諸決定が彼ら自身の意見によって強く影響されると(これは、87％で党指導部によって用いられた影響力と同じくらいほぼ強力であった)。これらの二つの要因(「国民」と「議員自らの判断」)は、代表の受託者概念において合体する(see Judge, 1999)。

受託者理論の最も知られた公式化は、次のようなE.バークの有名な1774年の『ブリストルの有権者への演説』において彼によって与えられた。即ち、彼は、次のように論じた。「議会は、国民の審議会議体であり、それは国民の全体的利益」(そこでは地方の偏向が導くべきでなく、一般的善が導くべきであり、そこから全体の一般理性から結果として生じる)とともにある([1774] 1801)。この『演説』は、代表類型を(「どのように」〈受託者の地位〉)と代表の焦点(「何」〈国民〉とリンクさせるのか)をリンクさせたし、そうすることによって正統的統治理論を与えた。議会の出力は、第一次的には立法形態において正確には次のような理由で正統とみなされた。即ち、議会の出力は、「政治的国民」(どのようにその時に定義付けられようとも)の諸セクション全ての代表達による審議過程に服していたからである。同様に受託者の地位原理は、J.S.

ミルの著作において一世紀後に明らかでもあった。議会がなすべきことに関するミルの見解は、イギリス議会が既になすことによって条件付けられた。

「現実には［議会が］決定する唯一のことは、二つの政党のうちの、或いは精々のところ三政党のうちのいずれかに…執行［行政］政府を与えることとするのかである。代表議会が多分もち得る唯一の任務は、その仕事をなす任務ではなく、なされるべきことをもたらす任務なのであり、それが誰に或いはどんな種類の国民に信託が置かれることとするのかを決定し、そして遂行される時、それに国家的是認を与え、或いはその是認に抵抗する任務である」（［1861］1910）。それ故、代議制議会の真に効果的機能は、審議であった。

「代議制議会は、単なる話し合いや雑談の場所であるとして、彼らの敵によりしばしば愚弄される。それは、きわめて不適切なあざけりでしかなかった。私は、代議制議会が次のような場合には話し合い以上に通常それ自体有用に用い得る仕方を知らない。即ち、討議の主題が、その国の大きな国益であり、その一語一語がその国における主要な団体の意見を代表するか、或いはこうした主要な団体が自分達の信頼を置いている個人の意見を代表するかのいずれかである場合である。それは、国中の全ての利益と意見が政府や他の全ての利益と意見に直面しても、その大義を熱烈に要請させ得るところである」（［1861］1910）。

バークとミルは、開始する諸前提、及び実のところ究極的な政治責任のあるところが彼らの代表概念を区別した一方で、代表されたものからの指示によって拘束されるべきではないことに一致された。同様に彼らは、その国家の最善の利益が議会審議を通じて樹立し得、かつ促進し得ることに一致した。

代表の受託者観念の妥当性の継続は、他の所で記録されている。しかし最近の一例は、「近代化特別委員会報告」と次のようなその声明に見出される。即ち、「全ての議員は、その独立的判断と選挙区利益の彼らの評価を審議させる」（HC 224, 2002）と。

〈1〉討議類型

庶民院の時間の多くは、ある説明について（一般立法の基本方針について［女王のスピーチに関する討議において］、特定の立法提案原理について［第二読会

での討議において]、野党の関心事について［野党主導討議日において］、緊急討議について、或いは選挙区事項について［延会討議において］であれ）の討議によって占められている。実のところ1999年11月以来討議機会は、「ウェストミンスターホール」（それは、ウェストミンスターホールから丁度現れた大委員会議室で会合する）として知られた同様な会議室の導入によって拡大している。ウェストミンスターホールにおける討議形式は、個々の議員によってあげられた諸主題について延会討議、議長によって選出された話題の一般討議、「横断的討議」、及びある政府官庁よりも多くまたがる政策討議から、投票によって決定された他の一般的討議を通じて、「連絡委員会」によって選ばれた「特別委員会」報告についての討議までからなる。このフォーラムを通じて利用可能とされた討議の追加的時間は、一会期当り平均討議についてあるものは27%で、或いは333時間の特別の概算である（Rogers, R., et al.）。

ウェストミンスターホールにおける討議は、平議員達をして次のことを可能するのに「成功」として歓迎されている。即ち、「彼らの選択の話題について討議を開始し、かつその議院のより党派的環境において可能であるよりも、合理的雰囲気においてその話題を調べること」を（HC 1168, 2002）。しかし「類似の議院」の実際上の影響は、相対的に制限されている。こうした討議に出席する議員は、少ない（一般討議の出席は、10人から12人の議員との間が平均である）。「ウェストミンスターホール」の議事手続きは、比較的ほとんどメディア報道を引きつけない（HC 906, 2000）。

かなりな時が審議に議員によってあてられるが、この時間が多く費やされるという広範な認識が存在する。主要議院における討議への出席は、一般に低く、「大抵の日に下院で演説する議員は、空席の緑座席の列でそうする」（Norton, 2004）。その上、「議員達は、聞くよりもむしろ話すためにその議院に現れる。それは、主張するためのフォーラムであるが、その時の大部分において主要な諸決定についての周辺的効果のみしか与えない」（Cm [Committee] 4997, 2001）。多分驚くまでもなく、国民は、議会審議について偏向した見解をもつ（メディア報道から主に一瞥される）。「ハンサード（議会議事録）協会」が記したように（HC 1168, 2002）、国民の認識は、主に「言い争い」と「議論」に関

与された政党議員間での対決的衝突に関するものであり、この協会はより一般的に次のよう結論付けた。即ち、「討議がもはや今日の政治には適合しないかもしれない。印象的なせりふ政治と24時間ニュースの時代において6時間の単一争点を討議する観念は、大抵の議員やその選挙民から極めてかけ離れている」(2001)。しかし議会討議が、次のように公により積極的に記録するようなある注目すべき時間がある。即ち、議員が2002年9月24日に自分達の夏休みから呼び戻される時、「イラクと大量破壊兵器」討議が行われた如く。1年後に下院は、国際テロ、及び世界貿易センターとアメリカ国防総省への攻撃、並びにこれらのテロ攻撃への即応を討議するために、2001年9月11日の同時多発テロ事件後直ぐに三度呼び戻されていた。確かに2003年3月のイラク戦争遂行討議は、広範にして集中的なメディアと国民の注目を集めた。この討議も「政府の政策や行動に公的な仕方で挑戦し、かつその結果、挑戦を受ける選択肢的提案を主張するのに役立ち」得る仕方の活き活きとした事例を与えた（HC 333, 2003)。

[3] 立法制度［機関］

各議会法は、次の言葉で始まる。「最も優れた女王陛下によって、宗教貴族と世俗貴族、及び庶民院の助言と同意によってそれが制定されるならば、次のように同じ権威によって、議会が召集される…」。

この前文の重要性は、法が「集合的に」議会によって形成されることを明示的にすることにある。しかし上記の如く、伝統的に議会（しかし名目的には立法部〈文字通り「法形成機関」〉である）は、制定法を「形成」するのに役立つのではなく、執行［行政］部の立法提案に同意し、かつ公認するのに役立った。議会立法部の役割は、その過程に集中される精査［監視］や世論の表現を考慮に入れることによって法を修正し、改善し、かつ公認することがかくして想定された。かくして議会の第一次的「立法」機能は、政府立法の正統化となるようになった。それゆえ、その立法過程の「民主主義的」信託は、国民の影響力・統制・及び精査［監視］が行われるメカニズムにある。庶民院内で引き延ばされた5段階過程［法案に関する1) 第一読会、2) 第二読会、3) 委員会段階、4) 報告段階、5) 第三読会］は、正統化が与えられた重要な

手続き的反映である（[BOX 2.1]を参照されたい）。

確かに両院の時間の多くは、立法処理に費やされる。2002年から2003年会期において下院の490時間程度、或いは下院時間の約38％は、法案審議に費やされた（2004）。その結果この時間の大部分は、政府立法（「一般法案」）審議にあてられた。非政府提出法案（「一般議員提出法案」）は、立法全体でその時間の約19％しか占めなかった。

「近代化委員会［庶民院が近代化し得る方法を審議する委員会］」によれば、「議会議事の中核は、法を形成することである」（2002）。しかし集団的議会機関内にある制度的要素は、他の要素よりも重要である。かくして庶民院は、貴族院に対して優位する。庶民院内で政府は、その政党内でも優位し、かつ他の諸政党に対しても優位する。その上、法を「形成」する時、立法を公式化し、かつ提案し、立法処理を統制し、かつその過程の究極的出力を決定するのは執行［行政］部である。「ひとたび法案が公式上導入されれば、法案は主に具体化される。大臣の立場と評判が主に変えられずに可決する法案によっており、ホワイトホール全体にわたって行き渡る特有な文化が存在する。その結果、実体についての主要な争点に関するばかりでなく、詳細な事柄に関しても変更に抵抗する不可避的な性向が存在している」（HC 190, 1997）。

「近代化委員会」が記すように進めた如く、立法を処理する（そして手続き上の変化を制約する）最近の様態を支える主要因は、「下院の文化」（HC 190, 1997）であった。この文化から特に欠いているのは集団としての「議会による執行［行政］行為の詳細な精査［監視］と批判を高める価値」であり、「…政治勢力として、或いは全体としての『議会』観念は、故に簡明に神話である。この意味における議会は簡明に存在しない」（Weir, S., et al.）。しかしそれは、立法処理に庶民院によって費やされた時間が多くの意味をなす、或いは何らかの意味をなすようなこれらの諸理念が真面目に扱われ（かつそれらが立法について真剣に扱わなければならぬ）る場合のみである。

しかしこの立法精査［監視］過程の結果は、通常的にも圧倒的にも予測可能である。政府は自分達の道を歩み、かつ予定通りにそうする。

1997年と1998年会期以来、大抵の主要な一般（政府）法案は、その内容についてのより均衡のとれた審議を刺激するために、各法案に時刻表を与える「立法計画動議」に服している。最初の実験は、その法案の多様な諸段階における第二読会後に費やされる時間量について、通常の回路を通じて政党横断的な合意を求めるように設計された（詳細については以下を参照されたい。HC 190, 1997）。立法計画動議への情熱は、勢いを得ることができなかった。その数は実のところ、1997年から1998年における11（他に三つのギロチン［討議打ち切り］があった。そこでは時間は先立つ野党の是認なくして政府によって割り当てられる）から、1998－99年には4（11のギロチン）、そして1999年から2000年には4（8つのギロチン）と低下するにつれて力を落としているように思えた。こうした状況において「近代化委員会」は、立法計画を見直し、かつその委員会の保守党議員からの反対に直面して、大抵の政府法案の立法計画化のために認める新会期規則の導入を提案した。2000年から2001年会期において21法案のうちの20は、合意なしに立法計画化された。新議会で改訂された会期議事規則が採択され、かつ2004年半ばまで84法案の全体から67は、計画化されていた。

　立法計画化の重要性は、次のようにA.ハスルハースト歳入調達委員会議長によって明確に要約された。即ち、「立法計画概念の背後にある基本観念が均衡のとれた立法審議を達成しているならば、現在の進歩は、無効として率直に残虐に記述し得る…最近の諸変化の結果として起こっていることは、政府が遅れずにその立法を得、かつ議員達が早期に帰宅するということである」（HC 1168, 2002）。

　ハスルハーストの申し立ては、次のようであった。即ち、立法精査［監視］は、与野党が「その確立された地位を放棄する」場合にのみ改善し得ると。2004年に「議事手続委員会」は、類似な意見を明らかにした。

　「我々は、次のように信じる。即ち、もし立法計画化が『近代化委員会』によってもともと描かれた如く使われるならば、即ち、政党横断的合意が存在する時のみ、それは立法を審議し、かつ改善するより効果的な仕方の可能性をもつであろうと。そして我々はより広範に適用されるが、ギロチンと同

じものとしてみなされるようになっていることを悔いる」(HC 325, 2004)。

「議事手続委員会」は、立法計画化動議について政党横断的支持が存在する場合にのみ、日常的に使われることを認める会期規則における変化を推奨した。さもなくば政府法案は、討議におけるこうした動議を正当化せねばならなかろう (2004)。その対応において政府は、合意のようなものに抗して戦闘化する「強力な政治圧力」を指摘した。「野党は、通常の経路を通じて非公式な交渉における実用主義的なアプローチを快く採用し得る一方で、野党が原理上反対される法案精査［監視］のための立法計画に公に参加することはきわめて困難となろう」(HC 1169, 2004)。こうした状況において政府は、下院議事規則内に立法計画化を組込む動議を提案したのであり、そうすることによって立法計画動議の70％程度が先立つ会期において合意的に達成されていたと指摘した (HC Debates)。それにもかかわらず多くの議員達は、次のように恐れたのである。即ち、立法法案の重要な諸部分は「この下院に検討させぬが、討議させぬままにし」続けるのではないかと。「つまり、政府は、説明するものとみなされていると」(Sir P.Cormack, HC Debates)。

〈1〉委任立法

「不適切であるのは、イギリス国民が今生きる下の法の大部分が、下院の精査［監視］に服していると主張することである。…このことは、次のような法案を促進する政府の傾向の増加に［大部分］よっている。即ち、その法案は、『規則』ないし『委任立法命令』のメカニズムを通じて大臣達に第二次的法形成権を委任すると」(Loveland, I.)。

委任立法（第2次立法ないし下位立法としても示される）は、いくつかの異なった諸形態をとる。そのうちで最も重要なものは、「委任立法命令」、「規制解除及び規制改革議事規則」である。こうした立法は、議会法規定が、新法を可決する必要がなくとも変えられ、或いは効果が齎されることを認める。

平均して毎年1,500程の委任立法命令が議会の前に提出される。しかしこれは年次出力の約半分でしかない (D.ビーサムらによって約3,000と概算された [Beetham et al.])。それゆえ委任立法命令の多くは、議会によって審議されず、かつ実のところある法案は印刷さえされない (see Blackburn et al.)。

議会に達するこれらの委任立法命令のうちで、約15%のみ法となる前に承認を必要とする（「是認手続」を通じて）。こうした委任立法命令の大多数は、「否認手続」を受ける。それらは、取り消し動議が可決されなければ、特定の日付で発効となる。こうした動議が日程化される時でさえ、それはその委任立法命令が討議され、かつ投票される時と所について政府の裁量による（常任「委任立法委員会」において、或いは下院議場で）。いずれの配置においても「政府は、制定法がこうした批判を公式的に規定する事実にもかかわらず、その委任立法についての批判を阻止し得る」(Blackburn et al.)。

驚くまでもなく、委任立法の精査［監視］制度は、「嘆かわしくして不適切」ないし「明白に不満足」(HC 152, 1996) として広く非難される。驚きであるのは、「議事手続委員会」は、近年3度委任立法の精査［監視］制度改革を提案していることである。同様に驚くまでもないのは、その時代の政権（1996年の保守党と、2000年と2003年の労働党）が彼らの応答にためらっていることである。1996年の諸提案は実施されなかった。2002年の労働党政権は、その争点の審議を引き延 (HC 1168, 2002) し、2003年に「委員会」によって提案された如く、庶民院においてふるいにかける委員会を導入することを潔しとしないままであった (HC 684, 2003)。

〈2〉修正議事手続

「修正議事手続」として知られた委任立法の新変形は、1998年の新「人権法」に導入された。こうした修正議事手続は、議会法が欧州人権条約と一致し得ぬと裁判所によって判決している、第一次立法を修正する手続きを大臣に与える。修正議事手続の二類型は、1998年法において記される。平時の手続きは、導入される修正議事手続草案を要するか、各議院の是認決議による是認後になされるしかない。代表が形成し得る60日期間後に修正議事手続草案は、「合同人権委員会」によって精査［監視］され、次に各議院決議による承認を要する。緊急時において「緊急」手続き下で修正議事手続草案は、直接的制定法効果によって形成し得る。しかしその修正議事手続は、120日以内で各議院の是認決議によって承認されなければ、効果を失う (for detail see HL [House of Lords] 55/HC 473)。「人権法」の発効の最初の4年に形成

された修正議事手続は、2001年に導入され、1983年の精神衛生法を修正した。
　〈3〉正統化
　時間が立法討議と処理について費やされた時、「時間の浪費」としてしばしば嘲笑われる。確かに公共政策についての遵守し得る影響力に関して、審議機関にして立法機関としてのその集団的装いにおける庶民院は、著しく効果のない機関である。しかしこれにもかかわらず、立法審議と注意深い処理への強調は、公共政策の正統性を維持するのに公理的重要性をもつままの状態にある。他の所で、かつ詳細に論じられる如く、こうした正統化を与える公式的能力をもつイギリスの他の機関など存在しない（see Judge, 1990; Judge, 1993; Judge, 1999; Judge, 2004）。この意味においてこそ、「議会は、公共政策の諸手続きを正統化するために、大衆とエリートの両方によって受け入れられた機関として、強力な機関である」(Norton, P. 1993a)。
　［4］政府精査［監視］・監督制度［機関］
　イギリス議会は、三読会制をとり、かつ本会議中心型であると言われる。とはいえそれは、日本と制度的に異なるが、内容において議会の委員会が重要であると指摘されている。我々は、こうしたものも含め議会による政府監督事項をここで概観することとなる。
　〈1〉議会質疑
　1997年と2001年の議会において大臣達は、各会期において平均して40,000時間の質問に答えることが必要とされたし、蓄積的にその期間において500時間以上にわたって質問に答えるためにその議院にいなければならなかった。各口頭質問は、平均345ポンドを費やし、かつ各々の文面質問に答えるのに148ポンドを費やす。質問制度を管理する費用全体は、一会期当り800万ポンド以上に達した（see HC 622, 2002）。もし「ある議員達が［質疑応答時間］〈特に首相の質疑応答時間〉を道化とみなす（[Norton, 2004]）ならば、それは高価な道化である。
　しかし庶民院の議事手続きのきわめて多くのように、質疑応答は、非公式的機関的な党派的関係と同様に、立法部と執行［行政］部との公式的機関間的関係の制度の反映である。

第2章　イギリスの代表制度（議会）　97

　一手続きとして質疑応答は、「不規則的討議形態」として最初に展開した（2004）。質疑応答は、大臣達の行動について説明することを大臣に尋ねる比較的非公式な手段である。実のところ質疑することは、「議事規則」によって一部でのみ規制されたごとく、相対的に非公式的に残る。「質疑応答時間」自体は「投票や議事手続き、或いはジャーナル（議会記録）」には記録されない（HC 622, 2002）。「質疑応答諸規程」は、1945年と2003年との間で、13程度の常任委員会とその結果的として恒常的な手続き的修正に服する。かなりな手続き的変化にもかかわらず、質疑の実際と目的は、第二次大戦以後期とは「本質的には異ならない」のである（2004）。その目的は、同様に残る。即ち、「行動を強く求め、情報を求めるため」に（2002）。或いはその目的は、より入念な公式化において、大臣達の注目へと特定の争点をもたらし、公文書には以前にない大臣活動情報を得、大臣達に公的にして重大なフォーラムにおける彼らの地位を必要とせしめ、政府行動を強く求め、かつ「重大な尋問に政府全体を服させるためである」（Norton, 1993b）。換言すれば、質疑は閣僚の説明責任を確保する手段として役立つ。そこには五つの基本的質疑応答類型がある。

　1）「口頭質疑」は、下院議場で問われ、かつ回答される。
　2）「文面質疑」は、最も数が多く、かつ文面回答を受け取る（その原文は、『ハンサード議会議事録』で刊行される）。
　3）「首相の質疑応答」は、首相を直接的に標的とされ、かつ政府の政策の全ての諸局面に対して蓄積的にして広範になる。
　4）「緊急質疑」（2002-03年以前には「個別告示」として知られた）は、直接的な公的重要性をもつ。
　5）2003年1月に新しい「質疑応答時間」がウェストミンスターホールにおいて初めて行われた。

　これは、大臣達の「連携された」責務についての「横断的」質疑に答える数多くの政府省庁から大臣達を包摂した。四つのこうした横断的会期は、各議会会期年で日程化される。

　質疑応答価値についての一つの積極的評価は、次のような下院で強調した、

「公行政委員会」議長であるT.ホワイトによって提供された。即ち、「我々は、議会質疑応答が議員の手による重要な手段であることを知る。実のところ、文面質疑は議員がもつ説明責任維持の最も重要な手段である」(2002)。文面質疑は、1998年のデータ保護法と2000年の情報公開法と組み合わされた時、省庁によって以前に抵抗された情報開示を確保するのに効果的に使い得る。特に政府は、質疑で要請された情報に抵抗するとき、それが、『政府情報アクセスに関する実際規程』(大臣達が回答を拒絶する時、例えば「これは、この情報を与えるのに正常な実際ではない」ような、「曖昧な表現の背後に隠すことによっては、大臣達が説明責任を逃れ得ぬ事を確かにする」)における適切な免責を引用することに合意している。同様に政府は、質疑を「執行[行政]部に説明されるきわめて効果的手段」として評価する。しかし彼らの目的を達成する質疑応答の有効性は、議論を残すままとなっている。集団的に議員は、一般に政府よりもその評価においてあまり一般的でない。例えば、2002年に167人の議員のサンプルの43％のみは「非常に」或いは「大いに」効果があるとして口頭質疑を評価した。しかしその60％は、執行[行政]部に説明させる目的を達成するのに、文面質疑が「非常に」或いは「大いに」効果をもつと評価した (HC 622, 2002)。庶民院に対する冷笑家達は、これらの評価を更に一層割り引きしたがるか、あるいは少なくとも弱めたいかも知れぬ。しかし究極的にかつ残りとして割り引き得ぬ、質疑応答手続きに付された制度的重要性が存在する。

　第一に、大臣達が自分達の省庁の行為を説明するために、議員の前に現れるのに日常的に受ける質疑応答の象徴的重要性が存在する。大臣達は、自分達が1か月に一度1時間の大部分において、質疑に応えることが通常であることを知っている。第二に、多分最も重要なのは、公務員とエージェンシー職員もこれが事実であることも知っているということである。同様に首相は、少なくとも1か月に2時間自分が下院で質疑に答えねばならぬことを知っている。首相も現在水曜日の午後毎に30分間午後12時に質疑に答える。

　首相としてのT.ブレアが恣意的に新しいタイミングを採用し、かつ下院内で先立つ協議なしに、火曜日と木曜日に2回の15分単位から活動するという

事実は、首相が次のような信念と同様に手続き自体の相対的非公式性をさす。即ち、首相は、自分の政党の利点へとその手続きを操縦しようと試みつつあるという信念を。実のところ「首相の質疑応答」改革は、大臣責任の中心性（この国の最高位の大臣が議会に出席せねばならぬことの受容において）を明らかにする。しかしそれは、首相がそうするのに政党的困惑を極小化しようと努めるという、同様にして拮抗的受容を明らかにする。立法部による執行［行政］部の公開的精査［監視］の制度的規定は、執行［行政］部が下院の横断的検討の効果から守られるべき（かつその効果へと近付けるべき）という党派的規定によって転換される。それは、質疑（特に口頭質疑）が「多くの場合に本質的に政党政治目的のために用いることが不可避とずっと受け入れられる」（HC 611, 2002）。しかしそれは、（発表のための締切日を短縮し、電子式上程化を導入し、質疑応答時間の話題化と関連性を高め、長ったらしくしてぶらつく質問を変えさせ、より特定的に大臣の答弁を多くする〈see HC 622, 2002〉）議事手続的変化にもかかわらず、大臣達を精査［監視］の浸透から守る党派的技術は、行使され続けることとなろう。仕掛けられた質疑、追従的質疑、系列化された質疑、同感的な補完的質疑、及び党幹部や院内幹事によって平議員からなる組織化された会期前のブリーフィング［要旨の説明報告］は、全て政党政治家としても行動している野党議員による惑わしから、政党政治家としての政府大臣を守る党の手段として使われている。この過程において一組織としての党の利益・規範・価値は、一機関としての議会の利益・規範・価値を踏みにじる。このことは、議会機関の中核にある基本的逆説のうちの一つである（see Judge, 1993）。

〈2〉特別委員会

「議会質疑のみよりも大臣の説明責任についてより多くの事実が存在する。質疑応答は説明責任過程に絶対に必要である。しかしそうしたものは、議員達が政府から情報を要請し得る唯一の道筋ではない。…特別委員会制度は、他の手段を提供する」（Leslie, Ch.）。

ロビン・クック（当時の下院院内総務）は、自分の副大臣の同僚よりも一歩進んでおり、次のように主張した。即ち、「関係省庁特別委員会は、議員が

『政府の政策及び大臣の遂行』の詳細な精査［監視］を実行し得る最も発展した媒介である」(HC 400, 2001)。

関係省庁特別委員会は、比較的最近の起源をもつ。この特別委員会は、1979年に設置された時、二つの他の特別委員会類型と並んで活動する。その第一の特別委員会は、調査委員会としてしばしば示され、「公行政」・「公会計」・「欧州監視」・「規則改革」・「環境監査」の委員会を含む。これらの諸委員会は、政府活動の特定領域を監視し、かつ簡潔にして正規な報告をうみ出す。第二の委員会類型は、下院の「対内問題」を扱う（そして「行政」・「食事提供」・「近代化」・「規準・特権」の諸委員会を含む）。そこには両院「合同委員会」の第三類型が存在する。この最も目立つ事例は、「人権委員会」・「上院改革委員会」・「委任立法委員会」である。

庶民院にににおいて最近諸委員会のすごい数と急増は、諸委員会が広範な合意によって」現代議会の「最も重要な対内的な組織的特徴の中にある」と言う一般的観察に反映する (Strøm, K., 1998)。しかし歴史的に上記の諸理由故に、「イギリス議会は、本会議中心型機関でいつもある。諸委員会を多様に利用しているが、その強調は本会議にいつもある」(Norton, 1998)。それにもかかわらず、1990年代後半までにノートンは (1998) は、次のように主張した。即ち、庶民院は、発表する委員会制度の結果として、「その7世紀間において以前よりも専門化され、かつ制度化された」。しかしこれは、大抵の他の西洋議会と比較して多く言っていなかった (see Bergman, T., et al., 2004)。

関係省庁常任委員会制度が導入されつつある1980年代前半における正にその時にある解説者は、下院が体系的分業に対する伝統的抵抗を示したし、新制度の影響が将来において制約されるように思える理由が、イギリスの立法部の組織的・規範的制度の次のような三つの中心的要素に反映したと指摘する。これは、ジャッジによって明らかにされた (1981)。即ち、

1）政党競争の敵対的性質、2）執行［行政］部の役割と下院指導部の役割の結合、及び3）下院における支持的代表理論の弱みに。特にジャッジは、「他の支配的価値制度の如く下院の規範制度が、最も強力なアクター達の特別な選好に反映しかつ現存の権力配分を支持する。換言すれば、大抵の平議

員達の規範・大望・実際が、執行［行政］部によって定められる」ことに注目した（Judge, 1983; 1993）。

それにもかかわらず、1979年に14の省庁関係特別委員会の導入は、執行［行政］部と立法部との関係における新しい夜明けと発表された。その新制度は、1978年の「議事手続委員会」からの報告に続いた。この委員会は、その目的が、執行［行政］部と立法部との間の関係において新しい均衡をとるためであると公然と言った。実のところ「議事手続委員会」は、次のような評価から出発する大ヴィジョンをもった。即ち、「その問題の本質は、…次のようである。即ち、立憲制の日常的作業における議会と政府との利点の均衡は、広範な懸念を起こし、かつ我々の議会制民主主義の固有な作業には不利である程度にまで、政府に有利に今置かれると」。そのことは、次のような信念で終わる。即ち、「新しい均衡は、次のような目的によって図らねばならぬ。…即ち、下院全体が大臣達と、彼らが答えることができる現代国家の官僚機構の拡大に対する効果的な統制と支配的権限を行使でき、かつ選挙民の願望により即応的に議会と政府の諸決定をせしめることを可能にするためである」（HC 158, 1978）。

さて1978年の「議事手続委員会」も、N.St.J.スティバスという下院院内総務も、下院に意思決定過程の再配分と拮抗させないことが明らかにされるであろう。その代わりに執行［行政］部を精査し、かつ故に影響を与える下院の能力（権力）は、高められた。もし「中央政府への委員会の影響が自ら加えた打撃である」とすれば、新委員会制度の諸権限の声明のし直しのみ、政府の被虐的な傾向を増大させることに気づかされよう。この目的のために、「議事手続委員会」は、特に次のように勧告した。即ち、特別委員会は、証拠を得るために大臣達の出席を命令し、大臣による文書や記録の導入を命じ、報告書の刊行日の2か月以内に出されることの遵守を政府に必要とさせ、かつ委員会報告の討議のために、会期毎に8日を除くことに権限を与えるべきであると。更に下院における行政［執行］部の規範的優越に対する挑戦は、特別委員会議長の給与を提案することによってなされた。これは、「両方ともそれ自体のために望ましいし、政党指導者達の権限に全体的にではなく、

下院のキャリアの機会のある要素を与えもし得る」と信じられた（HC 588, 1978）。かくして「議事手続委員会」が進化的変化としてその諸提案を示そうと努めたにもかかわらず、執行［行政］部へのラディカルな脅威は、その報告において明らかであった（Judge, D., 1981）。

1979年にこの挑戦は、その新しい諸委員会権限のその注意深い範囲で慎重な限定において政府によって黙示的に承認された。彼らの議長達は、給与が支払われなかったし、大臣の出席を強いる権限は否定されたし、省庁監視の承認のためには何らの時間制限も特定されなかった。その諸委員会が以来ずっと苛立っているのは、これらの諸制約に抗してなのである。

これらの諸制約の重要性の継続は、委員会制度の二つの主要な対内的見直しにおいて示された。両方の対内的見直しは、1979年以後の制度が「成功」であるとそれぞれ結論付けた一方で、両方とも「成功が純粋でないことを認めた」（HC 300, 2000）。「その制度［機関］をより効果的にして独立的にせしめ、かつよりよく政府の監督機関とせしめるべく」提案するとき、「連絡委員会」は、1978年の「議事手続委員会」によって20年程度早くなされた諸提案のうちの幾つかを修正した。

2000年の連絡委員会は、1978年のその前身のものの如く、ある改革提案が議会の存続の「現実」の文脈においてなされた諸提案のうちのいくつかを修正した。これらの現実の間に顕著なのは、次のような事実であった。即ち、「大臣達は議員であり、議会によって政権において維持され」、かつ党の忠誠と党組織は、「議会とその諸機関が作動する仕方を構造化する」と（HC 300, 2000）。しかしその連絡委員会の報告は、これらの現実を認めた時、次のように認めた。即ち、執行［行政］部支配と党の統制は、正確には諸委員会の効果的な活動に主な制約であると。かくして「政党管理者達が特別委員会数の効果的統制を行使すべきであり」（para 13）、故に新しい「非党派的任命制度が採用されるべきであることは、誤りであった」。同様に「大臣任務」についての支配的な議会キャリア概念、及び「有力にして効果的な特別委員会委員達（及び時には議長達でさえ）は、与党と野党の任命のうちの最も低いものによって極めて容易に試みられる」事実は、ともに譲歩されねばならぬが、

挫かれてはならぬ。その「連絡委員会」は、「我々は、このことについて現実主義的でなければならず、多くの議員は大臣となることを無理もないほどに熱望する」と認めた。しかしそれは、次のように結論づけた。即ち、(実のところおよそ四分の一世紀早く「議事手続委員会が結論づけていた如く」)、執行 [行政] 部の魅力と議会の立場との間の不均衡を正す一つの道筋は、委員会議長の給与のその頂点において認める委員会業務の上に選択肢的キャリアパスを構築することにあると。

政府の回答は、迅速であったし、「連絡委員会」によってなされた各勧告を事実上拒否された。その「連絡委員会」は、「失望し、かつ驚いている」とその回答を認識した。即ち、「我々は、我々の諸提案が控え目である故に、それが失望であると認識した。…そして次のことが驚きであること認識した。即ち、議会を近代化するその政策の極めて多くを形成している政府は、それ自身の説明責任と行動の自由が争点となる時、きわめて異なった見解を明らかにとることが」。

しかしこのような即答は、上記で概述された分析観において人にはなんら驚きももたらすことにはならなかろう。

多分より驚きなのは、「『連絡委員会』報告の11か月内でその勧告の多くが、『近代化委員会』によって採択され、かつその結果、下院自体によって受け入れられる」ことであった。この明らかな覆しが起こった状況は、四つの相互に関連づけられた諸要因を記すこととは別に、ここでは主要な関心ではない。第一にしてある重みをもつのは、「ノートン委員会」(2000)と「ハンサード協会」(2001)[その両方とも執行行政部行動の有効な精査(監視)に対する関係省庁特別委員会の中心性を強調した] による二つの影響力をもつ対外報告の同時的刊行であった。第二に、対内外の改革派の議論と人事の相互に噛合うことは、重要であることを証明した(し、特に「連絡委員会」議長であるR.シェルドンによって認められた) [HC 224, 2000; see also Kelso, A., 2003]。第三の貢献的要因は、2001年6月の新議会会期の開始時で2人の率直な労働党議長(D.アンダースンとG.ダンウッディ)の再任を阻止しよう努める時の党の管理者の誤算であった。第四にして重大な重みをもつのは、次のような

「近代化的」R.クック下院院内総務の任命であった。彼は、庶民院内で活性化改革を明らかにしたからである (see Cook, 2003)。

「近代化委員会」は、2002年2月にその特別委員会報告を刊行した (HC 224, 2002)。それは、22の勧告をなした（「監視［精査］委員会」への調査委員会の名称の変化、合意された中核的任務の声明、専門家支持スタッフの雇用、15の規準委員会の改訂、全委員会報告がウェストミンスターホールにおいて討議される可能性）。しかし当該目的のための利益の主要な諸提案は、委員会委員任命と議長の給与を扱うものであった。

「近代化委員会」は、任命が「任命委員会」の責務となるべきであると勧告した。これは、次のことを意味した。即ち、当然ながら各政党に割り当てられた地位への指名選択は、第一に「その政党内で行われるべきであり」、究極的に任命は、公平な指名委員会によって確認されるようにと (HC 224, 2002)。「近代化委員会」も「精査［監視］にあてられた議会キャリアの価値が、主要な…委員会」〈「精査（監視）」と「調査」の両方〉の議長に特別給与によって承認されるべきである」と勧告した (HC 224, 2002)。

結局のところ国会議員は、2002年5月14日の下院投票において「近代化委員会」によって勧告された改革一括の大部分を受け入れたが、究極的には独立的「指名委員会」の設置に反対して投票した（209票対195票で）。その投票期中に1人の労働党議員 (G.プレンティス) は、以下のようであるかどうか議長に尋ねた。即ち、「自由投票について『議会労働党はこっちです』と言う『否認ロビー』を指し示すことは、与党院内幹事にとって有効かどうか」と。

その投票以後、幾人かの議員は、両方の組みの院内幹事の影響力にその敗北をより直接的に帰した。そして悲しそうに次のように尋ねることが、T.ライト（公行政特別委員会議長）になされた。即ち、「どこに議会改革者達の大量なものがいたのか。…[動議]が失われ、かつ動議はその院内幹事の友愛全てがそれを投票で否決するように組織された。進歩勢力はどこにいたのか」が。実のところ、任命過程に対しての政党管理者達の統制を変えることが出来ないのは、一括の他の諸部分に諸含意をもつ。例えば、A.ケルソーは、次のように記す。即ち、議会改革のための全党グループの議員達は、公平な「指導

委員会」の欠如において、委員会議長給与が特定の特別委員会での雇用を求める従順な議員のための袖の下として、院内幹事職によって使用され、かつこれらの委員会をして改革が提案される前よりも強力でも可能でもなくするのではないかと心配した。正確にはこれらの恐れは、その決定が特別委員会議長に1万2千ポンドの特別給与を支払うようになされる2003年10月に明らかにされた。

　2004年に18の関係省庁委員会が存在した。これらは国家の主要省庁の影響を受け、かつかくして省庁再編に続いて組織のし直しを受けた（2002年5月の副首相官邸の設置、及び2003年6月の法務省の創設とともに起こった如く）。「議事規則152」は、関係省庁特別委員会の役割が、「主要な政府省庁の歳出・行政・及び政策を調査するため」と規定する。

　「連絡委員会」によれば、「関係省庁特別委員会の作業は、機会よりもむしろ脅威として政府にとってみなされる傾向をもつ」。この脅威が大臣や官吏によってなお認識されることは、「執行［行政］心性」の力の継続を肯定する（see Judge, 1993）。同様にR.クック下院院内総務による指導下で、特別委員会によって与えられた「機会」を強調しようとする積極的試みが存在した。確かに次のようなあの情報収集と伝播の両方で執行［行政］活動についての情報の流れを増大している。即ち、委員会は、議会や組織された国民をリンクさせる情報網を高めており、かつ以前よりも精力的な［精査］監視に政府の政策を服させているあの情報の。同様に、確かに議員は、特別委員会が「議会が政府を説明するとみなす最も効果的な様式」であったことを信じる。実のところ『ハンサード協会』(2001) 調査における179人の議員の84％は、特別委員会を政府から情報と説明を確保するのに「効果的ないしきわめて効果的」と評価した。その上、次のような諸見解への強力な対外的支持が存在する。即ち、「1979年に導入された関係省庁委員会は、大きな成功で」あり、「成功裡の革新」、及び「政府を説明させるための議会の最も効果的な装置」(Wright, 2000) であると。これは、次のような下院のもつ評価と合致する。即ち、「委員会は、議会と国民の討議に著しい貢献をなしている」し、「一般に委員会は最もよく下院を示しており、偏見や想定に基くのではなく、

事実に基いて作業し、かつ日常的な不一致よりもむしろ建設的協力によって作業していると」言う (HC 300, 2000)。

しかしこれらの望ましい評価の各々は、次のような承認によって和らげられる。即ち、実際上の「委員会制度の成功は限定される」。「議会監視[精査]について委員会の半分は古典的で一杯であるビンを示し、半分は空っぽなビンを示す」と (Norton Commission, 2000)。関係省庁委員会からの年次報告は、特別委員会によって出くわされた実際上の制約への洞察を与える。より大なる改革主義的目的は、委員会の活動遂行能力を高めることにあてられる（より多くのスタッフ・多くの資金・多くの調整・構造におけるより多くの一貫性・規模の増大・よりよき報告）。他方、政党競争と執行[行政]部支配（及び連携された規範）の主要な障害は、維持され、かつ厳格な精査（監視）に対する重要な障害物のままに残る。これらの障害は、2004年10月の「連絡委員会」に対する下院院内総務のP.ヘインによって与えられた証拠を通じて際立った。積極的側面では、政府は省庁を刺激して、関連情報と文書を与えるのに先を読んで行動するように同様に証拠を与え、かつ出席、情報、及び協力提供を支持してその仮定をより明瞭にする「特別委員会に応える」ことについて、公務員達が与えた助言を修正するその本意を示した。しかしP.ヘインは、行政サーヴィスの「大臣達への助言」アクセスを得る特別委員会の特定争点について、大臣の責任原理に訴えることによって、こうした助言の非開示を正当化しようと努めた。

「官吏達は、我々が公的に責任を負うものであるところで大臣達との関係をもつ。官吏達は、行政サーヴィスの伝統と規則によって職業的に助言する。…というのはもし私は、間違っているとあなたの『特別委員会』のうちの一つが考える如く、或いは私の同僚のうちの誰かが考える如く、決定するならば、我々[の大臣達]は回答できるものであり、これは大臣の責任原理であるからである」(HC 1180, 2004)。

§5. 貴族院

　われわれは、前節で国民代表議会として典型的な庶民院について、ジャッジの論述に沿って整理してきた。引き続き本節は、その第二院である貴族院についてまとめることとなる。周知のようにそれは、近年その役割が弱められつつある。これに対して一院制の主張も効率上、広く行われている。さらに日本において、近年両院間の「ねじれ現象」を含めて、強過ぎる上院事項が重要な解決すべき課題として叫ばれている。いずれにせよ、われわれは、それらの状況を念頭に置きつつ、イギリスにおける貴族院の問題点及びこの国の対応に注目する。われわれは、時代に即応したイギリス人のその上院の扱いを検討し、彼の論点を解き明かすこととしたい。

　ジャッジは、イギリス議会が、次のような「非対称的二院制」形態を示す (Patterson, S., et al., 2001) と説き始める。即ち、その形態では、上院（貴族院）が下院（庶民院）に従属する。貴族院は、「上院が元老院と呼ばれるばかりでなく、制限された立法権限、或いは簡明に諮問的権限しかもたぬ」などといった他の非対称的二院制とは異なり、「かなりな立法機能を遂行するのに時代遅れのままで」あるという。

　もし貴族院が（実のところ、それは、5段階立法過程処理においてなす〈1）第一読会、2）第二読会、3）委員会段階、4）報告段階、5）第三読会を通じて〉ように）下院の立法的役割を繰返すとすれば、最も基本的な問題は、なぜ第二院を結局のところもつのかということである。実のところ、批評家達は、次のように18世紀のアベ・シエスの言葉を引用することには決して飽きてはいない。即ち、「もし第二院が第一院から批判があるならば、それは有害であり、もしそれが一致するならば、不必要であると」。しかしこの基本的な問題に対する答えは、本書のテーマのうちの三つ（歴史・機関間相互作用・及び政治制度の役割に関する諸理念と社会的理解）において見出し得ると説かれる。

[1] 歴　史

　本書の序章において記された如く、歴史は近代的な制度的形態を説明する強力な変数であり、特に公式的政治制度の「経路依存性」を明らかにする場

合に強力な変数である。歴史的制度論者達は、最初の制度選択と構造がやがて自己強化的となると主張する。確かに貴族院の存在と近代的な役割は、その歴史的展開の理解なくしてほとんど意味をなさない。

　貴族院は、アングロサクソン期の「賢人会議(ウィテナゲモート)」や、12、13世紀の「クリア・レギス」(国王の評議会) においてその起源をもっている。世襲貴族 (大立者、自分達の私的軍隊をもつ太守や諸侯)、及び宗教貴族 (大主教・司教・及びその時代の大地主として教会を代表した大修道院長) は、君主達の政策への同意と権威賦与のためにその君主達によって必要とされた。前述のように「コモンズ」(都市や州の代表) は、後に議会へと召喚された。しかしながら、最初にはコモンズは、そのより強力な上位者達の面前で話すことが認められなかった。この理由でコモンズは別々に会合し始め、かつ究極的には1377年以後、その君主のために話す「議長」を選出し始めた。かくして14世紀末までに「二つの議院」議会は、各議院が「限定的権限」を行使し、かつ各議院が承認された「正統性」をもつとして登場していた (Shell, D., 2001)。14世紀から貴族院議員は、個々の出席召喚状を受けとった (こうした召喚状が世襲的継承原理に服すという仮定の登場と共に)。彼らは、「貴族」(同等な地位をもつ貴族達として)として出席した。彼らは、財産と権力の所有者であったし、庶民院において徐々に採用された意味における「代表」としては仕えていなかった。実のところ、ノートンが記す如く、「代表のいかなる意味も締め出された」し、「代表的能力の欠如も、庶民院に対する政治的下位性 (及び後に法的下位性) を占める議院へと導かれた」。しかしこれは、個々のレベルにおいて真であるかもしれぬ。しかし集団的には貴族院は、財産・土地・及び特権の利益を代表し、かつ「国王から独立的な機関」(その社会全体に対して、かつそれに抗して財産を代表するもの) として活動した (Shell, 2001)。実のところこの地主的・貴族的利益の「集合的代表」概念の支配は、19世紀へと確かに続いた。しかし、自由民主主義的代表概念が1832年以後漸増的に主張された如く、かつ貴族院における代表の非民主制にして世襲的基礎の正統的擁護が損なわれたように、貴族院のより広範な制度的役割は徐々に問題となった。

　その歴史を通じて貴族院の構成は、その制度的役割と解けないくらいに絡

み合わされている。この基本的な連携を検討する前に、その構成がその対内組織と手続きに与える影響を記すことには価値がある。貴族院が、その議員の（同じきわめて重要な特権を共有する貴族の）平等原理が与えられるならば、貴族院は、立法議院間では世界ではユニークで（自己規制的機関）(Wheeler-Booth, 2001)であろう。これは、貴族院が「他の権威に対してその手続きを規制する権限を決して委任していない」ことを意味した(ibid.)。しかし自己規制、及び議事提案と議事参加の平等権といった伝統的諸原理は、1999年以来変化した構成によって侵食されている（Wheeler-Booth, 2001)という。

[2] 構 成

ジャッジは、まず「1999年以前の貴族院は、主に世襲貴族制で、恒常的に親保守党的であり、民主主義時代において自明的に時代錯誤的であった」(Budge et al., 2004) とバッジらの説によって措定する。

もし貴族院がその対内的組織に影響を与えたならば、（それもより明らかに）庶民院、及びそこでの執行［行政］部と多数政党とのより広範な機関間相互作用に影響を与えただろう。1999年以前の世襲貴族間の保守党支持者達の大きな優位が与えられるならば、いかなる特定の庶民院の総選挙に関係なく、上院に組みこまれた保守党多数があったであろう。19世紀の政党政権の発達と共に高められた政策と、ある政党によって支配された下院と他の政党によって支配された上院との立法的衝突の可能性が到来した。かくして19世紀後半に上院が「国民の意見によって支援される、政府立法を阻止せぬ慣習が発達した」（2003年にI.ラブランドによって引用されたリンドハースト卿［1856]）。これは、日本でも採用すべきという主張が多くなされている。

「国民の意見」を正確に構成したものは、トーリー党の貴族の当時の指導者であった第三代ソールズベリ侯爵によって、その時ある思惑に導かれたのであり、明示的目標が与党の選挙公約に含まれなかったならば（see Shell, 1992)、立法が反対し得ることによる「レファレンダム（国民投票）理論」を支持した。「選挙での勝利による政策提案の是認」の民主主義的主張を支える非公選上院の逆説は、その時批判によって敗北されなかった。

その諸規定が1906年選挙運動において明示的に示していた根拠で、1909年

の財政法案（それは、自由党政権の社会政策改革計画を賄うために税をとろうと努めた）を可決させることを拒否した時、二院の構成の政党断層線は、二院の各々の権限に対する制度的断層線を開いた。これらの蓄積的な立憲制的前兆は、1911年の議会法の可決へと導いた。その議会法は、1か月以上の間「財政法案」を阻止する上院の能力を除いたのであり、二つの議会会期の最大限へと他の一般法案（5年以上の議会任期を拡大するための法案とは別に）を遅らす権限を制限した。その遅らせる時期は、1949年の「議会法」によって一会期の最大限へと更に減少された。1949年法の導入をめぐる状況は、1911年法の状況を映したし、今度は庶民院における多数党である労働党が貴族院における保守党貴族からの妨害を恐れた。1949年法と1911年法ともに二つの議院、執行［行政］部と議会、及び議会内の諸政党との間の機関間の相互関連の結果を明らかにした。同様に議会法は、制度変化を説明する時、「分裂」ないし「強調された均衡」概念の分析的効用を示す。

　しかし1999年貴族院法を説明するようになる時、「危機」ないし「分裂」概念は、分析的手段をほとんど与えない。1999年法は、貴族院において議席と投票に関する世襲貴族権の除去に向けて、労働党の1997年のマニフェスト公約を遂行しようと努めた。その結果、野党の保守党の機先を制するための便宜的修正の結果として92人の世襲貴族は、1999年11月において存在するようになる「暫定第二院」に保持された。彼らは、非民主的上院のうちの「選出」のみとして、その世襲貴族的同僚によって選出され、かつほとんど何らの皮肉もなく復帰された。世襲貴族数は、かくして古き貴族院に議席をもつ759人から約90％にまで減じられた。その結果、貴族院議員数は、1,295人から659人へと事実上半減された。暫定議会の構造は、大主教と主教［26］、一代貴族（法律貴族）［29］、一代貴族（1958年爵位法下での）［561］、貴族（1999年法下での）［91］、総計で707人の貴族院議員によって示すことが出来る（2004年）。

　「暫定上院」貴族の約8割は、「一代貴族」であった。一代貴族は、次のような貴族任命について君主に助言することを首相に認める1958年一代貴族法によって導入された。即ち、そうした貴族は、上院に議席をもち、話し、かつ投票するが、死亡する時その権限を譲ることを認め得ないと。1963年の爵位

法は、世襲貴族が（下院に議席をもち得るようにするために）その権限を放棄することを認めたし、女性の世襲貴族が上院に初めて議席を得ることを可能にした（4人の女性世襲貴族が、109人の一代貴族と並んで、事実上上院で議員資格をもった）。

[3] 構成と権限

世襲貴族の除去は、「最初にして自らを封じ込める改革」として描かれたが（1997a）、上院を「より民主的にして代表的」とするための他の諸段階の先駆としてみなされた。正確にはその道筋は、その時には特定されなかった。実のところ後に更なる改革への約束は、労働党政権につきまとった。最初に労働党政権は、次のような『白書』が、貴族院法案と並んで1999年1月に刊行され、かつ「世襲貴族の除去に続く上院の長期的将来の徹底した検討」を提案した（1999）。この目的のために王立委員会（ウェイカム卿議長に率いられた）は、将来の貴族院の役割・機能・及び構成を検討するために1999年2月に設立された。その報告は2000年1月に刊行された（2000）。今、討議のために最も注目すべきことは、次のような政府の主張であった。即ち、「庶民院は、重要な議院となり続けることになり、立法が可決されるかどうかについての最終的決定権によってそうなり続ける。庶民院は、総選挙結果に基き、政権党を決定し、かつ立法が可決される形態で究極的に主張し得ることとなる…」(1999)。

庶民院における現存の多数党による支配の維持の主張、及びその結果、上院に対する下院支配は、全ての後の公式文書における反映を得た。かくしてウェイカム委員会の委任事項は、次のように明確な声明によって始めた。「優位的議会議院としての庶民院の地位を維持する必要を尊重し、かつ立憲主義的解決の現在の性質についての特定の説明をなした。…」。その委員会委員は、この過程が次のような彼らの最終報告による影響を記した。即ち、「我々は、政府・庶民院・及び新しい第二院との間の重大な三機関間関係を例示する勧告を生み出したいのである。我々は、次のような事実を考慮したい。即ち、その事実は、三機関間関係の安定が新しい第二院の権限とその議員達が選出される仕方によって影響されると」(Cm [Committee] 4534, 2000)。

明らかに改革された上院の構成は、この三機関間関係と機関的役割から分離して考慮し得なかろう。その場合の第二院は、下院の優越に脅威をおくべきではないが、庶民院の作業を増強させ、かつ補うべきである。それゆえ多分驚くにあたらぬが、庶民院は、「第二院の法形成機能において何らの重要な変化をなすべきではない」と勧告した。この委員会は、「［二院間］の最近の均衡は、正当性についてであって、根本的に乱すべきではないと」判定した。貴族院の役割は、次のことを確かにする改正し監視する議院として伝統的用語で想定された。即ち、政府は、「その地位を再考し、かつ適切に正当化する」機会をもつことを (Cm 4534, 2000)。

両院間での「均衡」を維持する願望が与えられるならば（実のところ、一方が他方に対する支配）、議員資格について開始する提案は、直接的に公選の第二院を除外した。その理由は、その委員会の役割概念と次のような事実から生じた。即ち、「公選議院は、それ自体の性質によって下院の優越に挑戦し、かつ我々の委任事項を必要とし、かつ我々が勧告した両院の諸権限間の均衡をとる事を困難にするという」。その結果は、公選の地域議員のうちの少数とともに約550人の議員からなる上院を支持する勧告であった。換言すれば、その委員会は、その成員数が「全体的に或いは主に直接的に公選」されるべきであると勧告しなかった (Cm 4534, 2000)。

ウェイカム報告とその勧告は、新聞により、かつ改革グループによって嘲笑われたが、可能な限り最も効果的な仕方でそれらを実施するための」必達目標を含み、2001年の労働党のマニフェストにおいて支えられた。2001年11月政府は、『改革の完遂』（『白書』）を刊行した。改革原理は、再び次のような前提から出発した。即ち、貴族院は、優越議院としての庶民院を奪おうと努めず、改訂的にして審議的議院であるべきであると。その議員資格は、「庶民院の複製ないしクローン」ではなかった。これは、「貴族院の役割・機能・権限が主に変化されないままに」残るべきである。ウェイカム委員会の議員資格（数）勧告は、広範に是認されることを意味した。特に『白書』は、600人の議員（地域リストからの20％が公選により、かつより短い選択肢へと性向が与えられた政府によって、5年、10年、15年の可能な任期制限を設ける）を提案

した (HC Debates)。「独立的任命委員会」は、独立（無所属）的議員を選出するのみで、政党議員を選出するものではない。

しかしその委員会は、先立つ総選挙の観点から政党議員数を決定しよう。

『白書』への回答（ウェストミンスターその他に）は、精々のところ守られる程度であり、かつ一般的に敵対的であった。ウェイカム卿でさえ、『白書』の詳細を批判した。庶民院の「公行政特別委員会」は、それ自体の報告『第二院（改革の継続）』によって『白書』に答えた。その報告において、その委員会（Committee）は、次のように厳然と明らかにする議員の調査結果を再現した。即ち、「409人の労働党議員から19人しか、そして（164人の保守党の[回答者達]のうちの1人も）」多数者による任命第二院を支持しないことを。この委員会は、「それがどこにあろうとも、引力の中心は、明らかに『白書』にはない」(HC 494, 2002) と結論付けた。

その『白書』への好ましくない回答が与えられたので、政府は各議院から12人の議員からなる合同委員会の任命を提案した。合同委員会の委任事項は、次のように馴染みの朗唱文を含んだ。即ち、「貴族院改革についての諸争点を審議するために、…ある変革提案が現存の庶民院の優越へ与える影響に特に顧慮する議会全体の文脈内で」。しかしその委員会の第一次的任務は、構成の選択肢について報告することにあった。2002年12月に刊行されたその第1回報告において、それは十全的に任命議院から十全な公選議院までからなる7つの選択肢を明らかにし、かつ次のように勧告した。即ち、両院ともに各選択肢についての一連の動議で逐次的に投票すべきであると (HL 17/HC 171, 2002)。

2003年2月4日に、両院とも七つの選択肢について投票した。庶民院も貴族院廃止についての修正投票を行った。貴族院（多分、驚くまでもなく、そのほとんど全体的に任命議員数が与えられるならば）は、全体的に任命上院を支持して投票し、かつ選挙への全ての選択肢に反対した。庶民院において上院廃止の修正は、実のところ七つの他の選択肢のうちの全てがあった如く、敗北された。その結果は、「庶民院投票が現状に反対投票することによって現状への支持投票の矛盾」を生み出すこととなった (Mclean et al.)。その投票の

終わりに、その討議を開くのにクック氏によってなされた最初のコメントは不気味に予知的なように思えた。即ち、「我々がまち（ないしコデ）を待つ」ことと議会的な同様なものとなる上院改革へといつの間にかなり得るリアルな可能性が存在する。それが到来せず、かつあるものはそれさえ存在するかどうかむしろ疑わしくなる如くである。しかし我々は、年を追うにつれてそれについて語ることでぶらつく」(HC Debates)。

合同委員会が庶民院の決定的でない投票の余波により再開した時、それは次のような提案が開始した。即ち、「たとえエンジンがその［改革］列車［の速度］を低下させていなかったとしても、彼らの推進は減じられている」。それは、長期的な貴族院の構成の改革に共通な根拠の欠如において、「いくつかの特定の争点」報告に関して進歩が漸進的にのみ、かつ調査を通じてなされると主張した。それも、上院が「達成し、かつ将来達成し得る重要な役割」に光をあてることに決めた。本質的にこれらは、審議・精査［監視］・立法効率と有効性の高揚・及び立法を導入し、改正し、かつ修正することを通じてといった庶民院によって遂行された役割を補った。それらが庶民院の役割を植え付けることよりも補った故に、構成への合意の欠如からそれは、その存在する役割の遂行において効果的に上院を作動させる努力を集中させるべきであると信じた (HL155/HC 1027, 2003)。

合意の欠如に直面させられた政府は、次のようなファルコナー卿（大法官にして法務相）の言葉を使った。即ち、「二つの純然たる選択、即ち、何もするな、或いは我々ができるところへと移るように努めよ」。後者を選択する時、政府は二つの論争的発表をなし、かつ後に二つの「諮問」過程に着手した。最初の発表は、2003年6月に来たし、法律貴族の除去（上訴委員会）及びイギリスの新最高裁判所の設立を提案した。政府は、諮問過程を開く時、「現代の立場で執行［行政］部と司法部との間にその関係をおく」その意図を明らかにした (CP [Consultation Papar] 11/03, 2003)。明確であったことは、他の立憲制的変革（ウェールズ・スコットランド・北イルランドへの権限委譲・1998年の人権法及び司法審査の増大）が、そうしたものとしての上院改革よりもむしろこの改革の大急ぎの提案であった。

第二の発表は、2003年9月に来たし、残りの世襲貴族の廃止及び法的「任命委員会」の設置を提案した。更なる改革を実施する方式の合意の欠如から政府は、それが、「既になされた改革を強化すべき」であると主張した。2004年3月に法務相は、強化主義的提案についてさえ不一致を継続するにも関わらず、次のように認めた。即ち、それは残りの世襲貴族を除去し、かつ法的任命委員会を創設するための上院改革案が、上院によって可決されないことが「十分に明らか」であると。これらの状況下でファルコナー卿は、「この段階でこの争点に更なる立法的時間を関わらせることなどない」と発表した。しかしまた彼は、「政府が次の選挙の我々のマニフェストでそれを戻す」と約束した。

実のところ下院院内総務の前顧問であったM.ラッセルは、2003年2月投票についての大敗北の周辺部においてさえ、「上院は、ある重要な方法において既に改革されたとみなし得る」と論じるに足る根拠が存在すると主張した（2003）。しかしラッセルの主張は、次のような基盤でなされた。即ち、貴族院は既に適切な権限をもち、その構成は庶民院の構成が別なままにとどまり、かつその正統性認識が、その現存の権限をより効果的に行使するのにその上院には十分に増大したという。貴族院が、既に適切な権限をもち、その構成は庶民院の構成とは別なままになっており、かつ正統性認識が、その現存の権限をより効果的に行使するのにその上院にとって十分に増大したという。ラッセルは、正統性認識問題について次のように主張した（2003）。即ち、最も「明らかに非正統的集団（世襲貴族議員達）は、大部分において除去されたと。政党均衡におけるその結果的な変化は、今存在する如く、上院の正統性についての国民の認識を更に推進するように機能したかも知れぬ」と（2003）。しかしこの想定は、ラッセルの論稿において何らの経験的な実体化を得ていない。実のところその想定は、正統性が選挙過程から引き出すイギリスの代表制政治の基本的・歴史的・制度的論理に反するという。これは、再構成された貴族院の提唱者達と反対者達の両方にとって認められた。実のところ、全体にわたって政府の主張は、次のようなその基本的信念に基礎付けられていた。即ち、

「優越的議院としての庶民院について…我々は、その優越を損なうことを、或いは庶民院と貴族院との間に同じことを達成すべきといった提案もなしたくない。貴族院をより代表的に、より民主主義的に、より正統的になすいかなることも、貴族院の相対的地位におけるある変化を生み出すように思える。我々がなそうと配慮することは、ある期間にわたって庶民院との同等性を求めようとする第二院を達成することではないし、多分同等性をやめることでもないのである」(R.Cook, HC 494-Ⅱ, 2002)。

この声明において正統性（競争選挙を通じて）は、代表と民主制過程と民主主義とリンクされる。非公選議院は、政府による改革の第二段階の試みの大失敗における不履行的選択肢であることによって、簡明により正統的とはならなかった（代議制民主主義的観点から）。

[4] 適切な役割と機能

もし合意が貴族院の将来の構成についてより明らかであったならば、上院の「適切な役割と機能」についてのより共通な根拠が存在したであろう。この合意の程度は、「ウェイカム委員会報告」、「合同委員会報告」、及び政府『白書』と協議文書から評価し得よう。貴族院の第2次的役割が大臣達に説明させ、公的問題を審議させ、かつ立法を精査［監視］し、修正させることにあることには、一致がなされた。これらのうちで「貴族院の最も重要な役割は、改正された立法議院となり、かつ特有な観点」を与える議院となることにあり、「かつ庶民院の作業を簡明に複製することではない」(CP 14/03, 2003)。

実際上貴族院の時間の半分以上（2002-03年には60％）は、立法を処理することにあった。「貴族院が世界で最も多忙な議会議院のうちの一つ」とすれば［庶民院よりも12日多い］（2003-04年には174日出席したし、平均して1日に7時間出席した）この第二院の対内的スケジュールの立法作業の重要性は疑いない。同様に貴族院によって処理された作業は、量的表現で印象的である。例えば、2002年から2003年会期において33の政府提出法案と13の一般議員提出法案が国王の裁可を受けた。これら法案のうちの10法案は、貴族院において直接的に導入される。平均して一般法案の三分の一は、第二院において導

入され、かつ「政治的様相全てをもつ最近の政権は、この機関なくして自分達の立法プログラムを達成し得なかったであろう」(HL 97/HC 668, 2003)。

　9,659の修正全体は、2002年から2003年までの会期における政府法案に上程されたし、そのうちで2,925の修正が受け入れられた。207程度の修正が投票にかけられ、そのうちの83は政府によって敗北させられた。実のところ最も論争された修正についての交渉と討議は、「暫定上院」の特有的特徴である。2002年11月会期の正に最終日に13の一般法案が国王の裁可を受けた2001年から2002年会期末に、活き活きとしてこの過程の例示が起こった。論争のある四法案は、会期末の丁度数日前と、二つの事例（「動物保護」並びに「国籍・移民・及び亡命」）において会期末の丁度数時間前に二つの議院によってなお討論された。究極的にはこれらの法案の可決は、政府による数多くの妥協後にのみ確保された。実のところ「テロ対策・犯罪・及び治安」法案の場合には、政府は13回の敗北を喫し、法案が「屈辱的に大多数の譲歩」をなさざるを得なかった（Cowley et al., 2003）。2004年11月に五つの法案が両院間での討議後の議会の最終日にその国王裁可を受けた。イングランドとウェールズにおける狐狩りを禁止した2004年の狩猟法は、1949年議会法規定を使ってのみ可決された。

　貴族院に上程された修正の大部分は、政府自体によって変えられる。しかしかなりな割合が非政府議員達によってなされたコメントに答える。その上、形成された非政府議員達による修正のうちで、大臣達は彼らが下院においてあるよりも積極的に答える傾向がある。実のところこの修正機能は、政府立法を「再調査」に付することについて、第二院の維持の主張に中心的である機能である。ノートンが論じる如く（2004）、それは庶民院が実行し得る機能ではない。というのは下院は、それ自体の法案のために修正する議院として下院が作動することが不可能でないとしても困難であるからである。それは、参考意見のために同じ医師に要請することにたとえられている。

　貴族院も第二次立法を精査［監視］するのに重要な役割をもつ。貴族院は、法案全てが「法案規定が立法権を不適切に委任するかどうか、或いは彼らが議会の精査［監視］の不適切な規模に立法権行使を服させるかどうかについ

て報告するために」(HL 9, 2003)「委任権限及び規則改革委員会」によって最初に検討されることによる手続きをもつ。各法案について政府関係省庁は、委任立法規定についてその委員会に文書での証拠を与え、かつこうした規定が必要である理由を与える。この委員会は、貴族院にこうした規定の適切性について助言し、かつ「ヘンリー八世」の権限（その権限の下で第一次立法がいかなる議会の精査［監視］なくして、二次立法によって修正ないし廃止し得る）と呼ばれるものに注目を集めた。特に庶民院には何らのそれに呼応する監視［精査］過程も存在しない。第一次立法における委任立法を扱ういかなる庶民院の委員会も存在しない。

しかし規則改革提案を扱うのに対応する庶民院の委員会が存在する。両院ともに次のようであるかどうかを審議する。即ち、そうした諸提案が2001年の規則改革委員会の技術的要件を満たすかどうか（特に政府がその規則が命令することをなす権限が与えられるかどうか）、適切な協議が行われており、かつその規則が「いかなる必要な擁護」も除くことなく負担を除くかどうかを審議すると。2001年から2002年までの間に貴族院の「委任権限及び規則改革委員会」が55の法案における権限を審議し、かつ2002年から2003年において57の法案における権限を審議し、かつそれぞれ8組みの政府修正と16組みの政府修正を報告した。政府は、その委員会勧告を「ほとんど変えることなく受け入れる」(HL 9, 2003)。実のところ、この委員会は、「大臣の権限行使に対するきわめて優れた評判を得」ている (2004)。

「政府に説明させる」貴族院の遂行能力は、審議と精査［監視］へとその議員によってもたらされた専門知識と経験により高められる。貴族院の党派的でない背景においてこの議院で示された職業的規模は、庶民院においてしばしば明らかであるよりも、政策の専門的詳細についてより詳しく検討されることを認める。広範な専門知識は、例えば2001年と2002年会期での「幹細胞研究及び科学的規準における動物」を扱うものといった他の特別目的委員会におけると同様に、EU委員会と「科学・技術委員会」の如き上院の調査委員会において示される。この点において貴族院（その異なった構成を通じて）は、公共政策審議に利用された専門知識と経験を繰り返すよりもむしろ補完

する。そして非公選の第二院の提唱者達は、これが現在の貴族院の積極的長所とみなす。

　こうしたジャッジは、その貴族院の地位が低下したとしても新しい時代に適応して多様な役割を果たしつつあることを強調する。更にわれわれは、それに加えて欧州連合（EU）関連の委員会機能においてより大きな役割を果たしていることを強調するものである。

§6．君主制

　われわれは、本節において議会の三位一体制度としての君主制の部分に論及する。とはいえ本書ではそれ以外に特別に「君主制」節を設定していない。従ってわれわれは、それについて一言述べておくこととする。例えば、ある2012年初めの世論調査などによると、国民にとって王族には下記における「よき家庭の手本」規範が果たせぬ側面があるけれども、親しみやすくあってほしいという（現在でも七割以上が女王を支持しているという）。さらに女王には、国民は、政治の世界が激しい対立論戦に明け暮れていると感じるのに対し、安らぎを与えてくれると感じるという。これは、その一側面にすぎぬが、現状の重要部分のうちの一つでもある。特にわれわれは、日本人にとってこの立憲君主制部分についてイギリスの政体が好まれていることも否定できぬゆえ、言及した次第である。それについてさておき、われわれは、早速その君主制論へと論を進める。

　議会における立法過程の最終段階は、国王の裁可である。この裁可によって法案は、「女王がそれを望む」という言葉で受け入れられる。この言葉は、イギリスが立憲君主制のままに残ると言う事実をなお象徴する。国王は、立法部と執行［行政］部との融合を象徴する。イギリス史は、議会と執行［行政］部との制度的関係を「議院内閣制」へと融合するのに君主制の要となる地位を例示する。一方の側では本章で上述のように、議会は君主に（国王の公式的・機能的執行部として）最初に予算を与えるために、かつ支援を与えるために開催された。議会は、君主に対してその統制を高めようと努めた如く、

君主（主要政策事項を決定する時）は、一団の「枢密院顧問官達」に同時的により多く依存するようになった。その責務の一部は、議会内でこれらの諸政策の支持を動員することにもあった。更に、17世紀にこうした枢密院顧問官達が貴族院よりもむしろ庶民院に出席し、かつ下院に選挙を求めるような期待の展開が存在した。こうした立法部への執行［行政］責任の制度化過程は、執行［行政］部を支持し、かつ監督する立法部の責任と並んで始められた。議会支持を維持するための方法を進化させる執行［行政］部の必要は、1689年の立憲主義の確立によって簡明に高められた。

もし1689年が議会と「執行［行政］部」（君主において具現されたように）との関係を定義付けたとすれば、その後の時代は君主の立憲制的非実体性を通じて執行［行政］部との関係の漸進的再定義を証明した。執行［行政］権力の委譲は、その最も簡明な形で述べられた時、君主の個々の人物から「国王の大臣達」という集団的存在へとなされた。党の指導者達としての大臣達は、国王の随意で公職に究極的になったのではなく、有権者の随意で、かつ議会と選挙民に対して（食い違った関係において）責任を負うようになった。この過程で国王は、「民主化する」イギリス国民において制度的権力の流れから効果的に阻止された。

その問題は、しばしば次のようにあげられる。即ち、「国王権限が政府にほとんど全体的に移しているとすれば、君主の役割とは何か」(Norton, 2004)。その回答は、「立憲制の生きる屍」(Kingdom, 2003)にその君主制を委ねたがる人々、及びその君主の継続的にして重要な象徴的代表的役割を明らかにする人々とにほとんど分裂する。後者の役割は、次のように含む。即ち、

1）「国民の象徴」としての国家元首としてイギリスを代表すること。
2）市民権や家庭生活の規準を設定すること。
3）国民統一の焦点として行動すること。
4）儀礼的義務（例えば、議会開会や栄誉を授与すること）の遂行を通じて継続性を象徴化すること。
5）イギリス国教会の最高統治者としてのキリスト教会倫理を保存すること (see Norton, 2004; Johnson, N., 2004)。

立憲君主制の支持者達は、エリザベス二世女王が、これらの義務を心を込めて遂行し、ゆえに21世紀へと君主制の信頼を支えたと主張した。他方で、より多くの懐疑的観察者達は、次のように警戒した。即ち、「現存の女王がこのことをなし得ているのは、偶然でしかない」(Blackburn et al., 1999) と。

ブラックバーンらは、次のように注目するように進める。即ち、

「もし我々は、国民全体を象徴化し得る国家元首を欲し、或いは少なくとも国民全体の多数を欲するならば、これは世襲的な国家元首よりも公選の国家元首を支持するより強力な議論である」。その極端を好むならば、この見解はイギリスの君主制が民主主義的で多文化的で世俗的にして多民族国家において不必要な制度であるという、共和主義的立場を支持する (see Nairn, T., 1988; Benn, T., 2003)。

もし君主制は、それが「なすこと」の価値について議論を引きつけるならば、その制度もそれが「なさぬこと」(そしてこの制度が公選の議会政権の時代においてなすとは期待されないこと) に批判を引く。

この後者の議論の本質は、主要な執行［行政］権限がなお国王にともにあるが、その権限が君主個人によって行使されないというものである。これらの権限は、「国王大権」として知られる。国王大権については、「立憲制的大権」と執行［行政］的大権の二つの類型が存在する。

立憲制的国王大権範疇は、次のような君主の権利を含む。即ち、

1) 立法に合意する権利。
2) 議会を閉会にしたり、或いは議会を解散させる権利。
3) 首相や他の大臣達を任命すると同様に、個人的に大臣達に助言し促し、かつ警告する権利［を含む］。

習律的に君主は、これらの諸権限を行使するのに大臣達の助言を受け入れる。同様に大臣達への助言は、大権的執行［行政］権行使において重大な決定要素である。

こうした執行［行政］権は、次のように含む。即ち、

1) 条約形成及び批准・2) 外交指導・3) 戦争宣言・4) 軍隊の配備及び行使・5) 大臣の任免・6) 議会解散、爵位授与、及び栄誉の勧告・7) 上位の

裁判官の任命・及び8）行政サーヴィス［公務員制］の組織化［を含む］。

驚くまでもなく、これらの諸権限は、その規模と重要性が与えられれば、重要な注意を引きつけている。一方ではその行使は、次の問題を引き起こす。即ち、個人的選択の欠如によって［その諸権限は］時間のロスと、君主が奪い取られるべきなのか」と（Norton, 2004）。他方ではより深い問題は、「国王大権の介在の継続を通じて執行［行政］部と立法部との今日の関係におかれる。本質的にその問題は、これらの諸権限が政府がもつうちで最も重要なものの中にある」という事実へとろ過するのである。しかし「大臣達は、いかなる議会の承認ないし精査［監視］なくしてそれらの諸権限を定期的に使う」(HC 422, 2004)。実のところ国王大権は、議会の承認なくして大臣達が行動するのに重要な規模を与えるばかりでなく、議会はそうした諸権限が何であるかを知る権利さえもたない。この意味において「これは、未完の立憲制的仕事である。国王大権は、議会が諸権限が行使される仕方に発言権をもたずに君主から大臣達へと移行させる」(HC 422, 2004)。この「未完な仕事」と、「国王大権」が「閣僚的執行［行政］権」(HC 422, 2004) とみなされるべき規模は、ここでは省く。しかし今次のように記すのに十分である。即ち、君主制は、三位一体的議会機関の一部として、かつ「国王の大臣達」というその名において、かつその「女王のスピーチ」が政府の会期的立法の基本方針を明らかにする「女王陛下の政府」の名目上の頂点として、その在所をなお保持することを。

§7. 結　論

上述の如くジャッジは、イギリスの議会制度について独自の視点から解き明かしてきた。最後に彼は、自らの結論節でそれを次のように結んでいる。

公式的大臣言説へのウェストミンスターモデルの中心性の継続は、本章を通じて明らかである。ウェストミンスターモデルは、イギリスの正統的政府の中核として、政党・立法部・執行［行政］部との一連の機関間的相互関連を記述する時、対内的組織構造に影響を与え、かつ諸機関間での対外的相互

作用を構造化すると同様に、こうした構造内での「適切な行動」を特定化する。もし諸機関が、個人や集団の独自性を定義付けるのに役立つ(つまり「特定的集合」[March et al., 1989]に属するものについて)ならば、議員[MPs]の自己認識は、内閣にも庶民院自体の「特定集団」に対して外性的制度規範によってその党所属とその執行[行政]部について定義付けられる。これは、次のように以前になされた論点を繰返すことに価値がある。即ち、「他の支配的価値制度のように、庶民院の規範制度は、最も強力なアクター達の特別な好みに反映し、かつ現存の権力配分を支える」と(Judge, D., 1993)。この事実は、その文化において、かつ大抵の議員[MPs]によって示されたキャリア的大望(及びかくして本質的にはその制度自体への大望がある)において明らかである。党への忠誠の諸規範は、一連の調査や学術研究(see, for example, Searing, D., 1994; Rush, M., 2001; Cowley, 2002)において明らかである。これらの諸規範は、絶対的なものではないが、次のような事実のままに残る。即ち、「膨大な多数の側での圧倒的な願望は、…彼らの政党を分裂させないことにある」(Cowley, 2002)。政党の制度的規範は、立法部と執行[行政]部の相互作用へと要因化された時、議会のより広範な制度的規範における反映を見出す。この結合は、次のような自らの役割を記述する1人の労働党議員によって簡潔に明らかにされた。即ち、自分達が「自らの作業をなし得る肯定的環境を執行[行政]部に与える」[役割を] (P.カウリー[2002, p.106]からの引用)。

　議会議事手続きにおいて「制度化された」如き、庶民院の文化は、理論上内生的な集団文化である。R.ブラックバーンら(2003, p.106)が記す如く、「諸機関全ては、自分達の議事の処理のために明らかに認められた過程を必要とする」。しかし議会手続きについての最も重要なことは、「支配機関である下院と、それが好むことをなし得る下院は、個々の議員でもなく、多数集団でも少数集団でもない」(2003)ことである。しかし実際上、庶民院は、「政党」の役割と「執行[行政]部」の役割から引き出された外生的規範を強化することによって分岐される。この章の前に記された如く、制度的変化についてのこの「文化」の抑制は、庶民院自体内で一般に明らかにされている(see, for example, HC 190, 1997; HC 1168, 2002)。T.ライト（公行政委員会議長）は、貴族院改革を完成するやいなや政府の『白書』について下院院内総務に問うた時、この基本的逆説を直接的に指した。「あなたと与党が『白書』の諸提案を基礎にして、これについて出てくるところの意味をただ得るために、庶民院の優越について語るその節は、その制度におけるこれらの均衡を全体的には覆させぬことについてである。私がこれをあなたに置き得るならば、確かに我々は、その制度における均衡を覆す必要があり、かつ圧倒的に我々は、議会全体と執行［行政］部との間の均衡を覆す必要がある。それは、どんな改革についてなすべきことではないのか」(HC 494-Ⅱ, 2002)。

　ライトにとってこれは、修辞的問題であった。政府にとってそれは、「ウェストミンスターモデル」と連想された制度的規範と価値に対する要素的挑戦をおいたのであり、かくして問題が最もよく答えられないままにされたという。

　われわれは、以上の如く、本章においてジャッジのイギリス議会論を辿ってきた。この政治制度分野おいてより学術的なものにしようと努める彼の自負心がより強く感じられる。議会史的部分では特にそれが示される。それは、経路依存性（伝統的立憲制）概念に依拠しつつ柔軟にその指導達をはじめとして、変化する状況に対応しているというものである。とはいえ今日では、歴史学者による研究も実証的に進展しつつある。われわれが彼の歴史論がかなりウィッグ史観的部分をもつことを認めざるを得ぬ。この論理は、イギリス革命全般を市民革命と見なすものである。つまりこの革命によって必ずしも市民階級が政治参加権を全て獲得しているわけでもなく、制度的にも中世的君主主権や議会主権に沿って、解釈によってそれに適応させているものである。確かに彼もある意味では修正主義的解釈ともいえる。しかしウィッグ的側面は、修正主義的研究成果などによって広く批判されている。われわれがここで問題としたいのは、彼が必ずしも近年の詳細な歴史研究上の成果で検証しているわけではないことである。ここでは彼がかなり一般的記述を必要とする性質があるため、これがその細部にまで論及しにくいのは当然である。つまり、われわれは、あえてその限界も指摘する必要があるゆえ、これ

を示した次第である。それにもかかわらず政治制度論のテキストレベルで歴史的制度論モデルを行使する点においてこれは、高い評価に値すると言いたい。

[BOX 2.1] 庶民院における立法過程

〈1〉法案精査［監視］

「近代化委員会」によれば、立法以前の精査［監視］は、法案が「庶民院議場に達する前に法案の周到にして計画化された審議に媒介を与える」。その場合において「近代化委員会」は、こうした精査［監視］に「最高度な重要性」を与え、かつ快くそれを「特別委員会」の「中核的任務」と是認した。実のところ立法以前段階における特別委員会の積極的関与は、20年程以前に関係省庁委員会の発足以来議会改革者達の大望であった。漸進的にのみこの大望は、現実となった（政府省庁は、1992－1997年までの間の法案精査数18から1997年から2004年との間の42へと増大させている）。（2004年11月の女王のスピーチは、更なる八つの法案を発表した）。特別委員会による精査［監視］に加え、立法案（合同「人権委員会」をはじめとして）は、両院の合同委員会によって審議し得る。しかし活動の増加にもかかわらず、立法が議員達によって「決定的に」形成される範囲は、不確定なままに残る（see HC 558, 2003）。

〈2〉第一読会

第一読会は法案の公式的導入をなす。法案名称が読み上げられ、「第二読会」の概念的日程が示され、かつその法案は印刷されるように命じられる。第一読会段階は、討議をせず、かつ決定も記録されない単なる形式である。

〈3〉第二読会

法案の諸原理が討議される（通常半日か全日かのいずれかが討議のために日程化される。しかし立憲制的法案は、二日ないしそれ以上の間に日程化される。論争のない法案は、第二読会委員会において扱われる。第二読会討議は、より広範な取り決めとなる傾向がある。野党は、この段階において「合理化された修正」を俎上にのせることができる。これは、野党がその法案が述べられることに反対する理由を許す（が、その法案自体の修正では技術的にはない）。20世紀において3回のみ政府は、第二読会で投票によって敗れている。ノートン（2004）がいう如く、「政府は時にはその議論では負けるが、通常投票では負けない」。

〈4〉委員会段階

　ひとたび第二読会で原則的に承認されると、法案は詳細な精査［監視］のために委員会へと送られる。三つの委員会選択がある。第一にして最も頻繁に、法案は常任委員会［現在、一般委員会と改称されている］で審議される。「常任」という言葉は、それらの委員会にある恒常性を示すように思えるが、委員会が各々の異なった法案のために新たに構成される。ある時には別々な立法提案を検討する五つかそれ以上別々な委員会が存在し得る。各委員会委員数は、各法案審議期間中に任命され、かつ通常16人から30人までからなる（18人が平均委員数である）。最も重要なのは、委員数が下院全体の政党構成を比例的に反映することである。それと引き換えに、委員会において採択された手続きがその議院の敵対的分割に反映する。立法が詳細な条文毎に精査を受けることを可能にする一方で、修正を要するところでは、これらの諸委員会に仕える議員（MPs）の組織的規則と規範は、効果的精査に抗して影響を及ぼす。かくしてJ.グリフィス（1974）が彼の基礎となる研究において観察した如く、委員会会期中で行われるものの多くは、その議院の敵対的対立の拡大であり、かつ「その法案を変えるほとんどないし何らの意図も、或いは期待も存在しない。多くの野党の修正目的は、その法案をより一般的に受け入れ得るためではなく、政府をして受け入れることを出来なくするためである」。30年程度以前にグリフィスは、次のように観察した。即ち、委員会に移された修正の70%は、野党議員から生じるが、それらのうちの8%のみが受け入れられたに過ぎぬ（閣僚修正の99.9%の成功率と比較すれば）。その数字は、時が経ってもほとんど変化していない（see Rush, M., 2005）。

　時々法案は、特別な常任委員会によって審議し得る。これらの諸委員会は、「それほど高く論争的でない法案について、より伝えられた討議を刺激するように」設計されたし（HC 190, 1997）、各条文の詳細な審議前にその争点の限定的調査のために認められた。「近代化委員会」は、こうした諸委員会のより大なる使用を支持するが、彼らは稀にしか使い続けていない。労働党政権は、その最初の議会が特別な常任委員会に唯一の法案（1998－99年会期における移民及び難民法）をかけたし、2001年議会において「子供養子縁組法案」は、こうした委員会に付託された。

　法案は、特別委員会に付託もできる。5年毎に刊行され、かつ特別に構成された特別委員会によって審議される軍法案とは別に、他の諸法案が特別委員会に送られている個別化された機会のみ存在している。例えば、子供養子縁組法

案は、アドホックな（特定目的のための）特別委員会に送られた（しかしその委員会は、2001年総選挙以前のその法案審議を完遂していなかった。その後その法案は、新議会における特別な議事規則委員会へと送られた）。

「階上へと」（諸委員会は、2階と3階の廊下にそって置かれた会議室で通常開催している）法案を送る選択肢は、「下院全体委員会」における下院議場でその法案を審議する。こうした諸委員会は、次のような立憲制的重要性をもつ法案（例えば、1998年から99年の上院法案や1997年から98年のスコットランド法案、或いは年次財政法案の部分）、或いは迅速な処理を要する他の法案（例えば、2001年の「テロ対策・犯罪及び治安法案」、或いは2003年の北アイルランド議会選挙法案）のために第一次的に使われる。

〈5〉報告段階

法案全て（庶民院全体委員会によって修正されない法案と、第三読会に直接的に進む法案を除き）は、「審議」のために庶民院議場へと戻す。この段階において更なる修正は、委員会段階に直接的に包摂されなかった委員達によってなされる。しかしながら第一次的に報告段階は、政府が最後の詳細な修正をなし、或いは委員会段階になされた諸変化を覆すもう一つの機会を与える。

〈6〉第三読会

第三読会は、その法案審議のために貴族院へと送られる前に、下院の過程の最終段階となる。本質的に第三読会は、修正後のその法案の概括をなす機会を与える。第三読会討議は、通常きわめて短くしてこの段階ではいかなる法案修正もなし得ない。

キーワード

非対称的二院制／議会における国王／委任立法／立法過程／審議／正統化／貴族院改革／責任的政府／議会制国家／国王大権／政府監視／政党政権／特別委員会／議会主権／一般（常任）委員会／区別原理／代表制民主主義／地域代表／代表制政体／ウェストミンスターモデル／コモンロー／法の支配

引用・参考文献

Judge, D., *Political Institutions in the United Kingdom*, Oxford, 2005.
Blackburn, R., et al., *Parliament, 2003.*

Cowley, P., *Revolts and Rebellions*, 2003.
Rogers, R., et al., *How Parliament Works*, 2004.
Kelso, A., *Parliamentary Reform at Westminster*, 2009.
Budge, I., et al., *The New British Politics*, 2007.
Heffernan, R., et al., eds., *Developments in British Politics 9*, 2011.
Mill, J.S., *Considerations on Representative Government*, [1861] (1910) [関嘉彦編訳、中央公論社、1979]。
倉島隆編著『問題発見の政治学』八千代出版、2004年。
同上著『ネヴィルの共和主義的政体思想研究』三和書籍、2011年。
前田英昭著『イギリスの上院改革』木鐸社、1976年など。

第3章 イギリスの首相・内閣・中核的執行部
[I.バッジらの論点]

序 論

　本章は、イギリス政府の執行部を担う首相、内閣、及びその核心をなす集団理論を扱う。日本においてこのイギリス型議院内閣制が、強力な指導力を発揮する制度とみなされ、1990年代以来強力な首相主導型執行部改革が進められてきた。とはいえ日本のそれは、順調にこのイギリス制度のようにうまく機能してきたとは言い難い。従ってわれわれは、こうした視点も含め、その基本的理解を深めることによって、その利点と欠点を確認する必要があろう。

　われわれは、イギリスの立憲制が政府に例外的な権力を与えるとみなしている。首相が内閣のうちで最も強力な成員であり、内閣が国のうちで最も効果的な統治委員会である故に、この小集団は、イギリスにおいて最も強力な人々を含む。閣僚達が共に働き、かつ他の政治的影響力をもつ者達からなる小核心と共に働く方法は、イギリスの統治制度について一連の最も重要にして論争のある諸問題を引き起こす。首相（PM）職は、伝統的な「平等者達の間の首位者」から多くの方法で、大統領と似た強力な政治的執行部へと転換されているのか。或いは内閣は、全ての重要な意思決定の効果的な中心でなおあるのか。どのようにサッチャー・メイジャー・及びブレアの首相スタイルは、比較されるのか。どのように首相と内閣の仕事は、組織されるのか。どのように彼らは、政府のより広範な構造とかかわるのか。

　本章は、目次の如く七つの節へと分けられる。それらの節は、統治機構がここでの政府の最高水準においてどのように作用するのか［の方法］を記述し、かつ官吏達及び諸機関が政策決定過程においてどのように異なって相互作用するのか［の仕方］を記述する。

§1. 首　相

　イギリスの首相が成文憲法をもたぬゆえに、首相権限と義務は、明確に定められておらず、かつ法的にも制限されていない。首相の権限と義務は、R.ウォルポールが近代の首相の役割とみなされるものをつくり始める1721年以来、歴史状況に従って進化している。その時以来53人の首相がおり、各々は異なって権威を行使している。結果的に首相の仕事が何なのかということを正確に述べることが困難である。それは、ある現職者（H.アスキス首相［1908－1916］）が述べたように、「その公職保持者が選択し、かつその選択をなし得ることである」という。明らかに首相は、国内において政府の長（君主が国家の長）であり、かつ海外ではこの国の政治的代表である。しかしこの仕事の記述は多数の責務や権限を隠す。特に首相は、それらを次のようになす。即ち、

　1．首相は内閣数とその性質、及び政府ポストを決定し、かつそれらを満たす。これらは、時折内閣とその閣僚を再編する必要がある。

　2．首相は閣議を主宰し、その課題や議論を取り扱い、話し手を求め、議論を要約し、かつ詳細記録を導く。

　3．首相は閣僚委員会・小委員会・及び内閣関係集団の数と性質を決定し、かつ彼らの議長や成員数を任命する。首相は、最も重要な閣僚委員会のうちのいくつかを主宰する。

　4．首相は軍隊と諜報機関を監督する。

　5．内閣と議会・メディア・他の諸国・及び国際機構（正に最も重要なものはEUである）のより広範な世界との関係を取り扱う。

　6．政府情報の対外世界への流れを取り扱う。

　7．庶民院における公式的質疑（首相の質疑応答［PMQs］）に答弁する。

　8．行政サーヴィスや外務サーヴィスにおける上級的地位を承認する。イギリス国教会・司法部・枢密院・特殊法人・及び他の行政的地位における上級任命を承認する。

　9．首相は、栄誉リスト権限をもつ。

　10．選挙を求める前に議会解散権をもつ。

11. 政府や与党の危機時において指揮をとる。
12. 必要な他の諸国の長達との連絡をとる。
13. 広範な政治課題や政府の方向について見張る。

このリストでさえ長いが、それは首相の目もくらむ範囲と責務を捉えるものではない。政府の長であることは、国民の公式的代表と国内外の危機管理から政府の日々の作業を導くこと、並びに国内で政府・議会・及び行政サーヴィスにおける上級的人物、かつ海外における上級政治家との接触を保つことまでからなる多くの任務を含む。これは、常に伴う外国への旅、絶え間ない会合、意思決定の終わりなき鎖、及び絶え間なき公的露出を意味する。この仕事は困難であり、かつ「首相であることの困難についてあなた方は何も認識しないのです」とトニー・ブレアは強く言うのである。

[1] M.サッチャー（イギリス政治の嵐鳥 [Stormbird]）

最近の歴史からでさえ明らかなのは、首相達がその仕事に対してきわめて異なった資質・能力・及び関心をもたらす。M.サッチャーは多分、戦後期のうちで最も記憶に残る首相であったし、多くの点でユニークであった。しかし彼女は、（イギリス再生のための）使命をもち、かつ強い愛情感覚ないし耽溺をかき立てる力とエネルギーをもつ女性として多分知られたであろう。

彼女は、下流中産階級の出身（彼女の父は商店主であったが、彼のグランサムの町の町長であった）であり、地方のグラマースクールからオックスフォード大学で化学士へと進み、次に弁護士資格を得た。彼女は1959年に議会議員に選出され、かつその11年以内の1970年のE.ヒース政権の教育相であった。

二つの出来事が戦後の「社会民主主義コンセンサス［福祉国家と混合経済］〈1945-79〉」との断絶をせかせた。そのうちの一つの出来事は、1974年における保守党政権の選挙での敗北であり、その後に労働組合によるストライキが続いた。もう一つは次のような根拠で、自由市場政策への自らの転換であった（それは、1979年以後から今日に至るまでの「新自由主義コンセンサス」［新自由主義政治に関する異なった諸集団及び諸政党間の合意］と称される。即ち、それは個人の権利が選択の自由を極大化し、政府権力を制限し、かつ市場経済を促進することによって擁護すべきと言う政治的信念である）。即ち、政府の失敗

は、あまりにも多すぎる税金と責務による国家をその過剰負担によったというものである。

　サッチャーは、「不満の冬」における労組の行動について、一般的嫌気の結果、1979年総選挙に勝利すると、税と公共サーヴィスを削減し、政府の規制を減じ、かつ国営企業を民営化することによって、「国民の背中から政府の重しを下ろす」ための急進的な運動に着手した。サッチャーによる三期連続の総選挙の勝利（1979年、1983年、1987年）は、徐々にその独裁的スタイルにもかかわらず、彼女の政治的責務を確固たるものとするように思えた彼女の強引にして動態的政治を多く扱った。これがきわめて不人気な人頭税と、自分の政党における親欧州派との公然たる敵対へと導いた時、彼女の内閣は、1992年総選挙で敗北してしまうのではないかという恐れのために彼女を崩壊させた。彼女は、150年間のうちで最長の首相を務めたし、1990年にJ.メイジャーと首相官邸において交代させられた。

［2］ J.メイジャー（サッチャーに対する過剰反応なのか）
　J.メイジャーは、貧しいロンドンの家庭の出身であった。彼は、サーカスの曲芸師と庭園業者との間の息子であったし、ほとんど何の要件ももたずに16歳でグラマースクールを出た。しかし彼は銀行業務によって急速に頭角を現し、地方議員としての短期間を経て、1979年（サッチャーが首相に就いた年）に保守党国会議員として選挙に出るまで急速に出世した。彼は、自らが伝統的な保守党の高位の人物に対する何らのコネもなく正確にはコネをもたぬゆえに、1980年代中にサッチャーによって好まれた。サッチャーは、メイジャーの選挙の十年後に彼を外相とした。彼は、短期間で下院院内幹事［総務］・副首相・財務相となった。彼は、1990年にサッチャーに代わって首相となった。

　メイジャーは、1980年代にサッチャー支持者であった。しかし彼は、人頭税を廃止し、より親欧州的政治姿勢をとり、かつ根本的に異なった政治スタイルを採用することによって彼女のものから自らの政府を急速に解き放った。メイジャーは、より集団的にして気取らぬ手法によってサッチャー時代の独裁と入れ代わった。メイジャーは、1992年選挙を結果として勝ち得た。しか

し彼は、誤って運営された通貨危機が欧州通貨からポンドを離脱させた時、すぐに深刻な面倒へと陥った。政府は欧州に対して内紛をおこし、かつ「スリーズ（不道徳に人々）」という与党に対する国民の懸念の増大は、弱くして非効果的な指導者といった彼の評判を加えた。彼は、ブレアと新しい労働党によって1997年の総選挙において劇的に敗北させられた。

[3] T.ブレアと「新しい」労働党

　ブレアとメイジャーは、スタイルと背景において著しい好対照をなす。即ち、メイジャーは、特権化されない背景の出身であったが、ブレアは多くの保守党議員と全く背景を共有する。ブレアは、1953年にエディンバラに生まれ、法廷弁護士にして講師の息子であり、フエッツ・パブリックスクールに通い、オックスフォードに進学して法を学び、かつロンドンでは法廷弁護士に就き始めた。ブレアは、自らキリスト教社会主義信念によって労働党にひかれ、かつ1983年には自らの最初の議会選挙を勝ち取った後に、1988年に影の内閣ポストに自らの政党階段を通じてメイジャーのように早く出世した。J.スミス（党首）が1994年に急死した時、ブレアは自らその後継者となり、かつ自らの前任者であるN.キノックとスミスによって既に開始された路線に沿って、労働党を変革することにすぐに着手した。

　ブレアは、「新しい労働党、新しいイギリス」の標語下で、国営化・重税・一般福祉益・労組及び「古い労働党」とみなされたその政策を、自らの政策から切り離した。ブレアは、自分達の地位に中道（「第三の道」）政策（慎重な経済・低い税・自由市場・及びEU支持）を置いた。ブレアは、労働党と労働組合との絆を緩和し、かつ広報関係制度のうちで最も現代的なものを導入した。ブレアは、公的所有を労働党に関与させた労働党規約第四条を廃止させた。しかし彼は、高い質をもつ教育（「一に教育、二に教育、三に教育」）の重要性を強調し、かつ法と秩序についてそのイメージを変えた。ブレアは、野党の内務問題の代弁者として見出しをつかみ、「犯罪には厳格に、犯罪原因には厳格に」となると主張することによって驚かされたし、保守党政権の裏をかいた。

　ブレアは、中道政権路線をとることによって彼らの裏をかいた。彼は、1990

年代半ばに不人気にして派閥的な保守党政権に対し労働党の利点を極大化できた。ブレアは、1997年に地滑り的に勝利し、かつ首相に選出された。労働党は、その前の18年間、野党にあった。ブレアは、43歳でほとんど二百年間のうちで最も若い首相となった。しかし1997年のブレアの目標は一期だけの政権（5年間）ではなく、自らの改革プログラムを完成するために少なくとも三期政権にとどまることにあった。新しい労働党政権は周到に開始し、かつ政権を離脱する保守党政権の予算を採用したが、野心的な立憲制改革プログラムにかかわった（第1章を参照されたい）。その結果は2001年に更に地滑り的に勝利し、かつ2005年にはより緩やかな勝利を得た。

［4］首相権力に対する自由と制約（任免権）

首相スタイルの大きな多様性は、首相達の役割及び彼らの広範な諸権限についての立憲制規則の欠如が与えられるならば、驚くにあたらない。首相達の個人的な強みと弱みを使う十分な余地がある。彼らの日常的な特徴は、ここで問題とする唯一の事柄であるわけではない。首相達は、彼らの日常的な作業生活において状況の力によって制限もされる。我々は、このことを例示するために、次のような理由で内閣と政府の成員を任免する権限に焦点をあてる。というのは一部にはそれが重要であるからであり、かつ一部にはそれが権限を例示し、かつその職の制約を極めてよく例示するからである。

理論上首相達は、自分の内閣が大きいか或いは小さいかのありようを決定する自由裁量をもつ。実際上、内閣規模には当然な制約が存在する。それは［2006年］現在23人強であり、もう1人を「出席」させるが、従来は16人程度の小規模であり、戦時中期にはチャーチル内閣は10人であった。しかし大部分において15人以下の数は少なすぎて現代の政府の全ての重要な諸局面を包摂し得ぬし、効果的な統治委員会には25人以上は大きすぎる。より最近の首相達は、20人から23人程度の内閣で定着している。

理論上首相達は、とにかく自分達が欲する内閣ポストを併合し、或いは分割し得る。現在の内閣はスコットランドの責務と運輸責務とを結合し、かつウェールズ及び北アイルランドの責務は、全て兼任とする。何らの特定省庁任務ももたぬ一つのポスト（無任所相）があった。しかし、実際上いくらか

の閣僚ポストは、多かれ少なかれ固定されている（財務相・内相・外相・教育相・保健相・環境相・スコットランド相・ウェールズ相・及び北アイルランド相は、多様な形態で示さねばならぬ）。

　理論上、首相達は、自分達が望む如く内閣のポストを満たし得る。実際上、首相達は、自分達の選択において厳しく制限し得る。

　1．習律［慣習］は、大抵の閣僚達、および特に最も重要な閣僚達は、庶民院に答弁せねばならぬゆえに、庶民院議員でなければならぬ。2006年当時庶民院議員は、650人であった。

　2．閣僚達は、単独政党政権において多数党からひかねばならぬ（労働党政権下で330人から400人の間であった）。

　3．ある有力な人物達は、事実上自分で重職を選ぶ（ブレアは、閣僚的地位にJ.プレスコット・G.ブラウン・及びJ.ストローをあてねばならなかった）。

　4．他のポストは、狭い可能性の集合から満たさねばならぬ（ウェールズ相やスコットランド相は、ウェールズやスコットランドの議員によって通常満たされる）。

　5．ある議員達は、政府の地位を占めることから締め出される。ブレアは、もし問題が生じたならば、D.ブランケットやP.マンデルスンないしS.バイヤーズを再度任命できるようには思われなかった。

　6．内閣は男性と女性、成熟性と約束、異なった政治派閥（右派と左派、親欧州派と欧州懐疑派）の均衡を図るだろう。首相は、政権全体を保つように配慮せねばならず、かつ潜在的に混乱的派閥を締め出さねばならぬ。

　7．首相は閣僚ポストを埋めた後に、100以上の他の政治ポストを埋めなければならず、そのうちの大部分は、議会政党の300［2005年の場合］にすぎぬ全体的に集合から満たさねばならなかった。

　ひとたび政治経験者・決して高位の政治家としての望みをもたぬ者・及び困難な経歴をもつ人々が除外されると、首相はむしろほとんど選択の余地が残されないことになる。これは、首相が戦略の余地がないことを言っているわけではない。ある強力な政治的人物は、彼らの首相によって内閣から除かれており、或いは彼らが現実的に欲する閣僚ポストから除かれている。サッ

チャーやブレアは、彼らの支持者達を重要な政府ポストに置こうと計画する。閣僚の罷免、昇進及び内閣改造は、首相達が政治状況の要求と権力に乗る集団の均衡を図ろうと試みるごとく、かなり頻繁である。同様にH.マクミランとサッチャーといった2人のきわめて戦後成功した首相は、1962年と1989年に大きな内閣改造にかかわる時、強みよりもむしろ弱みを暴露したように思える。両者ともまもなく権力から降りた。

　要約すれば、首相による政府成員の任免権は、公職の多くの他の権能のように、驚くほどの自由と制約の混合である。しばしばほとんど選択の余地がなく、ある大臣達は、政治的地位と名声によって自ら選択する。同時にある首相達は、強力な人々がもつキャリアを巧妙に操り、かつ自分の好みで政府を形成しているという。

[5] 首相官邸

　われわれは、膨大な首相任務・及びその仕事の極端な圧力を強調している。しかし首相はこの負担を1人で実行していない。首相は、約45から50人の上級官吏スタッフ・及び首相官邸の200人以上の全体的スタッフによって支えられている。行政サーヴィス任命者もいれば、純粋に政治任命者もいる。首相官邸におけるその数は、漸進的に上昇しつつある。その組織は恒常的に変化しつつある。しかしその作業は次のようなところに集中する。

　1．「政策局」（約30人のスタッフを擁し、かつ首相の個別局〈スタッフ長によって率いられる〉、及び短期の政策問題を扱う政策部局も含む）。

　2．「戦略室」（政策及び実施についての長期的争点について作業する60人のスタッフをもつ）。

　3．「連絡通信局」。首相の連絡通信ばかりでなく、全ての政府の報道発信やブリーフィング文書もこの局を通じて流れる。ゆえに首相報道官は、極めて影響力をもつ（A.キャンベルを想起されたい）。

　4．「政治活動局」（政府の政治戦略の管理運営と展開を担当する）。これは、その労働党によってなされるその党の被任命者によって導かれる。

　5．「諸政府関係局」（中央政府・地域政府・及び地方政府の政府機関と首相との関係の管理運営並びに展開を担当する）。

首相官邸は、内閣府及び議会における院内幹事と緊密に活動し、かつ副首相官邸(2002年に設置され、それ自体のスタッフをもつ)をはじめとして、ホワイトホールにおける全ての主要な執行［行政］エージェンシー及び政府省庁と緊密にして恒常的連絡を保つ。ブレア下では首相官邸・内閣府・及び副首相官邸は、実のところ単一にして集権化された執行［行政］部となっていた。

［6］**キッチン・キャビネット**（私設顧問団）

これは、話の終わりではない。首相達は、しばしば自分達の周りに自ら信用できる一団の個人的友人と顧問達をしばしば集める。彼らはしばしば私的個人である（政府官吏ではなく）が、首相と直接的アクセス（「面会する時」）をもつ。そうした人々は、「正規」の政治家や公務員達によってしばしば怒られる。しかし人は、首相が外部の公式的サークルから信頼を得ることができる首相の助言の必要を評価し得る。サッチャーやブレアは、自らのキッチン・キャビネットの広範な使用をなしたように思えた。しかしメイジャーは公式的内閣により多く頼った。仲間・友人・及びインサイダー達からなる緊密にして恒常的に非公式的サークルであるキッチン・キャビネットの構成は、思惑の問題である。いかなる場合でもそれは、状況によって全く迅速に多分変化しよう。

§2. 内　閣

内閣は政府と混同してはならぬ。内閣には閣僚と閣議出席する通常20人から25人がいる。しかし政府には次のようなものを含む110人以上がいる。即ち、下位大臣（27人）、政務次官と議員私設秘書（37人）、院内幹事（23人）、及び法務官（3人）を含む。大抵の閣僚は、次のような故に庶民院からひかれる。というのは閣僚が与党からなる公選議員に責任を負うべき習律故に（しかし、貴族院議員である例もある）、大抵の閣僚は、イギリス官庁の省庁を運営する大臣である。

内閣（首相官邸のように）は、時の経過とともに変化している。チャーチルは、自らの戦時内閣において10人の閣僚しか有しなかった。しかし1951年に

は16人の「特別上院議員」(諸省の監督調整の任にあたった)によって減じられた。その試みは長く続かなかった。しかし、この内閣はまもなくその通常の規模に戻った。内閣はその規模と構成がどうであれ、政府の中心的委員会である。主要な内閣の目的は以下のようである。即ち、

  1. 主要な政府決定をなし、かつ政府の政策を是認するためである。
  2. 政府全体と自分達の責務と、その個々の省庁への大臣責任とを調和させるためである。
  3. 自分達の省庁の遂行資格で活動する大臣達との間の対立を解決するためである。

内閣はイギリス政府の省庁の政策を調整し、かつ政府全体の作業を指導する。そうした内閣は、政府執行[行政]部の「中心的委員会」である。内閣は重要な決定を討議しかつ形成するか、或いは閣僚委員会決定を承認するかのいずれかをなす。そうすることによって内閣は、集団責任原理に従うとみなされる。

[1] **集団責任**

内閣は、集団意思決定機構として「集団責任」原理によって拘束される。内閣は、閣議室のプライバシーにおいて激しい対立の中心にある。しかし内閣は、公には統一された姿を示さねばならぬ。19世紀の首相としてメルボーン卿は、「我々全てが同じことを言う限り、我々が言うことは問題ない」と言った。内閣の討議は、秘密(閣僚は公的秘密法に署名する)であり、かつ全会一致の外見を保つために、首相は首相権力に加える会合の雰囲気を要約する。内閣における投票は稀であり、通常特別な決定(例えば、フォークランドに対するアルゼンチンとの戦争を行う決定)は、留保される。

集団責任の性質は変化しつつある。集団責任はもともと内閣にのみ適用されるが、今全政府成員を包摂する。労働党も、1994年と1997年との間に、その影の内閣の閣僚にまでそれを拡大した。対照的に政府は、EU問題に対して1975年と1977年に集団責任を停止した。1994年に閣僚であったM.ポーティロは、内閣の欧州政策についての薄くベールに覆われた批判をなしたが、公には規律化しなかった。文書漏洩によって集団責任を避けている閣僚もい

る。集団責任原理は今より広範ではあるが、より強く適用されないように思える。

［２］閣僚委員会

閣僚委員会は、小集団において内閣が迅速にして効率的に作業をなす方法として第二次大戦の危機期中に設置された。しかしそれは今では政府において重要な役割を果たす。内閣府の情報によれば、「従って内閣と彼らの決定から権威の委譲の含意による閣僚委員会と小委員会の決定はともに、内閣全体の決定と同じ公式的地位をもつ」という。これは、閣僚委員会決定が内閣の合意ないし承認を必要としないことを意味する。

首相は、閣僚委員会数・委任事項・成員資格・及び議長を決定する。大部分は内閣閣僚から構成されるが、下位大臣及び上級公務員達を含むものもある。現在の制度において内閣の任務を扱う五つの主要な種類の閣僚委員会がある。

１．「全体閣僚委員会」

例えば、これは国防及び対外政策、内務、及び学校政策のような政府の最も重要な領域を扱う。2006年には30の全体閣僚委員会があった。

２．「閣僚小委員会」

これは、上記の全体委員会よりも争点についてより狭い範囲を含む。2006年には18の小委員会があった。

３．「多種多様なグループ」

このグループは、特定任務にかかわり、通常短期間である。

４．「諮問委員会」

これは、閣僚達や次のような外部の官僚達の出席がなされる。即ち、その官僚達は、共通の利益事項の適切な討議を確かにするため会合を開く。諮問委員会は、集団責任には拘束されずかつ諮問機関であって、執行機関ではない。

５．「公式委員会」

この委員会は、その内閣に相当するものを行うものであり、かつ官吏達（主に政府の省庁の公務員）によって配置される。この委員会は、可能な問題を明らかにし、かつ基本的な争点を明らかにするためにその現存の委員会以

前に通常開催される。

　閣僚委員会・小委員会・及び多種多様なグループは、例えば、サッチャーによってその内閣全体における公式協議を迂回するために大いに使われた。

[３] 内閣府

　内閣府は、政府の神経の中心である。内閣府は会合を日程化し、かつ課題や文書を準備し詳細を草案化し配布し、かつ決定を継続監視することによって内閣及びその委員会作業を支え、かつ役立てる。内閣府も政府と省庁の政策を調整し、政策の選択肢を分析し、政府の政策を実施する最善の方法を解き明かし、かつ次に実行点へとそれらをもたらすのに主要な役割を果たす。内閣府は、50人の上級官吏と公務員によって運営される約30の部門からなり、2,000人以上のスタッフを雇う。その事務局は、内閣府官房長官である長がこの国の上級公務員であるほど重要である。内閣府官房長官は、首相と閣僚達との日常的連絡をとり、閣議（しかし政党政治事項についてではない）とある閣僚委員会に出席する。

　内閣府は、今三つ全て（首相官邸・副首相官邸・及び内閣府）が事実上一つの単一活動となっているほど、その二つと緊密に作業を行う。

§３. 内閣・省庁・及び連携された政府

　内閣は、多くの責務と役割をもつ。政治的に内閣は政府の政策を決定し、かつ議会の前にどんな立法を置くのかを決定せねばならぬ。行政的には内閣は、政府の省庁の効率的にして効果的な機能を確かにせねばならぬ。集合的には内閣は、省庁・政治派閥・及び個々の大臣との間の係争を解決せねばならぬ。もちろんこれらの機能は、首相の機能と重複する。即ち、そのことは、なぜ内閣と首相・及び彼らのそれぞれの政府の省庁ないし部局がきわめて緊密に協力せねばならぬかの理由である。

　内閣は、政府の最高の委員会として次のようないずれかの理由で、他のところでなし得ぬ最終的意思決定に特に重要である。というのはその諸決定がきわめて重要である故か、或いは対立点であるからかのいずれかのゆえであ

る。この対立は、イデオロギーや原理の問題（ユーロに加盟し、狐狩りを禁じ、イラク戦争に参加すること）である時もあれば、この対立がより組織的であり、政府の大臣達や省益を含む時もある。内閣は、閣僚委員会においてか或いは内閣室においてかのいずれかで、そうした対立を解決するところである。

　たとえ対立がないとしても、政府はなお調整せねばならず、かつ調整は現代の大規模な政府において達成することがきわめて困難である。一方では国家活動は、専門化された能力や知識へと分かれるほど膨大である。他方、いかなる政府のサーヴィスないし政策領域もそれ自身のものの孤立した領域ではないのである。全ては、他のものと関係づけられる。自動車道路建設は、環境に影響を及ぼし、農業にインパクトを与え、かつ他の運輸形態に影響を結果としてもたらし、かつ他のサーヴィスに費消し得るお金を必要とする。政府のもっとも困難な諸問題のうちの一つは、部門分割化と専門化の比類なき要求と、大多数の別々な諸組織にわたるきわめて複雑な政策争点を調整する必要、との間で捉えられつつある。政府機構が益々大きくなり、益々複雑にして専門化されるにつれて、政府の調整をなすことが益々重要になるが、そうすることが益々困難になる。

　ブレアは、最初に自分が首相官邸の一部として1997年に「社会的除外室」を開始する時、「連携された政府」という言葉を使った。その時以来「政府」は、政治課題において上昇したり下降したりしている。第一に、それは大いに論じられ、かつ異なった組織や手続きは、それを達成するために設定された。その多くは首相官邸で存在した。多くは、組織し直され、併合され、降格され、或いは静かに撤回されている。「連携された政府」という言葉は、次のような理由で2006年当時それほど頻繁には聞かれなかった。というのはそれが公共政策の標準思考へと組み込まれるようになっている故か、或いはより多く極端に実施することが困難であるよき理念なのである故かのいずれかである故であった。それは、今副首相官邸の責務である。我々は、本書の第5章においてこの主題に戻る。

§4. 恒常的な政治的三角形

内閣における意思決定は、しばしば相互に対立する重要な原理である。

[1] 省庁の自治

政府の諸省庁は、この国における最大の組織の中にある。大抵の大臣達は、それらを運営するのに時間の大部分を費やす。これは、次のような理由で省庁の自治を要求する。というのは一部には異なった諸省庁が異なった政策領域（教育・国防・及び運輸）を扱うからである。一部には自分達自体の実際・文化・及び活動する手続きを扱うからである。実のところ、彼らがそれを効果的になせばなすほど益々、彼らはその政治的評判を益々高くし、かつ益々高くなるほどに政治の脂ぎった極点を上げるように思える。省庁間の係争を解決することは内閣の役割である。

[2] 内閣の集団性

同時に内閣は対立を解決し、かつ集団的決定をなし得る集団機関でなければならぬ。閣僚達は、その敵対が何であれ統一した外観を形成せねばならず、そうするために彼らは、諸問題を討議する機会をもたねばならぬ。

[3] 首相の権威

首相は指導者である。最も強力にして野心的な大臣達でさえ、首相が内閣・党・及び国を指導することを望む。その他に大臣達は、自分達が一般政策問題にはほとんど時間をもたぬ程その省庁任務によって過剰に負担させられる。首相は、政府の全ての多くの支配を握ろうと試みなければならず、内閣における対立を克服せねばならず、かつ係争を権威的に解決せねばならぬ。この意味で首相は、閣僚達の同僚ではなく、彼らの支配者である。

以上の三原理は、いつもうまく全体的に適合するわけではない。省庁の自治は、大臣達がお金やその政策のために闘う時（戦わねばならぬ如く）、集団性とぶつかる。きわめて討議が少ないことは、容易に集団性を損なう。省庁事項に介入するものは、自治を損なうこととなろう。

逆に弱い首相は、話したりコントロールしたり委任したりする時を知らねばならない。つまりよき首相は、「自治・集団性・及び指導力」の要求の均

衡をとる。それは、きわめて困難にしてデリケートな任務であり、かつ我々が今検討するように、きわめて誤って進める最近の諸事例がある。

§5．首相のスタイル

[1] サッチャー「首相」

　サッチャーが1979年に政権に就いた時、彼女は政府の責務をなし得、かつ国家の低下を覆し得る強力にして動態的な指導者であるように思えた。フォークランド戦争は、彼女の指導者としての資質における信頼を強めた。しかし彼女が20世紀のうちの最長の首相であった。しかし彼女は、その権力を失う1990年に広範に教義的にして独裁的とみなされた。首相官邸における彼女の時間の多くの間、彼女は政府を支配し、かつその首相権威をその限界までに伸ばした。サッチャーは、野心的にして原動力でもあったが、彼女も自分の大臣達の省庁事項にあまりにも多く介入し、かつ自らの批判的スタイルによって内閣の集団性を損なった。

　人頭税は、適例である。地方の課税を、累進的財産課税から個人均一課税へと変える政策は、世界の最悪の観念と記述された。政府や内閣の支持でさえもそれはなかった。しかしサッチャーは、それを議会を通じて推進し、彼らの同僚達を強いて彼らの判断に抗して公けにそれを支持させた。その不人気は、彼女をその権力から締め出させる内閣へと導く最も重要な諸要因のうちの一つであった。一般にサッチャーは、首相の権威原理の方法を、省庁自治や内閣の集団性の上に置いた（その恒常的三角形は、一つのコーナーの上に均衡された故に、それは崩壊した）。

[2] メイジャー「首相」

　メイジャーは、集団的にして合意型スタイルを採用した。最初にこれは政治的な痛みを癒し、かつ政府を統一するのに成功した。彼も政治指導者として大いなる尊敬を博しながら、「ペルシャ湾岸戦争」(1991)から登場した。しかししばらくしてから、彼の静穏にして気取らぬスタイルは「グレー」でうろたえ、かつ実行力をもたぬと記述された。彼の内閣は、一団からなる

「政治的親友」として記述され、彼は首相職にあるが、権力にはないと非難された。経済政策・社会政策・及びEUについての激しい対立が表面化した。政府は弱く分裂され、かつ方向を失っているように思えた。結局のところメイジャー内閣の恒常的三角形は、省庁の自治の上に均衡された故に倒れた。
　[3] ブレア「首相」
　T.ブレアは自らの政権の最初の数年に、サッチャーの動態主義と指導力の最善の特徴のうちのいくつかと、メイジャーの非公式にして気取らぬスタイルとを組み合わせた。ブレアは、次の二つの矛盾的傾向をうまく組み合わせた。
　〈1〉ブレアは、労働党を更に集権化し、かつ労働党に未曽有な規律を課し、かつ討議を少なくし、かつ全会一致の大きな表示によっていくつかの伝統的政策（党規約第四条公的支出）を修正した。
　　1）ブレアは、上級的地位に徐々に自らの支持者達を多く任命した。
　　2）ブレアは、閣議数や閣議時間の長さを削減し、かつ（サッチャーがしたように）閣僚委員会を通じて活動した。
　　3）ブレアは、首相官邸の規模と権限を大いに増大させた。
　　4）イギリスにおけるブレアの未曽有の人気は、イラク戦争で自らの指導力を高めた。
　　5）つまりブレアは、首相権威については強力であった。
　〈2〉ブレアは、その初期の期間に大抵の論争ある政策（例えば、課税や歳出、及びスコットランドやウェールズへの権限委譲）の多くについて内閣の同僚達の全面的支持を得たし、幾つかの論争のある争点（EU・ユーロ・及び選挙制度改革）とゆっくりと慎重に取り組むことによって自らの内閣の同僚達と歩調を合わせた。
　　1）ブレアは、コントロールにむらがあると言われたが、自分の閣僚の同僚達のあるものに大いなる自治を認めた（特に経済問題にはG.ブラウンに）。
　　2）つまりブレアは、省庁の自治及び内閣の集団性について強力である。ブレア内閣は、少なくとも自らの政権第三期の前半まで、首相の権威・省

庁の自治・及び内閣の集団性といった三つの原理のよき均衡で一般的にはあった。ブレアは、未曾有の期間にわたってきわめて人気をもつ首相であり、広範な議論よりも少数の自らが好む顧問達（「トニーの親友達」）と「スピンドクター」による統治を含む指導スタイル（「トニー・ショー」）といったように、あまりにも個人的すぎるという評判をもった。ブレアは、個人的にはいくつかの不人気な政策（イラク・ブッシュとの緊密な同盟・基盤病院・先払いローン費用・2006年の教育法案）と個人的に示されるようになった。その政治的三角形は、諸要素の均衡からあまりにも多すぎる首相の権威へと移行している。

次の首相は、G.ブラウン（2007年から2010年まで）である。彼の同僚であった前任者と比較し、独り善がりであるともいわれる。彼はカリスマ性がなく、大衆の要求を十分に捉えることができず、かつ長い労働党政権に対する国民の飽きによることなどの理由で、比較的短命に終わった。

続くD.キャメロン首相（2010年から2012年現在まで）は、連立政権などの困難な運営上の状況にもかかわらず、現在のところ、カリスマ性をもつと評され、かつ三角形の均衡を図り、連立政権の割には上々の政治指導をなしている。

§6．誰が支配するのか（内閣なのか、首相なのか）

古典的にして長きにわたるイギリス政府論議は、首相権力が内閣に関連して増大しつつあるのかどうなのか、という問題を中心に展開する。首相は、もはや「平等者達のうちの首位者」ではないが、卓越した政治的執行者である。その結果は内閣ではなく、首相型政府であると言われる。内閣は、かつてそれ故「効率的政府の秘密」であると言われた。しかし決定をなした庶民院は、今ではリアルな大統領型首相権力に隠れる統治の「尊厳的」部分である。この主張は、チャーチルの戦時内閣に少なくとも辿るが、それは強力な首相達（マクミラン・ウィルソン・サッチャー・ブレア）が登場する時はいつでも再度表面に現れる。

[1] 首相型政府

我々が首相型政府をもつという議論は、J.マッキントッシュの『イギリスの内閣』、及びW.バジョットの『イギリスの立憲制』1960年版の序論に見出される。両方ともイギリスの首相が今、その職務が大統領職務とより類似するほど強力であると主張する。基本的諸決定は、少数の強力な内閣閣僚・政府・及び私設顧問団に加える、首相によってなされる。基本的閣僚委員会は、首相のコントロール下にある。内閣は、ラバースタンプのみとなり、或いは少しの協議もされぬこともしばしばある。首相は、政府情報の流れ全体を方向づけかつ内閣とより広い世界との関係を支配する。その結果、全体は、議会制民主主義よりもむしろ執行部民主主義ないし指導部民主主義といわれる。

[2] 内閣型政府

次の思想学派は、政治制度が首相権力を制限すると論じ、かつ内閣が集団的執行部を形成することを確かにするとする。短期的に首相達は、きわめて強力であるかもしれぬ。しかし長期的に首相達は、内閣と政党支持に依存する。最も重要な諸問題は、内閣によって合意されねばならぬ。内閣権力が庶民院における多数党の支持にある故、内閣権力はある程度、その政治的形勢に反映するに違いない。このことは順番に、首相と内閣の両方の権力に制約を置き、かつ庶民院の多数党に対する政治執行部のある程度の説明責任を確かにする。

[3] 内閣型政府か、首相型政府か

イギリスの首相が西洋世界において最も強力な政治的職務のうちの一つを保持することには問題などない。しかし明らかでないのは、より大きな首相権力への傾向が存在するのかどうかである。

1. 強力な首相達は何ら新しいものではない（R.ウォルポールからサッチャーまでその事例にあふれている）。

2. 例えば、チャーチル・マクミラン・及びサッチャーのような強力な首相に続いて、より弱い首相達（イーデン・D-ヒューム・メイジャー）が存在する。

3. 首相と閣僚との関係は、秘密である。しかしそれには、噂と醜聞が伴

う。実際に起こっている事を知るのは困難であり、かつ首相型政府ないし内閣型政府について堅固な結論を引くことは困難である。

4．実際上、合意と統一が存在するかもしれぬところで、首相と主導的閣僚達間で競争が存在するに違いないとしばしばみなされる。ブレア対ブラウンは、戦闘に固められると（面倒を求めるメディアによって）しばしば示されている。

5．その機構外での解説者達と同様に、主導的な政治的人物の回想録は、しばしば矛盾的である。

つまり我々が首相型政府をもつか内閣型政府をもつかどうかについての論争は、解決し得ぬように思える。その結果、政治学者達は、「中核的執行部」概念を使って政治的執行部を分析することになった方法へと向かっている。

§7．中核的執行部

ある政治学者達は、我々が首相型政府をもつか或いは内閣型政府をもつかについての終わりなき論争によって挫かれたが、両方ともダウニング街と内閣室を遥かに超えて広がる広範な権力関係網に埋め込まれていると指摘している。徐々に20世紀期中及び特にサッチャーとブレア下で、政治的執行部権力が強化され、かつ集権化されている。その権力や影響力は、官庁街やウェストミンスター［国会］における他の影響力をもつ諸機関・諸委員会・及び諸個人へと拡大している。政府の頂点にあるこの権力及び影響力のネットワークは、「中核的執行部」と称せられる。それは、次のようなものから構成される。

1．首相・首相官邸の主導的メンバー・及び首相の私設顧問団からなるより影響力をもったメンバー達。

2．内閣とその主要な閣僚委員会・内閣府の主要メンバー達・及びより影響力をもった閣僚顧問達。

3．官庁街の省庁と諸機関・及び他の諸機関（例えば、イングランド銀行・主要な治安機関・及び重要諜報組織）。

4．首相・内閣・及び彼らに仕える人々の周りに展開する諸個人や諸組織。
　5．上下両院議員達（政府の院内幹事や少数の下院委員会議長）。
　中核的執行部に焦点をあてる利点は、意思決定権力と影響力に関するより広範な全体像に焦点をあてる首相政府と内閣政府についての古くして不毛な（と主張する人もいる）議論を避けることである。それは、イギリス国家の頂点にある権力を、少数組織によって形成された階序制的ピラミッドの一員として多くみなさず、かつ恒常的な相互作用と相互的な影響力を行使する人々と諸機関からなる複雑なネットワークとして多くみなす。しかしその概念は、政治学における用具として次の三つの主要問題を抱える。

[１] 数
　どれくらいの人々が中核的執行部に含まれるのか、50人か、100人か、500人か、1千人か、5千人か、或いはそれ以上なのか。しかし中核的執行部は、内閣の「最も強力な人々」を確かに含む。しかし我々は最も影響力をもつ副大臣のうちの少数も含むのか。もし含むとすれば、どれくらいなのか（5人か、10人か、20人くらいなのか）。ほとんど確かに中核的執行部は、最も重要な閣僚委員会を含むが、我々はある重要な小委員会も含むのか。どの小委員会なのか、どれくらいの数なのか。ほとんど確かに中核的執行部は、首相官邸における最も重要な人々を含むが、これは、10人か、20人か、40人か、或いは60人なのか。我々は、私設顧問団のうちで最も重要な影響力をもつ人々のうちのある人を含むべきであるが、誰なのか。次に官庁街における最も重要な上級の役人達が存在するが、誰なのか。中核的執行部論議については、正確に含まれるのは、どの職務なのか、どういった人々なのかについて、かつ凡そその数や職務なのかについてさえ、しばしば曖昧である。

[２] 変化しつつある権力仲間（サークル）
　数的問題への回答は、運命が議論中の特定争点に依拠する。中核的執行部は、争点・状況・及び時機によってその構成を変え得る。小サークルは、上級の軍参謀長をはじめとしてフォークランド戦争やペルシャ湾岸戦争について戦略的決定をなした。より大きなサークルは、ユーロに加盟すべきか否かについて（軍参謀長を除くが、イングランド銀行と財務省の上級スタッフを含む）

決定に影響を与えるように思える。唯一の決定に含まれる人々や機関もあれば、少数ないし多数の争点に含まれる者もいるが、全てではない。全ての主要な政策決定に含まれるのは、きわめて少数の者である。しかしこの回答は、簡明に次の問題を引き起こす。即ち、異なった諸個人や諸機関が異なった基本的争点について影響力をもつならば、中核的執行部の構成は争点毎に変化することとなろう。陸軍の長がイラクについての決定的に重要な決定に含まれるが、ユーロ・教育法案・信託病院・或いは立憲制改革について含まれぬとすれば、その陸軍の長は中核的執行部のメンバーなのか。或いは陸軍の長がそのメンバーである時もあれば、メンバーでない時もあるのか。この場合には中核的執行部のようなものなど一体全体存在するのか。我々は、次のような理由故、中枢的権力核心として、首相・内閣・及び首相官邸と内閣府における一握りの上級スタッフのメンバーを同一視することに戻るのか。というのは彼らは、ほとんど全ての基本的決定に含まれる故、かつその中枢的権力核心の周辺に集まる小数の権力の恒常的に変化しつつある周辺的サークルを伴うからである。しかしこれらが恒常的に変化しつつあり、かつ小さな権力しかもたぬとすれば、それらは、本当に中核的執行部部分なのか（或いは時々にすぎないのか）。

[３]「中核的執行部」概念は、何を説明するのか

中核的執行部概念は、最高度な政府水準における権力及び影響力の広範なネットワークに注目させるのに有用であるが、誰が権力を振るい、なぜ、誰の利益から、かつどんな効果に対するものなのか、について重要な問題に答えるには役立たぬ。なぜある機関、集団、及び諸個人が他の彼らよりも強力であるのか。彼らは、どのようにかつなぜ強力となるようになるのか。彼らは、どのように自らの権力を行使し、かつ誰の利益において行使するのか。中核的執行部理論は、これらの諸問題にほとんど答えるものではない。それらを説明する理論として、階級論・多元主義論・エリート論・官僚制論の如き、広範な実体的諸理論があるが、ここでは政治制度の基本を主に扱うため、紙幅の都合上、省略せざるを得ぬ。

要　約

 1．イギリスの首相がかなりな権力をもつということには少しの問題もない。1940年以来一連の強力な首相達は、その事実を証明する。

 2．またイギリスの内閣が強力な機関となり得ることも確かである。内閣は、1990年代におけるサッチャーに対してその権力を再び主張した。ブレアのような権威的な指導者でさえも当然のこととみなし得る機関ではない。

 3．効果的な政治的執行部は、内閣の集団性・省庁の自治・及び首相の権威といった三つの原理に基づく。もしこれらは均衡がとられなければ、その制度は効果的に作用しなかろう。

 4．内閣とかかわる首相権力は、それぞれの首相によって異なっており、かつ同じ首相の任期内でも変化している。サッチャーは、自らが終える時期よりも集団的な形で出発した。メイジャー内閣は、集団的な形で出発したが、分裂型で終えた。ブレアは首相官邸の最初の時期が、首相の権威・省庁の自治・内閣の集団性をうまく融合させた。後にブレアのスタイルは、首相の権威をより強く強調した。

 5．結果的に、首相型政府理論と内閣型政府理論の両方を支持する大いなる証拠がある。

 6．中核的執行部において見出されたより広範な権力と権威関係網に焦点をあてる「首相型政府対内閣型政府」について論じることをやめている政治学者もいる。中核的執行部権力が増大され、かつ集権化される多くの兆候（特に、サッチャーとブレア下で）が存在する。

結　び

 われわれは、本章においてイギリスの執行部の核心を形成する首相と内閣及び中核的執行部について概観してきた。日本においてそのイギリスのそれは、より強力にして安定的システムとみなされていた。しかしそれは、多様な諸条件に支えられていたことを確認できる。例えば、それは、長い年月を経た習律［慣習］をはじめとした伝統的立憲制、さらにその制度を支える指導者達とその指導を受け入れる国民の存在及び文化などである。しかしなが

ら、全ての首相達が強力なリーダーシップを発揮できたわけでなかったことも事実である。さらにそれらを説明する、十分に確立された理論も存在したわけでもないことも分かった。いずれにせよ、このイギリス型は日本の国民には、よかれ悪しかれ手本となり得る諸要素がある。しかし従来の日本のそれは、前者のよいところのみを得ようとし、その広範な背景を軽視するところに問題を残したと解することもできよう。

キーワード
首相／内閣／中核的執行部／省庁／連携された政府／恒常的な政治的三角形／サッチャー／メイジャー／ブレア／ブラウン／キャメロン／首相型政府／内閣型政府／ウェストミンスターモデル／首相官邸

引用・参考文献
Budge, I., et al., *The New British Politics*, 2007.
Mackintosh, J., *The British Cabinet*, 1962.
Buckley, S., *The Prime Minister and Cabinet*, 2006.
Leach, R., et al., *British Politics*, 2011.
Heffernan, R., et al., eds., *Developments in British Politics 9*, 2011.
倉島隆編著『問題発見の政治学』（2004年）など。

第4章　イギリスの中央政府（「政官関係」）
[I.バッジらの論点を中心に]

序　論

　われわれは、前章でイギリスの政治制度における執行［行政］部の頂点にある部分について概観してきた。本章は、次にその全体を構成する国家の中央省庁の関連について説明する段階に来ている。それは、表題のように中央の個々の行政機関・その責務担当者・及び官僚の頂点にある人々との関係［省庁における大臣としての政治家と高級官僚との関連］事項である。換言すればこれは、いわゆる「政官関係」と称されるものである。日本の課題に沿って表現するならば、官僚主導ではなく政治主導とすべき問題でもある。しかしそれは、論争となっているという問題設定でもある。日本の問題についてわれわれは、それを政治家達の指導力不足とみなす立場を取りたい。というのは官僚は自らの責務の範囲内で行動しており、官僚主導という表現が誇張でもあるとみなすからである。

　いずれにせよ、われわれは、その議論についてイギリスのそれが政治主導としてうまく機能し、日本のそれが必ずしもうまく機能していない問題設定がなされているとみなす。とはいえ前者のそれも、全て理想的であるとは限らず、政治家と官僚との均衡のとれた関係問題は、重要な課題であることには一般的合意がある。

　より具体的な解答を示せば、政治家が官僚達をうまく使いこなせる能力が必要とされるということである。こうした仮説の下で本章は、イギリスにおける政官関係について概観することとなろう。

　バッジらによれば、政府の省庁担当大臣達は、自分達の省庁を管理する公務員達ときわめて緊密に働かねばならぬと説き起こす。もちろん大臣達は、凡そ公選の政治家達である。しかし公務員は非政治的にして常勤で任命された官吏である（換言すれば、官僚である）。次のような数十万人の公務員がい

る。即ち、彼らは書類整理係から、中国の清朝期における最高位の公務員にちなんで「上級の役人達」(マンダリンズ)としばしば示されるきわめて少数の上級行政官までからなる。その含意は、イギリスの上級の役人達が高度に訓練され、例外的に有能で全体的に献身的であり、かつその中国における上級の役人に劣らず不可解であるということである。本章は、政府の大臣達と行政サーヴィスの最高度な役人レベルとの間の関係にかかわる。バッジらによれば次章は、国家の行政機構の一般的作業をより広範に検討するという。

　大臣達とトップの公務員達との関係は、現代国家にとって重大である。公共サーヴィス(保健・教育・公共輸送・国防)を実際上生み出すのは、政府の省庁なのである。そしてこれらのサーヴィスを実行する膨大な組織を運営する方法の専門知識と経験をもつものは、大臣ではなく上級の役人である。理論上、大臣達は公共政策を形成する政治的機能をもつ。上級の役人達は政策事項について助言し、かつ大臣が決定することが何であれ実施する行政任務をもつ。実際上、大臣の役割とトップの公務員との間の役割にこうした簡明な区別を画することは不可能である。

　こうした理由により大臣と上級の役人との関係は、重大にして複雑であり、かつあらゆる種類の争点をもたらす。大臣と上級の役人との適切な関係とは何か。公務員は、国民に対し議会に対し、或いは自分達の大臣に対してのみ責任を負うべきなのか。大臣達は、公務員がなす万事について責任を負うべきなのか。大臣と上級の役人との関係は、1980年代と1990年代のホワイトホール〔省庁〕改革以来どのように変化しているのか。「新しい」労働党は、どんな特徴をホワイトホールの活動にもたらしているのか。

§1. ホワイトホールの省庁

　イギリスの中央行政は、ほとんど全ての他の諸国のものの如く、別々の省庁へと組織される。そうしたものは、約70存在する。内閣の閣僚は、主要な省のうちの17を率いる。

　省の数も性質もともに政府が省庁を組織し直す時、変化し得る(ちょうど

内閣ポストが変化するごとく)。膨大な省は、1997年に地域及び地方政府［自治体］機構、住宅・計画、社会的除外、及び再生並びに近郊開発を扱う。しかし、そうした省は、効果的な調整のためにあまりにも大き過ぎ、かつ2001年選挙後に分離された。法務省は、新しい省である。最も最近での内閣でウェールズ問題・スコットランド問題は、次のような理由で他の職と組み合される。というのは二つの地域政府機構の創設はロンドンにおいて過剰負担の作業を減じているからである。

最も重要な省は、財務省である。というのは財務省が国民経済を管理し、かつ他の政府省庁の歳出をコントロールするからである。その「包括的歳出見直し」(CSR [G.ブラウンによって導入される])は、省庁が三年間にわたる期間でその歳出計画を正当化することを必要とする。財務省は、限られた調整的役割しかもたぬことが常であった。しかしCSRは歳出をコントロールし、かつ全体としてのホワイトホールの将来の歳出計画を導くより大きな権限をそれに与える(執行［行政］部の集権化と、もう一つの「連携された政府」の試み事例)。次の包括的歳出見直し［CSR］は、2007年について計画される。

諸省は、むしろ偶然的に増大している責務の複合である場合もある。この最も明確な事例は、内務省である。この内務省は、より専門的省へと分離されない政府の全ての活動を保持する。しかし大抵の省庁は、一政策領域(例えば、外務・輸送・保健・貿易と産業・国防・及び教育のような)に焦点をあてる。

この焦点は、「省庁主義的見解」の発展に貢献し、かつ諸見解の衝突と、内閣における政策形成の敵対的性質を加える。明らかに一行政サーヴィスを担当する省庁をもつこと(運輸・保健・及び教育)は、それがその特定の関心や意見を迫ることを意味する。省庁は、その活動の数十年にわたって最もよくなす方法について自分達の文化や見解を発展させている。各省庁がなす万事についていかなる全体的コントロールももつ省庁もない故に、各省庁は時折状況に応じて他の省庁と協力したり或いは対立したりせねばならぬ。各省庁は、対立する諸利害をもつ諸省庁(特にそのケーキの大きな一切れのために闘う費消的諸省庁間で)間にはしばしば衝突が存在する。もしそれらの諸省

庁がこうした対立を解決できなければ、必要な時に内閣にまで直接的にその闘争を持ち込み得る。

　大臣達と省庁との間における政策の優位に対するこの闘争の微妙にして複雑な性質を理解するために、我々は最初に次のことを考察しなければならない。ａ）省庁の一般構造、ｂ）この構造がつくる公務員による政治家への大いなる依存（イギリスの制度において全く著しい依存である［しかしそれについてユニークではない］）。

［１］省庁構造

　主要な各省庁は、通常閣僚ポストを占める上級大臣ないし国務相によって運営される。　戦後の政権は、政府作業において膨大な増大によってペースを保つことを試みるために、増大する下位大臣数を任命している。2006年においてブレア政権は、次のように構成した。

　１．23人の閣内相（閣議に出席するもう１人を加える）［その大部分は省庁の長である］。

　２．27人の国務相（自分達の省庁任務の特定な諸部局に通常責任を負う）。

　３．大臣達を補佐する35人の政務次官・及び私設議員秘書（PPSs）

　その省庁が重要であればある程益々、その省庁はより多くの上級及び副大臣をもつ。

　財務省は、２人の閣内相（財務相及び首席財務大臣）をもち、かつ３人の国務相をもつ。しかしウェールズ省は１人の閣内相（北アイルランド相とともに共有）、並びに１人の政務次官をもつ。［図解４.１］は、典型的な省構造である。多くの閣内相は、議員秘書〈無給にして大臣のカバン持ち）［しばしば一連の異なった省庁において］からの政府の階位を通じて昇格することによって見習制度に仕えている〉をもつ。

　大臣達は法律的にいえば、次のような意味で政府の強力な担い手である。即ち、大抵の議会法は、いくつかのことをなすために大臣達に権限を与える（首相・内閣・或いは上級公務員ではなく）意味において。この理由ゆえに、大臣達は、自分達の省庁における任務遂行を続けることに公式上、責任を負い、かつその省庁が彼らの名においてなす全てゆえに、議会に答弁できる。政府

の省庁がその国における最大の組織の中にある故に、これは膨大な責任である。

§2. 大臣の役割と責任

　大臣達には、信じられぬくらいに多忙にして溢れんばかりの日程がある。一日平均で一大臣は、省庁問題について話すために上級の役人達と会い、報道会見に出席し、公的任務で旅に出、議会の仕事について概括を説明し、下院の政治会合・夕食・或いは真夜中の討議に出席し得る。大臣達は、翌日の早朝に開始するために読まれるべき連絡箱に満杯になった文書について夜遅くまで働くかもしれぬ。大臣達は閣議やその閣僚委員会に出席し、ブリュッセルや自分の議会選挙区へと旅し、かつ政党の会合や会談に出席する。
　一年の期間中に大臣達は、時間浪費的な省庁及び政治的危機も取り仕切らなければならぬように思える。

[1] 大臣の役割
　大臣の日常的な仕事の過剰負担は多様であり、それが次のような多くの異なった活動を含む故に、潰れそうになるほど重いのである。
　1.「**行政**」　大臣達は、自分達の省庁の日常活動と、誤った行政事件のことに責任を負う。
　2.「**政策形成**」　大臣達は、自分達の政策を設定し、かつ一般に内閣とその関係諸委員会における政府の政策形成に関与される。大臣達は、他の大臣達（その仕事は自分達のものと重複する）と多くの会合に関与される。彼らは内閣において自分達の省庁のために、かつ資源のために闘わねばならぬ。
　3.「**政治**」　大臣達は、議会に責任を負い、かつ会期に出席し、質疑に答弁し、討議で話し、議会を通じて投票し、かつ立法を指導する。大臣達も、党の会合をもち、選挙民を育成する選挙区をもつ。
　4.「**広報活動（PR）**」　大臣達は定期的にメディアに会い、省庁の政策や自分達のキャリアを更に説明する。大臣達は、多様な夕食・会談・会合・及び開始へと全国中を旅するきついスケジュールを大いにもち続ける。大臣達

は利益団体の代表と会い、かつ膨大なメール量を受け取る。
　5．「EU」　多くの大臣達はEU文書の山を読み、数多くの会合に出席し、かつ幾千マイルもの旅を行う。
　大臣達は、議会に多数党として選出される約300人から400人の人々から主にひかれる。下院議員達は、自らの職の膨大な要求や複雑さにもかかわらず、大臣の仕事のために自ら準備するための何らの特別な背景をもたず或いは訓練をしていない。1997年に選出された労働党政権の成員の1人も、かつ前の18年間に権力も、政権の仕事も今まで経験していないのである。
　その上、大臣達は、政府の改造に移行される前に、いかなる省庁にもほとんど通常時間を費やしていなかった。平均して大臣達は、他の職へと変わる前には一方の職には二年を費やしている。1945年と2003年の間に28人の教育相がいた。各々は平均して大臣職にはほぼ二年以上程度しか継続してついていない。ケネス・クラークという大臣は、ランカスター公領大臣であったし、保健［医療］相・次に教育相となり、そして内相であったが、1993年に財務相（1997年までこのポストにあった）となる前にまでに、それら全てが六年以内の間でしかなかった。一省庁の仕事をマスターするには一年にわたり、少なくともそこのある種のインパクトを与えるにはもう一年を要すると言われる。その時まで大臣達は、しばしば別の職へと移動している。
　［2］大臣の責任
　大臣達は、訓練されずかつ未経験であろうとも、議会に責任を負い、かつ自分達ないしその省庁が誤って行動すれば辞任を強い得る。立憲制習律［慣習］によれば、大臣達は、自分の省庁における行政上の失敗、引き起こし得るいかなる不正、及び一般的政策の失敗にも（彼らが個人的に責任を負うが負うまいが）責任を負う。理論上、大臣達は、自分達の省庁において行っている万事に責任を負う。古典的事例は、T.ダグデール卿という農相が次のような理由で辞任する1954年の有名なC.ダウン事件である。彼が何も知らぬことについて省の悪しき行政ゆえに辞任したからである。
　理論上、「大臣の責任」習律は、次のような理由でイギリスの立憲制の礎石である。というのはそれが、議会への政府の責任の基礎であるゆえであり、

かくしてその行動に大臣の責任を負わせる主要なメカニズムが存在するからである。しかし実際上、大臣の責任はこのようには働かない。第二次大戦以来、いかなる大臣も行政サーヴィスが誤る故に辞任などしていない。大抵の大臣達は、個人的事由で（セックス醜聞ないし酒酔い運転）ないし自分達の省庁の役割における誤り（1982年のフォークランド戦争或いは1988年のサルモネラ事件）で辞任する。C.ダウンの大いに引用される前例でさえ、行政サーヴィスの誤りゆえに責任をとることよりもむしろ、平議員の支持を失う大臣について説明し得る。

　省庁の失敗にもかかわらず、自分達のポストにかかわる大臣達の多くのより最近の事例が存在する。我々は、ただ一つの小さな政策領域を（刑務所の脱獄事例）一例として引くために、次のように省庁の失敗の責任をとることを拒否する大臣達の四つの最近の事例を見出す。即ち、1983年（J.プライア北アイルランド相）、1991年（K.ベーカー内相）、及び1994年と1995年（M.ハワード内相の［最近の事例］）。

　大臣の責任習律［慣習］がいつも実際上従われるわけではない。

　1．習律は、明らかに法的には拘束力をもたぬが、習律に服する政治家の本意に依拠する。

　2．大臣達は、自分達の大きな省庁について万事を多分知り得ぬか或いはその諸活動について各々にとって責任をとり得ぬ。彼らが省庁の事柄の1％ほどしか通常知らぬとみなされる。

　3．大臣達が議会で「失敗」ないし「不正」、或いは「批判」ゆえに、辞任するとみなされる。しかしそれらは定義づけることが困難な用語である。いかなる場合でも大臣達は、議会において辞任のための儀式的野次の背景が存在すると継続的に批判される。

　4．辞任すべき大臣は、政治的理由ゆえに自らの内閣の同僚によって擁護される。しかし異なった状況で同じ大臣は、同じ失敗ゆえに世論への生贄となり得る。政府が政治的ジェスチャーをなし、かつ生贄の山羊を見出す時もあれば、政府が自分達を擁護する約束を固める場合もある。

　5．大臣達からある程度の独立をもつホワイトホールのエージェンシーの

設置は、大臣の政策上の失敗と、エージェンシーの官僚制の間を区別することをより困難にせしめる。各陣営は、他の陣営を非難し得る。

 6. そうした大臣達の早い交替が存在する時、前任者から継承されたかもしれぬ問題のことで人を非難することが公平であるのか。

 その結果、大臣の責任習律は曖昧であり、かつ大臣達が自分達の政府の同僚達やその政党の平議員達の支持を失っているところで辞任をもたらす。

§3. 大臣と公務員

 上級の大臣と下位大臣は、任命された公務員達の大多数の集団のトップに挿入された公選の政治家の薄い政治的層を構成する。各多数の集団の頂点には、次のような事務次官がいる。即ち、そうした事務次官は、その省庁の最高執行責任者に相当するものとして、大臣に対する政策顧問として行動し、かつ大臣とそれ以下の層との間の連絡経路として行動する。戦後期において事務次官は、強力な人物であった。彼らは中核的執行部の重要な部分をなお構成する。しかし行政サーヴィスは、今かつてあったものよりも階序制的ではなく、かつより柔軟である。大臣達は、以前よりも自分達の省庁内でより広範な作業の連絡や方法を有する。ゆえに事務次官は、それほど強力なゲートキーパー［情報仲介者］ではないかもしれぬ。

 それにもかかわらずイギリスの大臣達は、西洋の民主主義諸国において通常ではない程度まで、彼らの高級公務員に依拠する。多くの諸国においてこれらの大臣達は、上級行政官や政策顧問として仕える政治任命者達からなる新チームを自分達にもたらす。このチームは、新大臣が着任する時（特に新しい政党ないし連立政党が政権につく場合）、離れるかもしれぬ。このことは、公務員が常勤である、イギリスにおいて事態がうまく働く方法ではない。大臣達は、自分達がそのように緊密に働かなければならぬ常勤官吏達の選択に対してほとんどコントロールをもたぬ。その観念は、イギリスの公務員が、彼らの政治によってではなく、能力と経験によって任命され、かつ昇格される専門的にして高度に訓練された行政官であるというものである。ただ大臣

とその上級官吏達との間に「事態が解決されぬ」場合のみ大臣は、スタッフの変化を求めることができるが、どれくらいの変化がなし得るのかについて制約が存在する。常勤官吏達への大臣達の依存は、大臣がその省庁にとって新参者である場合には高められよう（そうしたことは、自分が新政府の成員である時ないし自分が政府の改造の一部として移行されているばかりの時にしばしばである）。大臣と公務員ともに、公選の政治家とその一流の常勤官吏（上級の役人）との間に効果的にして効率的によく働くために、政策形成と国家行政における特別にして周到に定義づけられた役割を果たさねばならぬ。

公務員の役割

公務員の役割は、四大特徴をもつ。即ち、公平性・匿名性・恒常性・及び秘密性である。

1．**「公平性」** 公務員は、自分達の主人達（彼らの大臣達）に仕えねばならず、かつ党の政治と大臣の政策について厳格に公平でなければならぬ。公務員は、政治的騒動に入ってはならぬ。大臣は、自らにとって公務員に政治任務を要請してはならぬ。行政サーヴィスにおける任命と昇進は、政治的考慮を含むべきではなく、或いは政権交代によって影響されるべきではない。「オズマザーリー」規則によれば、下院の委員会は、「政治論争分野における質疑」を公務員に問うてはならぬ。

2．**「匿名性」** 公務員は、匿名である。公務員は、恐れや好みなくして自らの大臣にその最善の政策助言を与えるべきであるが、大臣にとっては、省庁の政策を公に擁護することにある。「オズマザーリー」規則によれば、議会の委員会は特定の公務員の行為について或いは大臣に与える助言について質問すべきではないという。

3．**「恒常性」** トップのイギリスの公務員は、多くの他の諸国における制度とは異なり、政権の変化によって変えない。公平性と匿名性は、彼らが自分の能力のうちの最善を尽くしてどんな政党であれ権力にあるものに仕えるべきであり、自分の政治的意味ないし省庁の見解がどうであれ仕えることを意味する。

4．**「秘密性」** 公務員がその大臣に与える助言は、信頼性であり、オズマ

ザーリー規則とアームストロングメモは、次のように述べる。即ち、公務員は、その助言を公に明らかにするように問うことができないと。公務員は、公的秘密法に署名する。

　しかし1980年代と1990年代における出来事は、上記の四原則が、次のような政治的出来事の圧力下で変えられていると示唆する。

　1．「公平性とディズダル問題」　1983年に公務員であるS.テイズダルは、グリーナム・コモンにおける巡航ミサイルの到着についての情報漏洩で「中央刑事裁判所」において6か月の収監判決が下された。彼女は、上司の国防相が大臣責任を避けつつあると信じた。彼女のケースは、行政サーヴィスが全ての大臣命令（道徳的に或いは法的に疑わしい命令でさえも）を実行すべきかどうかの問題を惹起した。彼らの第一の義務は、公益に対してか或いは彼らの大臣に対するものなのか。

　2．「ポンティング問題」　クライブ・ポンティングは、政治的理由により（政府によって主張されたような軍事的理由によるのではなく）戦艦「ベルグラーノ」がフォークランド戦争期中に沈められると主張する秘密情報を発信することで、1985年に起訴される公務員であった。彼が論じたように、公務員達は、ある状況下で自分達が公にするように必要があり得る公益に対する任務を有するという。その裁判官は、大臣が公益にあるものが何かを判断すべきという根拠で、その陪審に彼を有罪と判決するように教示した。しかしその陪審は彼を無罪とした。

　3．「イラクへの武器輸出問題」　イラクへの武器輸出問題に関するスコット調査委員会（ここでは保守党政権は、1980年代におけるイラクへの武器輸出規則を秘密裏に緩和していた）は、次のような結論を得た。即ち、大臣達は、公務員達が彼らに議会と国民に誤って知らせるのを助けるように要請し、かつ公務員達が彼らと共謀していたように思えたと。

　4．「匿名性」　1971年において「車両及び一般保険」社の倒産調査委員会は、実名が出された官吏達について非難した。1986年の「ウェストランド・ヘリコプター」社に続く調査委員会は、5人の実名で出された公務員を一通の手紙を漏洩する時彼らの役割を批判し、かつもう1人（R.アームストロン

グ卿〈内閣の秘書〉)をその5人に抗して規律的行為をとらなかったことを批判した。最近では公務員の匿名は、メディア・政治的回顧録・及び公式調査が行政サーヴィスや省庁の行為を公表するにつれて、徐々に維持することが困難となっている。2006年にある騒動が次のような情報コミッショナーの判断について湧き上がった。即ち、文書から消去してはならぬ公務員達の名が情報公開法下で公に発せられたと。

5.「**恒常性**」 公務員達は、彼らが常としていたことほど、今日では恒常的ではない。行政［執行］エージェンシーを担当する行政［執行］最高責任者達は、固定任期契約状態にある(第5章を参照されたい)。

要約すれば、行政サーヴィスの役割の理論と実際は、同じことではなく、かつその実際は現代政府の圧力下で最近の数十年において変化している。

§4. 上級役人権力なのか

理論上、大臣達は公共政策を形成する公選政治家である。公務員達は政策の助言を与え、かつ大臣の命令を実行し、かつ諸決定を管理する。公務員達は、諺にあるように、「(権力者の)手元にあるが、頂点にはない」のである。実際上、政策と行政との明確な区別をすることは不可能である。政策は不可避的に行政問題を含む。例えば、人頭税(それが原理上よい観念であろうがあるまいが)は、実施することが困難であり、高価であり、かつ行政的根拠のみで拒絶されていただろう。行政も重要な政策争点をしばしば含み、かつ政策は重要な行政問題を含む。政策プログラムを運営する方法の一連の行政決定は、その基本的な合理性に容易に影響を与えることができる。

結果的に、大臣とそのホワイトホールのスタッフの役割は、曖昧化される。大臣の仕事が終え、かつ常勤事務官の仕事が始まるところは、結局のところ明瞭ではないのである。ハンフリー卿(典型的な上級の役人)は、次のような意図的な曖昧さによって「イエス、大臣」というテレビ番組において言う。即ち、

「私は、ここにおいて本当のディレンマがあると思います。即ち、政策を

大臣達の責任とみなし、かつ行政を官吏達の責任とみなすことが政府の政策であります。しかし行政政策の問題は政策行政と行政政策との混同をもたらし得ます。特に行政政策の行政責任は、政策についての行政政策の責任と対立し或いは重複します」(J.Lynn and A.Jay, *Yes Minister*, London: BBC, 1982, p.176)。

　政策と行政の重複は、たんに理論的関心をもつからだけではない。その重複は、ホワイトホールの上級の役人権力の潜在性にとっても重要な含意をもつ。

　ドイツの社会学者であるM.ウェーバーによれば、常勤官吏達（特に公務員）は、近代の官僚制国家において権力を管理する。ウェーバーが書いたように、「差し当たり官吏の独裁（労働者のそれではなく）が台頭している」という。このウェーバーの主張をなす議論は、常勤官吏達が訓練、能力及び経験（彼らが自分達の名目上の政治的主人達をコントロールし或いは操作し得る）をもつ。官吏達は常勤で経験をもち、かつ自分達の特別な能力の故に選択された高度に訓練された専門家達である。政治家達は、非常勤でしばしば未経験な素人（一般の人々から選出される）である。

　我々がイギリスの行政サーヴィスに彼の主張を当てはめる時、ウェーバーの驚くべき主張の多くの賛否両論がある。上級役人権力を支持する全ての議論にもかかわらず、上級役人権力と矛盾する別な議論がある。我々は、諸議論が必ずしも各々を帳消しにするわけではないが、その論争を解決しようと試みる他の方法へと移らねばならぬ。一つの明らかな方法は、ホワイトホール［省庁］とウェストミンスター［国会］「村」をよく知るインサイダー達の証拠を求めることである。そして調査する明らかな一つのものは、彼らの個人的経験を書いている大臣や上級役人の増大する数の政治的回顧録である。あいにくそれらは、決定的ではない。その証拠は、逸話的にしてつぎはぎ的であるばかりでなく、公務員達が役立たず或いは妨害的である大臣と主張する各大臣（T.ベン・B.キャッスル・R.クロスマン）に対して、次のような別のことをいう者（E.ヒース・D.ヒーリー・及びクロスマン）がいる。即ち、彼らは、コントロールし得る専門家達であると。クロスマンは、自分自身と一致しな

いように思えるゆえに、彼は両方のリストにあらわれるように思える。

　もし抽象的議論もインサイダー達の証拠も上級の役人権力論争に対する結論的回答を提示しないならば、多分最も重要な証拠は、サッチャーやメイジャー下での展開によって与えられよう。彼らの政権は、基本的な方法で行政サーヴィスの構造と活動様態を改革した。その上彼らは、ほとんど全てのホワイトホールのセクションから決然とした反対に抗する大きな闘いを勝ち取った。これは、イギリスの公務員達が政府のコントロール下にもたらし得る明らかな証拠を構成しよう（もしその政権が決然とその諸改革を推進すれば）。1979年以前に事実であったかもしれぬものが何であれ、ホワイトホールの上級役人達は,彼らが強く嫌う改革に服さねばならぬ1980年代と1990年代において「頂点」にはいなかった。公務員達は、きわめて強力であるのとは異なり、この期間において実のところあまりにも弱すぎ、かつ不満があるところでその時に批判され、かつ十分には考えぬかれておらず、かつ拙速に実施された政府の計画に屈した。実のところ、行政サーヴィスがその伝統的な政治的中立性を放棄し、政府の政治用具となっていた。同じ不満は、ハットン調査委員会・及びバトラー報告（2004年）によって後の10年にあげられた。その2004年に、それは、その情報社会が、政府がそれを聞きたがりかつそれを訴えるための証拠を示すことに極めて配慮しすぎるかどうかが問われた。

§5．行政サーヴィスの政治化（倫理基準は、どんな代償なのか）

　1980年以来、公務員達がその目的のためにこの権限を使う問題など存在しない。しかし逆に政府は、その政党政治目的のために公務員達を使っている。批判者達は、行政サーヴィスがサッチャーやブレア政権によって徐々に政治化されていると論じる。この見解にはある証拠がある。しかしその多くは、逸話的であり、かつきわめて高い水準において大抵の仕事の私的にして秘密的性質を与えられれば、実際に起こることを知ることはきわめて困難である。しかしスコット調査は、政治家達が、政治的任務を遂行するために公務員達を使うと示した。S.ティズダル、C.ポンティング、及びD.ケリー博士のよ

うな公務員は、政治にかかわることによって行政サーヴィス規準に違反したと主張もされる。政府は、大いなる圧力後に、公務員の役割及び責務を扱う下院・財務・及び行政サーヴィス特別委員会によって草案された公式倫理委員規準を受け入れた。その公式倫理規準は、1996年1月に発効となった。自分達の政治的中立と妥協する圧力を感じる公務員達が訴える手続きについて設定され、かつ「礼節及び倫理チーム」は、行政サーヴィスと内閣を含む倫理的問題に助言を与えるために設置された。

　行政サーヴィスの伝統的役割に対する危険の不安の継続がある。2003年に「公生活規準委員会」は、制定法ベースに行政サーヴィスを置く行政サーヴィス法を要請した。下院公行政委員会は、2004年にそれ自体の法の草案を発表し、かつその間、行政サーヴィスの更なる政治化に抗して警告した。渋々、政府は公務員や特別顧問の任命義務・及び行為を規制する法案を2006年に発表した。

§6.「新しい」労働党と上級役人

　サッチャーとメイジャーの保守党政権は、上記の如く18年間政権にあった。その時代にその政権は、ほとんど全ての政策局面を形成し直し、ほとんど全ての上級公務員を任命し、ホワイトホール省庁機構の大部分を模りなおそうと試み、かつホワイトホールにサッチャー主義文化を浸透させようとして最善を尽くした。その結果、1997年におけるある観察者達は、ブレア政権が行政サーヴィスのトップレベルを一掃し、かつ自分達の人々とそれを入れ替える必要があると提案した。そのようなことは、起こらなかった。保守党政権から労働党政権への権力の委譲は、数少ない「面倒」を除き、比較的平穏無事であった。ホワイトホールにおける多くのトップの情報官吏達（スピンドクター達）は、入れ替えられた。しかし彼らは政治的に配慮を要するポストを保った。大部分において行政サーヴィスは、その新しい政治的主人達に適応した。しかしブレア政権は、ホワイトホールにおける作業類型を変えるために次の二つのことをなした。即ち、その一つは、特別顧問の役割を明らか

に拡大し、かつ強めた。第二に、大多数の「特別専門委員会チーム」を設置した。

[1] 特別顧問

行政サーヴィスは、かつて大臣顧問として事実上の独占を享受した。これは、一部には次のような理由ゆえである。即ち、イギリスの政党は、自分達の曖昧な選挙運動の約束を特定の政策へと変える方法についてほとんど計画を策定していないゆえである。例えば、1964年に新大臣であったR.クロスマンは、その最長の政策関与のうちの一つについて労働党本部におけるファイルが、ほとんど空であると自らの日記に狼狽して書いている。「シンクタンク［頭脳集団］」（政策助言を与える中心外における）は、イギリスでは比較的新しいし、数や資料において限られている。主要政党における政策作業グループは比較的弱く、かつ議会の特別委員会の政策勧告がしばしば無視される。かくして助言を必要とする大臣の要求の第一のポートは、最近まで彼らの上級公務員達であった。これは、政府が第一に上級の役人達を任命したとしても、上級の役人達への彼らの依存を意識するにつれて増加している。

これに対する即応は、行政サーヴィス外からの特別顧問の任命である。彼らは、イギリス政府にとって新奇ではないが、その数は過去10年から15年おいて増加している。メイジャー政権における45人の特別顧問と比較すれば、2006年当時76人以上であり、首相官邸と副首相官邸において26人程度も有した。

特別顧問は、臨時公務員であり、かつ行政サーヴィス準則によって拘束される。しかし特別顧問は正規の公務員とは異なり、能力で任命する必要がなく、或いは政治的に中立でなくともよいのである。大抵の省庁は例外を除き、2人のみの特別顧問をもつ。教育・職業訓練省と副首相官邸は、より多く有する。特別顧問は、公費によって給与が支払われ、かつ2004年と05年において550万ポンドの公費を費消している。

これには二種類の特別顧問がいる。第一の種類は、専門知識をもつ政策の専門家であり、第二の種類は、次のような政治顧問（行政サーヴィス職ではない）である。即ち、政治顧問は、自分の大臣と政権のための政治戦略と戦術

について一般的に考える。多くの者は、非常勤ないし短期の契約である。彼らは、自らを雇う大臣にのみ答え得るアウトサイダー達として公務員から独立している。一方では、特別なコンサルタント達は、より広範な助言や、より大きい行動の自由を政府に与える。他方で、彼らは上級公務員達の伝統的役割を損い得る。さらに行政サーヴィス、政府、及び政党との間には方針の交わりが存在し、その傾向は数少ない顧問達が公務員に与える権限をもつ事実によってさらに絡みあわされる。これは、一特別顧問であるA.キャンベルが、イラクの大量破壊兵器についての諜報報告を燃え立たせたかもしれぬ方法について論争の一部であった。

特別顧問の役割と権限は、次のような公生活規準委員会にかかわり続けた。即ち、その委員会は、特別顧問達の助言と公務員達の助言との混合が公務員達の客観性と中立性に効果的に偏見をもたせると指摘した。ある特別顧問達の助言も論争があった。J.ムアの大臣であるS.バイアーズへの2001年9月11日の米国における同時多発テロに関する彼女による電子メールは、両者の仕事を失わせる原因を招いた。彼女（ムア）が書いたように、「今我々が葬りたいことを抜き取るにはきわめて好都合な日であります。地方議員の費用ですか」。この特別な助言の一部は、地方自治体費にむしろ小さな二つの変化を告げることによって続いた。

[２] **特別専門委員会（チーム）**

1997年以来のホワイトホールにおける著しい変化は、特別専門委員会、特定目的諮問グループ、及び見直し機関の増加である。集団的にこれらの三つは、「非省庁的公共機関［NDPBs］」のより広範な範疇にはいる。そうした三つは、大臣達によって任命されるが、政府からの独立の程度が及ぼす範囲で活動する。それらはきわめて特定的任務を実行し、かつ限られた期間付きで任命される。それらの諸機関の成員達は、通常次のような公的・経済的・専門的生活を送る人々である。即ち、彼らは、自らの専門知識と技能ゆえに任命される。2005年には次のようなものからなり、かつ中央政府における458からなるようなグループであった。即ち、「学校給食管理グループ」や「年金被用者特別専門委員会」から「刑務所精神衛生専門グループ」及び「音楽産

業フォーラム」までからなる。

　こうしたグループは、政府の諸問題に対する新しくして実用主義的解決を調べるために、外部の専門家を使うことによって諸問題に対する伝統的なホワイトホールのアプローチを無視できる。例えば、「国民保健［医療］制度（NHS）」の特別専門委員会は、医療の職業的専門家と患者から構成され、そのサーヴィスを改善するための道筋を探ることができる。他のグループ（例えば、地球を脅かす「地球に近い物体」（小惑星か彗星）について報告するグループ）は、イギリスの国会や官庁における主題についてほとんど専門知識がない故に設置される。特別専門委員会は、省庁の境界を超えて横断するのにも適し、かつ故に「連携された政府」に役立ち得る（彼らがその制度に公的機関の別な層と類型をなお加えることを除き）し、ゆえにその制度を砕くことができる。

　こうしたグループがもつ問題はそうしたグループが、公務員の政策助言的役割を損ない、かつ省庁間関係委員会や省庁間委員会の伝統的なホワイトホール構造を迂回することにある。そこには彼らの膨大な数とうんざりするような多数性が存在する。そこには彼らがその大臣から絶えず情報を得ることが困難なほどの急激な人事異動がある。彼らは、政府を促して多くの方向において断片化させ、かつ飛散させるなお別な勢力である。

要　約

　１．理論上、大臣達は政策に責任を負い、かつ公務員は行政に責任を負うが、実際上政策と行政との間には何らの明確な一線も引き得ない。
　２．理論上、大臣達は自分達の行動、及び自分達の省庁と公務員の行動について議会に責任を負う。実際上、大臣の責任原理はしばしば破られる。
　３．理論上、公務員は公平で匿名で恒常的で秘密によって守られる。実際上、公務員の役割の全ての四つの特徴は、近年損なわれている。
　４．上級役人権力についての古き論争は、次のような理由で解決されるように思われない。というのは議論に決着がついておらず、かつインサイダーの証拠は、矛盾するからである。しかし明らかに政治家達は、サッチャー政権とブレア政権がホワイトホールの徹底した改革を実施する、1980年代と1990年代においてその上級の役人達に対して決定的な権力をふるった。

5．政府は、大いなる圧力下で2006年に行政サーヴィス法案を発表した。しかし特別顧問や特別専門委員会のその使用の増大は、上級公務員の伝統的な政策顧問の役割を損ないがちであり、かつ政策形成の通常の省庁の方法を迂回しがちである。

6．ホワイトホールの制度批判者達は、大臣と行政サーヴィスとの関係を規制するとみなされる理論が、現実的であるより以上に神話的であると主張する。その批判者達は、より明確にしてしっかりとした規則を支持して論じる（特に行政サーヴィスと特別顧問の役割について）。彼らは、政治目的のために公務員を使おうと試みる大臣から公務員を擁護するために、よりよい手続きを支持して論じる。

結 び

われわれは、本章の序論で、その課題が省庁における政治家と高級官僚達の関係問題であると措定してきた。この問題は、実のところ、イギリスにおいても重要な事柄であることが示される。従ってこの国のそれは、大臣が関係省庁の官僚達を指導する識見や能力を有することによって解決されると示唆している。

ところが日本の議論には、戦後に主張された「官僚主導型政治［しかしそれは、一定水準の各分野の能力をもつ高級官僚達とむしろ政治家の未成熟を強調するものである］」であったり、最近では、官僚制が合理的選択論によってその社会主義的なものであり、官庁規模を拡大させるものなどとみなしがちであった。それは、上級役人の専門的能力ないし省庁の合理的重要性をもつ側面に対して、先見的に「悪」と決めつけるところに問題を残すように思われる。われわれは、そのことを再考するにはこうしたイギリスの政官関係議論ないし論点が有用であると考える。

キーワード
政官関係／行政サーヴィス／上級役人権力／大臣権力／中央省庁／大臣の責任／ホワイトホール／新しい労働党の省庁政策／政策と行政の分離

引用・参考文献

Budge, I., et al., *The New British Politics*, 2007.
Burnham, J., et al., *Britain's Modernized Civil Service*, 2008（邦訳あり）.
Jones, B., et al. (eds), *Politics UK*, 2010.
Pyper, R., *The British Civil Service*, 1995, etc.
Leach, R., et al., *British Politics*, 2011.
Heffernan, R., et al., eds., *Developments in British Politics 9*, 2011.
倉島隆編著『問題発見の政治学』2004年、など。

［図解4.1］典型的なホワイトホールの省構造

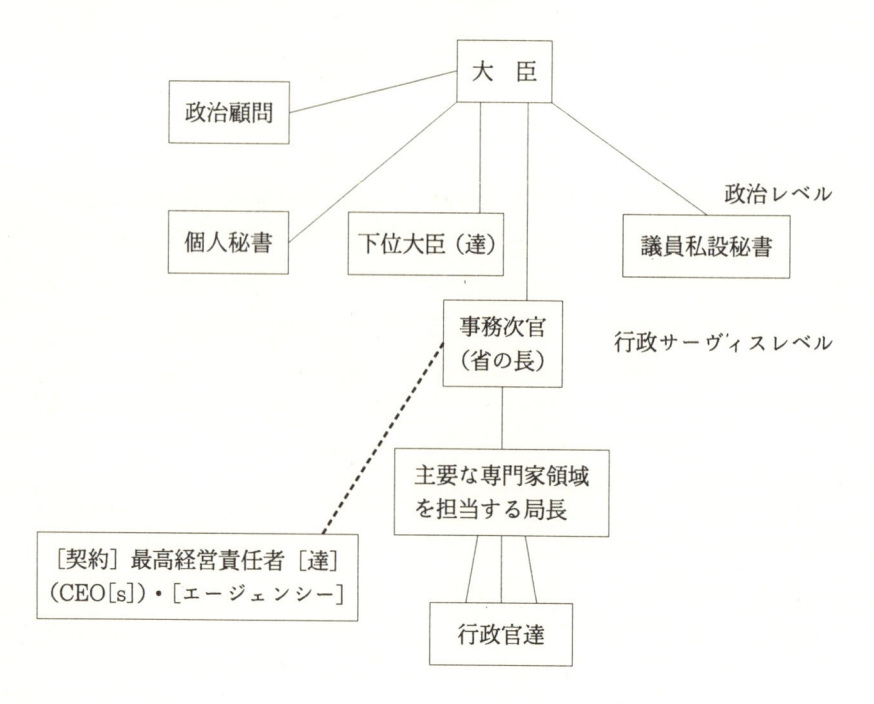

```
                    ┌─────┐
                    │大 臣│
                    └──┬──┘
         ┌────────────┼────────────┐
    ┌────┴───┐   ┌────┴────┐   ┌──────┴──────┐
    │政治顧問│   │         │   │             │   政治レベル
    └────────┘   │         │   │             │
                 │         │   │             │
    ┌────────┐   ┌─────────┐   ┌─────────────┐
    │個人秘書│   │下位大臣（達）│ │議員私設秘書 │
    └────────┘   └────┬────┘   └─────────────┘
                      │
                 ┌────┴─────┐
                 │ 事務次官 │      行政サーヴィスレベル
                 │（省の長）│
                 └────┬─────┘
                      │
            ┌─────────┴─────────┐
            │主要な専門家領域    │
            │を担当する局長      │
            └─────────┬─────────┘
                      │
                 ┌────┴────┐
                 │行政官達 │
                 └─────────┘

［契約］最高経営責任者［達］
（CEO[s]）・［エージェンシー］
```

第5章　変化するイギリス国家（行政改革）
［I.バッジらの論点を中心に］

序　論

　われわれは、前章においてイギリスの中央政府における省庁の大臣と上級公務員との関係について論及してきた。本章は、その中央政府の「行政改革」と呼ばれる方向に沿って、変化しつつあるイギリス国家の行政部問題を概観し、かつその論点を探ることとする。

　この問題も最近の日本における重要な政治課題となっている。つまり議院内閣制における首相の指導力を高める政策課題、さらに政官関係における政治指導事項に続くこれは、イギリスのそれを手本としてしばしば論じられている事項である。本章においてわれわれは、同様にこうした視点から問題意識をもっている。それは、ここで民間の経営的手法を導入して公行政の非能率を効率化し、かつ可能な限りイギリスにおける政策形成と政策実施を分離することなどによってそれを有効にし、合理化しようとするものである。とはいえこの方向は、両国において評価が分かれている。いずれにせよわれわれは、この問題についてイギリスの歩みを辿りつつ整理することとなる。

　バッジらによれば、前章がホワイトホール機構のきわめて高水準における政治家と官僚との関係に集中したが、本章は国家のより広範な行政活動とそれを改革する多くの試み（特に過去25年における）に移ると説き起こす。伝統的行政サーヴィスが最初に検討され、次にサッチャー政権とブレア政権が1979年と1997年との間のその制度を変えた方法が検討される。この章は、新しい労働党が保守党の改革を採用し適応し、或いは退ける方法の説明によって終えるという。

§1. イギリスの伝統的公行政サーヴィスモデルと急進的な批判

　周知の如く行政とは、一般に公的官僚機構を通じて公共政策を調整し、かつ実施する過程であるといわれる。本節でわれわれは、その基本モデルとその批判論を確認する。

[1] **伝統的モデル**

　行政サーヴィスの伝統的モデルは、「ノースコート-トレヴェリアン報告」がそのための青写真を形成した1854年と、サッチャー政権が徹底した改革プログラムを開始した1980年代前半との間に作動した。その伝統的モデルの主要な特徴は、以下の通りである。

　1．資格要件をもち、かつ経験をもつ官僚によって配置された行政サーヴィス。

　2．公共サーヴィス文化。

　3．大臣の省庁における全行動について、議会に答弁し得る大臣を通じての行政サーヴィスの責任。

　4．公務員を補充し訓練し昇進させ、かつ給与を支払う集権化された制度。

　5．経験と能力による昇進（能力主義的公共サーヴィス）。

　6．大臣から区別する何らの立憲制的役割ないし責任ももたず恒常的で政治的に中立で、匿名的にして秘密［信頼］的行政サーヴィス（本書の第4章参照）。

[2] **フルトン報告**

　多くの方法によって1968年のフルトン報告は、伝統的モデルの頂点を示す。フルトン報告は、158の変革勧告を出したが、最も重要なものは以下のようである。

　1．有能で多才な人々（しばしばオックスフォード大学やケンブリッジ大学の卒業生、及び特別訓練も要件ももたぬ総合主義者達）に依拠せず、かつ多様な背景をもち、高度に訓練された専門家や大学卒業者により多く依拠する。

　2．全ての階級から最も能力をもち、人々の昇進を刺激する単一の行政サーヴィスキャリア傾向の創出。

3．全ての補充に責任をもつ行政サーヴィス省と、就職後の訓練に責任をもつ行政サーヴィス専門学院の設立。

4．「準自治的エージェンシー」と省庁へのある責務の分割。

フルトン報告の主要な関心は、より効率的にして専門的な行政サーヴィスをつくることにあったが、広範な宣伝にもかかわらず、その勧告のうちのいくつかが実施されただけである。「行政サーヴィス省」と「行政サーヴィス専門学院」は、補充や訓練を集中化するために設立された。最高レベルの行政階級は、執行階位と事務階位とに名目上併合された。とにかく1960年代と1990年代の経済問題は、他のところに政府の注目をそらせる。行政サーヴィスは、改革それ自体に委ねられ、かつそれは大改革よりもむしろ小改革を意味した。

それにもかかわらず、行政サーヴィスがいつもその伝統的モデルに従って作用するわけでもないことが徐々に明らかになった。我々は、既に前章で中立性・匿名性・恒常性・及び秘密［信頼］性原理が破られる方法を示している。その他に、その制度が20世紀後半の社会の要求には不適切であると徐々に主張された。以下のような行政サーヴィス批判が、増加し始めた。即ち、左翼の政治家達は、トップの公務員が自由主義体制の一部であり、かつ益々大きくなる国家機構を支持することによって自分達自身の利益を促進すると主張した。そして左翼の政治家は、左翼の政策を妨害する「保守的体制」の一部とそれを批判した。多分より重要なのは、1970年代と1980年代の財政圧力の増加と組み合された国家の増大が、次のように意味したことである。即ち、行政サーヴィスは、詳細な精査［監視］の増大下にあるという。公務員の政治権力についての疑問から、膨大な国家官僚制の非効率的活動についての懸念へと、注目が切り替わった。

[3] ラディカルな批判

1970年代後半までイギリスとアメリカの右翼の知識人達は、公共サーヴィスについてラディカルな批判を展開した。彼らは、徐々に影響力をもつ合理的選択理論を引くことによって、次のように論じた。即ち、公共サーヴィスの組織こそ、国民一般の利益ではなく、官吏達に彼ら自身の利益を極大化す

るための意欲刺激を与えると。彼らは、次のように論じた。即ち、公的官僚制構造は、国民に利益を与えるためではなく、もし官吏達の支配が増大するならば、権力・威信・及び給与を得る官僚達の利益とするために、ずうっと拡大する政府のプログラムを支持すると論じた。同時に言われたごとく、イギリスの行政サーヴィスの補充・構造・及び公共サーヴィスのエートスは、現代的にして効率的な管理実際からそれを分離させると批判される。

　1970年代における多くの政府の諸問題は、政府の「過剰負担」（より大きくしてより適切なサーヴィスへのずっと増大する公的需要は、費用［増大する多数の官吏］を拡大させる）によってもたらされるといわれた。あるサークルにおいてこの議論は、利己主義的公務員と密接に関連づけられた。実のところ公的部門は、市場の競争が民間部門に強いられる規律を欠いたのである。

　1980年代のサッチャー政権及び1990年代のメイジャー政権は、公的経営へのこの一般的アプローチによって、次のようなものを達成するためイギリスの行政サーヴィスを変革し、かつ改革にとりかかった。

　1．その規模と費用を減じるため。
　2．競争（かくして効率）を改善することによって、一部には民営化によって、かつ一部には企業文化や意欲刺激を行政サーヴィスに導入することによって、額面相当のものへと改善するため。
　3．経営する自由を増大するため（集権化された行政サーヴィス規則によって制限されぬ効率を極大化するために、資源と自由を組織に与えること）。
　4．行政サーヴィスから給与・年金・及び職の安定化を非特権化するため。
　5．消費者需要と公共サーヴィスの顧客需要を満たすため。

§2．公共サーヴィスの改革（経営者［専門経営者層による］革命なのか）

　M.サッチャーは、大きな政府に抗して自らの運動の一部としてこれらの諸観念を適用したし、行政サーヴィスの規模を減じることに着手した。公務員数は、1977年に低下し始めたが、1979年におけるサッチャーの選挙後に急激に減少した。サッチャーは、多くの公務員の特権（給与引き上げ・職の安

定化・年金制度）を切り詰め、かつ遂行基盤型給与制を導入した。民間部門への一時的配置換え、及び民間部門からの一時的配置換えが刺激された。サッチャーの政策は、公務員組合のストライキ行為を刺激した。しかし彼女はこれと真っ向から対決した。彼らは21週間後に降伏させられた。彼女は、「総合通信本部（GCHQ）」から公務員労組を締め出すことによって、公務員労組に抗する彼女の権力が向かう意図を後に示した。彼女も行政サーヴィス構造の変革に着手し、行政サーヴィス省（その伝統的モデルを擁護する基本的組織）の廃止によって始めた。

　これらの諸変化は、政府がD.レイナーの指導下で「効率室」の創設によって1979年に開始することにより、1980年代に実施するホワイトホール機構の全体的検討と比較すれば、重要性を薄くするものである。明らかにレイナーは、公務員ではなかったが、「マークス・アンド・スペンサー」社の会長であり、主導的実業家であった。その効率室の目的は、主要な節約が達成し得る諸領域（不必要な仕事の廃止をはじめとして）を明らかにするためであった。それは、1980年代の残りの間に節約を探求して諸官庁への電撃的訪問をなした。それは1988年に『政府の経営改善［次の諸段階］』と称され、その報告における改革提案を生み出した。その論調は、フルトンとはきわめて異なった。その諸改革の一提案者は、次のように言う。

　即ち、「『次の諸段階』は、伝統的な行政サーヴィスの見直しであるよりも経営コンサルタント会社からの報告のようである。それは、つやつやし、大胆にして福音的である。関与を避けるために草案する伝統的な役人スタイルは、活性化と変化への新奇な情熱と入れ替えられている。…それは、伝統的な『政策技能』を支持して行政サーヴィスによって伝統的にして誤って見逃されている『経営』の重要な規律が存在するという信念が示される」(*The Next Steps Initiative*, Buckingham: Open U.P., 1994)。

[１] 「次の諸段階」（理論）

　「次の諸段階」の主要な勧告は、次のようであった。即ち、

　１．「船をこぐことから操縦すること」を分離、即ち、経営から政策を分離すべきであると。ひとたび政府が政策を形成しかつ目標を定めると、サー

ヴィスの経営と実行は、伝統的な行政サーヴィス省庁によって最もよくなし得るのではなく、合意された費用と目標への商業的契約下で活動する分離的機関によってなし得る。

　２．この分権化された制度は、次の「二つの主要手段」によって基礎づけられるべきである。即ち、１）特定の諸機能を実行するための準独立的な専門化的執行［行政］エージェンシー、及び２）商業的な企業へと外注契約によること。

　３．エージェンシーの最高執行責任者達（CEOs）は、一致された業務計画に従って限定期間内で商業的契約をなすべきである。スタッフはその遂行業績によって報酬が与えられるべきである。上級スタッフは、公開的競争で任命されるべきである。

　４．集権化された行政サーヴィスは、一連の執行［行政］エージェンシーへと分権化されるべきである。各エージェンシーは、それ自体のもつ権限によって（契約事項で）、給与・補充・及び作業条件を設定すべきである。

[２]「次の諸段階」（その実際）

　政府は、熱意をもってこれらの勧告を受け入れたし、執行［行政］エージェンシーを設立する業務をすぐに開始した。1993年までに次のようなものを包摂する97のそうしたエージェンシーが存在した。即ち、「国家節約局」や「王立造幣局」から「法令調査」局、及び「刑務所サーヴィス」までの膨大な一連の公共サーヴィスを包摂する。何らの正確な数字も存在せぬが、1979年と1989年の間で、行政サーヴィスの人数は約238,000人を削減し、かつそうした人々の大部分は、執行［行政］エージェンシーへと配置転換された。2005年に288,000人の人々を雇用する211の執行［行政］エージェンシーが存在した。その多くは、小規模であった（2005年に「国家度量衡実験所」は50人のスタッフをもったが［ウィルトンパークにおける「外務会議センター」がなしたように］）、きわめて大規模で、重要な政府機能も含むものもある。「年金サーヴィス」は、75,860人を雇用する。

　1991年に「次の諸段階」の背景にある思考は、「市場評価〔テスト〕」手段によって政府の他の諸領域へと拡大された。市場テストは、額面に見合った価値が民間

の生産者達へと外注契約に出すことによって最もよく達成できるかどうかを探るために設計された(最善の代価で最善のサーヴィスのために品定めするように)時、「内国収税庁」の情報技術サーヴィスのようなものを外注に出させた。1996年までに行政サーヴィスのうちの36億ポンドがテストされ、全体的節約は、7億ポンドを超えると主張された。しかしその数はある推測と、多分ある願望的思考も含む。それを既に提供するものからの局内入札は、関係エージェンシーないしサーヴィスに依拠するならば、含まれようし、それらはその外注契約の大部分を勝ち取ろう。

　公共サーヴィスに市場の力や準市場の力を導入する多様な他の実験は、次のようにも試みられた。

　1．あるサーヴィス(特にNHS[国民保健医療制度])は、準市場[(即ち、サーヴィス提供者を購入者から分離することによる「対内」市場)〈即ち、単一市場〉内での一部分ないし省が提供するサーヴィスのために別のものに支払われねばならぬ]をつくろうと試みた。

　2．ある執行[行政]エージェンシーがひとたび設立されると、民間部門へと売却された。1996年にチェシントン・コンピータセンター(給与支払い・財政・会計業務を提供する)は、15,500,000ポンドで売却された。補充及び評価業務(補充及び人事業務を提供する)は、7,250,000ポンドで売却された。「王立統計局(HMSO)」は54,000,000ポンドで売却された。

　3．教育クーポン券(バウチャー)制度は、幼児教育において実験された。

　4．「民間資金等活用事業[PFI]」は、公共サーヴィスの危険のいくつかないし全てを委譲することを含む官民の協力関係形態として1992年に着手された。これは、公的プロジェクトにおける民間部門投資を含む時もあれば、民間部門購入を含む場合もあり、かつ民間部門への外注契約を含む場合もある。

§3．準政府の拡大

　1980年代と1990年代における公共部門を一掃したもう一つの変革は、準政府の増大であった。そうした準政府自体は、非省庁的な公的機関としてこの黄

昏の世界に住み得る奇妙な存在をさす。学者やジャーナリスト達は、通常それらを「特殊法人（準自治的な非政府機関）」或いは「政府組織外機関［EGOs］」と呼ぶ。そうしたものは、数的には大きくかつ機能的には多様であるが、政府によって任命された人々によって全て運営される（公選の政治家或いはキャリアの公務員によってではない）。それらは、政府によって任命された公的機関であるが、直接的に政府によって統制されず、それらは政府から「一定の距離をおいて」公的機能を遂行する。

　イギリスは、他の民主主義諸国とともに、政府から区別する公共機関ないし半公共機関の長い歴史をもった。例えば、BBCは、新しい放送への政治介入に服さぬ公共サーヴィスを提供するために設立された。次の二つの主要な理由ゆえに、1980年代における特殊法人［クァンゴー］の急激な拡大があった。

　1．中央政府は、次のような理由ゆえに、特殊法人を有益とみなした。即ち、特殊法人は、正規の政治的回路と政治制度（しばしば労働党が支配した）及びそれ自体のもつ政策に沿って特定のサーヴィスを実行した。その政府は、特殊法人が他の公共部門機関ほど官僚機構的ではないと論じた。批判者達は、特殊法人が政府の主に責任を負わず、厳選された支持者達によって運営されると論じた。

　2．民営化は、規制的エージェンシー（例えば、電気・ガス・及び水道サーヴィスを規制するための「オフテル」や「オフガス」）の設立へと導いた。

[1] 公共部門改革（評価）

　その効果において劇的にして基本的である1979年と1997年の改革は、考え抜かれた基本計画の所産ではなく、偶然と経験によってその道筋を見出す漸進的過程の所産であった。それにもかかわらず、イギリスの改革は、1980年代と1990年代における多くの西洋諸国にわたって起こったより広範な変革（しばしば「新公的経営［NPM］（民間経営の方式を公行政に導入してその効率化を図ろうとすること）」として示された）の一部であった。サッチャーは、NPMの主導的提唱者であったが、決して彼女ひとりばかりではなかった。

　不可避的にそのイギリスの改革には、初期の諸問題があった。例えば、囚

第5章 変化するイギリス国家（行政改革） 179

人達を輸送するための刑務所サーヴィスと「グループ4」との契約は、数多くの脱獄を招き国民の嘲笑をかった。長期的にみれば、著しい諸困難も存在している。即ち、「児童支援エージェンシー（CSA）」は、ある困惑的問題から次の問題へと傾いており、鉄道の民営化問題が続き、規制緩和は、口蹄疫病や狂牛病においてなしていたかもしれず、民間形態で運営された政府のコンピューターシステムが破壊し、電力産業の政府による緊急救済にもかかわらず、電力の管制が行われた。しかし公共部門改革の長期的効果は、必ずしも明確でないし、大きな論争を引き起こす。しかしより大いなる詳細において、特に次のごとき三つの重要な政府の諸局面（断片［分散］化・責任・及び効率）を検討する価値がある。

［2］断片［分散］化

戦後期イギリス政府（現代世界のいかなる政府にも多分ほぼ）主要な問題のうちの一つは、様々な諸省庁やユニットへの国家官僚機構の不可避的な区分によってもたらされた「断片［分散］化」である。これは、重複的・混乱的・競争的・及び矛盾的政策やサーヴィスをつくる傾向がある。1980年代と1990年代前半の諸改革は、その問題を悪化させた。公共部門と準公共部門の断片［分散］化は、今次のように極めて混乱的である。即ち、諸組織数が含まれるのと同様に直截的にあることについてさえ簡明で頼り得る統計を得ることが困難である程に。しかし特殊法人国家は、全部で8,500機関以上にのぼり、現代政府の断片［分散］化に付け加える。

［3］説明責任

断片［分散］化は、次のような理由で説明責任を損なう。即ち、

1．一部には、誰が何をなすために誰に責任を負うのかを見出すことが困難であり得るゆえである。

2．一部には、準公共機関がしばしば秘密裏に活動し、かつ決定する故である。

3．一部には、その準公共機関の多くは、特に誰にも説明責任を負わぬように思えるからである。

これは、次のような場合であるならば、全く悪しきこととなろう。即ち、

しばしば責められるように、サッチャー政権とメイジャー政権は、自分達の政党支持者達（さもなければ、「地方の有力者達」、「頼り得る者達」、及び「安全な人々」として知られる）によって特殊法人を送り込んだ場合に。これは、「公的任命コミッショナー局（OCPA）」の設定によって修正されていたとみなされた。しかし2003年に公的調査は、次のように事実を調べた。即ち、六つの中央政府特殊法人における唯一のものは、OCPA規則に服したし、地方の特殊法人への任命は、何ら規制されなかった。多くの特殊法人は、一般国民にはアクセスし得ず、かつ完全な公的会計検査も受けないのである

　執行［行政］エージェンシーの説明責任問題は、異なるが、まさに深刻である。その説明責任は、大臣達の省庁の活動全体のために責任を負う大臣達が問題が起こると、最高執行責任者達（CEOs）にその責任を転嫁する時起こる。もし「活動」が「政策」から分離するならば、そのエージェンシーの長は、誤った行政に責任を負うこととなる。しかしそれにもかかわらず大臣達は、立憲制上責任を負う。この問題は、次のような1995年に「刑務所サーヴィスエージェンシー」によってなまなましく例示された。即ち、1995年にその執行［行政］責任者であるD.ルイスは、一連の成功裏の刑務所の停電に続き、辞任せざるを得なかった。当時の内相であったM.ハワードは、それが「活動上」の問題であって、「政策上」の問題ではないと言った。しかしハワードは、活動上の事柄において繰り返して介入するとルイスによって非難された。

　［4］効　率
　その新機関のうちのいくつかの効率について、深刻な諸問題が存在する。多くの特殊法人は、専門家達ないし経験をもつ経営者達によって運営されぬ。小規模にして独立的エージェンシーへのサーヴィスの委譲は、特別な行政費用や非効率を含み得る。「民主主義的会計検査」は、次のような事実を示した。即ち、事務及び会計費用は、選択的除外の学校や病院信託機関において急速に上昇していたし、ある諸機関におけるその費用管理には欠陥があった。1994年に下院「公会計委員会」は、次のような事実を調べた。即ち、特殊法人の管理運営基準は、上昇するよりもむしろ1990年代前半期中に低下してい

たという。いくつかの諸事例において腐敗（重大な行政上の誤り）や公共政策の浪費は、暴露された。その委員会は一つの地域病院当局記録によって、「深刻に懸念され」、「驚かされ」、かつ「ぞっとさせられ」さえした。

断片化・責任の欠如・及び非効率に対する一つの即答は、規制や検査の新層を付け加えることである。「会計検査」と監視新事業全体は、次のようなものをはじめとして設置されている。即ち、「国家会計検査院」、「刑務所検査官局」、「公的任命コミッショナー局」、「公共サーヴィス改革局」、「内閣府のより適切な規制ユニット［規制室］」、「便益腐敗対策検査官［局］」、「保健医療改善委員会」などをはじめとして［設置されている］。そのリストは、次のような約150の会計検査機構にわたる。即ち、それらは、10億ポンド近くまで費消し、かつ多分検査及び規制機関から大まかに同じ金額をもたらす。

§4．「新しい」労働党と公共部門

「新しい」労働党は政権につくや否や、サッチャーとメイジャー政権の広範な改革の多くを受け入れた。それは、以下のような諸段階を踏んだ。

1．「次の諸段階」エージェンシーを「政府機構の不可欠な部分」と宣した。

2．「市民憲章」を受け入れ、かつ1998年にはそれを「サーヴィスが第一」として復活させた。

3．中央政府及び地方政府（自治体）における基準化及び外注契約に合意した。

4．中央政府の資産売却原理を受け入れた。その資産とは、「英連邦開発会社」における主要な投資が売却され、かつ論争の的であるが、「全国航空交通サーヴィス」が2001年に民営化され、その防衛会社（キネティック）は、［そのアメリカの投資家達の大きな利益となった］2006年に市場に出された。

5．公共政策・目標・信賞必罰を設定し、かつ実績対比一覧表を使う実際を発展させる。

6．公共サーヴィス（特に教育と保健医療）における供給者達と選択との間の市場に類似するものの競争の重要性を強調した。

同時に「新しい」労働党は、行政改革にある新しい捻りを与えている。その最初の数年において「新しい」労働党は、「国民のパネル（委員会）」を設置し、かつ「連携された政府」を強調した。その労働党は、「民間資金等活用事業（PFI）」を推進している。
［１］「国民のパネル（委員会）」
　五千人の無作為に選抜された人々からなる「国民のパネル（委員会）」は、公共サーヴィスの意見の宣伝手段として使われたが、2002年には静かに退けられた。
［２］連携された政府（なのか、或いは台無しにされた政府のか）
　全ての現代の政府は、現代の大規模国家における省庁の断片［分散］化という扱いがたい問題と取り組む。ある程度まで拡大し、専門化され、かつ競争的な公的（及び民間的）官僚制は、不可避である。これは、連携された政府を達成することを困難にし、不可能にしさえする。新しい労働党の提携された政府への関心は、イギリスの政策には新奇ではない。即ち、チャーチルは、ホワイトホールの省庁活動を調整するために16人の「特別貴族」によって実験を試みた（1951-53）。ウィルソン（1964-70）は、例えば、「保健医療」及び「社会保障」のような「超大省」を設立するために諸省を併合しようと試みた。ヒースは、大臣達に集団的助言を与え、かつ政府の政策方向全体を与えるために、1971年に「中央政策見直しスタッフ」［局］を設置した。ブレアは、「新しい」労働党の初期の数年において精力的な新しい生をこの観念に与え、例えば、教育・保健・社会的除外・及び電子取引といった重要な諸領域における政策を統合し、かつ調整しようと試みるために特別機関を設置した。しばしばそれらは、ブレアがこれらをしっかりと見据え得る首相官邸に置かれた。
　あいにく調整と統合を育むための政府の新ユニットやエージェンシーを設置することは、なおもう一つの政府層を簡明に付け加えていたかもしれぬ。ブレア下の政府のある観察者達は、それを混雑と記述しており、かつ連携されたというよりむしろ台無しにされたと記述している。
　次のような両方の間には本質的な緊張も存在する。即ち、一方には地方の

選択の自由を分権化し、かつ提供する政府の組織的運動、そして他方では連携された政府、公共サーヴィスの質を向上させるそのトップダウンの試みとの間の［緊張も存在する］。「新しい」労働党は、益々高度に集権化された国家への容赦ない傾向を覆そうと試みている。同時に連携された政府と、学校・病院・及び公共サーヴィスエージェンシーの国家の遂行水準は、集権化にあり、かくして連携された政府を追求する新しい諸ユニットの多くは、首相官邸ないし内閣府に置かれた。

　人は、容易に想像し得る。それが、次のようにして自らが混乱させられた大臣と提携するもっとも最近のエージェンシーをハンフリー卿の「イエス、大臣」を説明する。即ち、「新しいユニットというものは、次のような分権化させられたエージェンシーを中央的に調整するために内閣府において設定されています。即ち、そうしたエージェンシーは、分権化された分権化の調整に関する中央の政策を監視するために創られたのです。これは、諸省庁内での集権化を分権化する集権化政策を監視するために分権化されたエージェンシーをつくる前の政府の政策と入れ替えたのであります」。多分これは、新しい労働党の初期の時代におけるほど連携された政府について人が多く今聞かない理由を説明するのに役立つ。

[３] 民間資金等活用事業 (PFI)

　「民間資金活用等事業 (PFI)」は、中央政府レベルと地方政府［自治体］レベルの両方における公共サーヴィスに民間の参加を促進させる官民の協力関係の一形態である。PFIは、民営化と異なり、次のような公共部門のための大きな役割を維持する。即ち、その公共部門は、民間部門によって設計され、構築され、財政が賄われ、かつ活動される枠組みのもともとの特化を規定する。民間契約者達は、30年から60年の期間にわたり国庫からの年間支払と引き換えに、公共部門にその果実を貸し付ける。PFIの枠組みは、多くの信託病院・道路建設・ドーバー海峡トンネル・学校・及び内務省と国防省のあらゆる種類の建設プロジェクトをカバーする。2003年に570のPFI契約が存在し、かつ2006年には年間公費は、60億ポンドと算定された。

　PFIは、政府が額面相当の価値を提供し、かつ資本と効率的経営を公的プロ

ジェクトへと投入するという根拠で政府によって強力に提唱される。しかしそれは、費用と有効性の根拠で多方面からの激しい批判にあっている。2002年の労働党大会は、PFIに反対投票決議をなした。しかし政府は契約によって迫っており、「ロンドン運輸」の資金を賄う方法について外部の専門家の助言を議論がましく踏みにじっている。

　PFIの主要な諸問題のうちの一つは、時には大規模な民間部門の便益によって伴われたが、契約が増加し、かつ隠れた費用が存在しているということである。これらは、あるエージェンシー（海峡トンネル、スカイブリッジ、地方住宅修理、旅券局、インバネス空港ターミナル、キダーミンスター病院、ケント州のダレントヴァレー病院、ノーフォークの学校、及び国民保健医療制度［NHS］とPFI制度の旗艦であるグリニッジのエリザベス女王信託病院をはじめとして）における厳しい諸問題と財政的諸困難（崩壊さえも）ももたらした。PFIは、民間部門に公共サーヴィスを委譲したといわれる。しかし公共的政府当局は、本質的な或いは政治的配慮を要するプロジェクトが危険となる時、それらを失敗させるよりもむしろ、そのプロジェクトを救っている場合もある。PFIを評価する一つの問題は、政府がその全体費用を知らせていないことである。もう一つの問題は、PFIが、財政的・経営的或いは効率的に言えば、最終的に解決する仕方を知ることが簡明に不可能であるということである。

要　約

　1．行政サーヴィスの伝統的ホワイトホールモデルは、それを階序制的・集権化的・公共サーヴィス的官僚制として示す。これは、公平な公務員達から公選の大臣と議会への責任の明確な境界区分によるものである。これは、イギリスの公行政の正確な描写では決してない。しかしそれは、いくつかの点においてその理念に近づけている。

　2．1979年から1997年までのサッチャーとメイジャー政権の公共部門改革は、公共サーヴィスの質を改善し、かつ費用を削減するために、市場競争と企業経営を導入することによってラディカルにその伝統的モデルを転換することを意図している。

　3．最も重要な単一的革新は、次のことによって（運営する）経営から（操縦

する）政策形成の分離であった。即ち、多くの行政的任務が商業的方針に沿って運営され、かつ短期的契約で最高執行責任者（CEO）による100以上の準自治的執行［行政］エージェンシーへと委譲することによるものである。

4．もう一つの変革は、大規模な準政府部門の創設であった。

5．1979年から1997年までのサッチャーとメイジャー政権の公共部門改革について大いなる論争があるが、何ら明確な結論も存在しない。しかしそこには特殊法人による政府が効率と責任を欠き、かつ「連携された」政府に反して進むある証拠が存在する。

6．新しい労働党は、多くのサッチャーとメイジャー改革を受け入れており、かつ自らのものを少し付け加え、かつ特に論争のある「民間資金等活用事業［PFI］」制度を拡大している。

7．最も著しいのは、「新しい」労働党が連携された政府をつくろうと試みていることである。しかしその達成が成功すること（特に「分離独立」及び「民営化」について）は、厳しい。

結　び

われわれは、バッジらの概観の論理（「変化しつつある国家［行政改革］」）に沿って本章において長期にわたって行政改革を実行しようとしたイギリス指導部による方策を概略的に捉えようとしてきた。それは、サッチャー以前に試みられているが、サッチャーが野心的な欠陥のある従来型の官僚機構を効率化しようするものにおいて、徹底していると解する。さらにブレアもそれと軌を一にする近代化（使用者に使い易くする目的をもつ意を含む）改革によって大筋では継続されている。

これらについての評価は、その「経営者革命」と高く評価する者もいれば、台無しにしたという評価もある。いずれにせよわれわれは、両国において程度の差異があるとしても、日本における中曽根内閣による国鉄の民営化路線もサッチャー改革と同様な傾向をもつとみなす。日本のそれは、小泉内閣による郵政三事業の民営化政策もそれと軌を一にするものと考えられる。イギリスにおける評価と同様に、日本のそれも評価が分かれかつ論争となっている。

キーワード
行政改革／民営化／連携された政府／エージェンシー化／政策担当と政策実施の分離／経営者革命／新公的経営（NPM）／効率／合理的選択論的官僚制観／官庁の非能率／ノースコート-トレヴェリアン報告／フルトン報告

引用・参考文献
　Budge, I., et al., *The New British Politics*, 2007.
　Burham, J., et al., *Britain's Modernized Civil Service*, 2008（邦訳あり）.
　Blair, T., *A Journey*, 2010（邦訳あり）.
　Pyper, R., *The British Civil Service*, 1995.
　Greenwood, J., et al., *New Administration in Britain*, 2002.
　Heffernan, R., et al., eds., *Developments in British Politics 9*, 2011.
　Leach, R., et al., *British Politics*, 2011.
　倉島隆編著『問題発見の政治学』2004年など。

第6章　イギリスの外交・防衛政策
[B.コクソールらの論点を中心に]

序

われわれは、前章までで一通りのイギリスの政治制度について概観しかつ論点を明らかにしてきた。本章ではこの第Ⅰ部から次の第Ⅱ部のEUの政治機構への橋渡しとなる外交・防衛政策についてまとめる段階にきている。換言すれば、本章は、国内の政治機構からこの国を包摂するEUという国際機構に移行する事項に関わる。われわれは、こうした観点からイギリスにおける国家間的機関ないし政策を概観することとなる。例の如くわれわれは、こうした問題をイギリスの政治学のテキストをたたき台として整理する方式を採用している。そうしたものは、我々のような外国人にとって必ずしも、当然のこととしにくい性質も含む長所をもつからである。その具体的な章名は、イギリス政治学において外交・防衛政策などとして示される。従来において論じられるその議論は、その日本の導入者の主観が強すぎる傾向を示したゆえに、その客観性に問題を残すものである。従ってわれわれは、ここにおいてB.コクソールらの『現代イギリス政治』の一章を基本文献とする。

　彼らはまずイギリスが、多くの文書記録の範囲内で世界の主要な大国であるものから、中規模な地域国家であるものへと変化していると説き起こす。そしてどんな要因がこの低下へと導いたのか、と問う。変化したイギリスの状況は、外交政策形成者を強いて時には痛みを伴って、諸決定をなさしめている。EUは、イギリスの外交政策にとってその重要性を増している。このことはイギリスのアメリカとの特別な関係に緊張を生み出している場合もある。その結果としてイギリスは、アメリカとEUの双方とそのリンクとの均衡を図ろうと試みつつある。イギリスの外交・防衛政策がより広範な政治的国民よりもむしろ、小さな政治エリートの利益に伝統的には反映している。しかしメディア・非政府組織・及び多国籍企業は、対外政策を形成するのに

徐々に重要なアクターとなりつつある。冷戦の終結は、ある政治家達が予測したように、「新世界秩序」なるものを結果としてもたらさなかったが、イギリスとその同盟諸国を巻きこむ新しい混乱を結果としてもたらしている。テロは、2001年9月11日以後に新しい脅威として現れている。テロとの戦いは、21世紀における外交政策の主要な手段として国家紛争とまだ入れ替えないかも知れぬ。即ち、既にイギリスの外交・防衛政策の目的は、その多様な形態で英本土防衛を優先せねばならぬという。

§1. 対外政策の異なった性質

　例えば、外交・防衛政策のような対外政策は、次の三つの重要な点で国内政策と異なる。即ち、第一に、外交政策は、先を読んで行動するよりも受け身的である傾向がある。政府は、例えば、教育ないし保健医療のような諸領域（そこではそれは、立法や財政支援を通じて政策を仕向けることができる）に対して遥かに大きなコントロールをもつ。日々の外交政策の指導は、他の諸政府や国際機関の行動から形成された国際政治への対応である傾向がある。外交政策決定者達は、冷戦期中にその外交政策をつくる範囲内において一構造をもった。そこでは明瞭な敵・技術的軍備競争が存在した。封じ込め・相互確証破壊・及び柔軟な対応といった理論は、イギリスの外交政策決定者達に、外交・防衛政策のシナリオへの計画の範囲内で一枠組みを与えた。冷戦後、外交政策決定者達は、もはや意味や枠組みに行動を与える語句上の構造をもたなかった。外交政策は厳格に構造化される必要はないが、一焦点を必要とする。かなりその冷戦以後の時代は、敵の追求によって記された。1991年のペルシャ湾岸戦争（及びイラクへの関与の継続）は、イギリスの外交政策に一方向を与えた。しかし2001年9月11日の同時多発テロになって初めて、イギリスの外交政策決定者達は、再度いずれに焦点をあてるかについて明確な敵（テロとの戦い）をもった。

　第二に、世論は、外交政策問題よりも国内問題について分裂する傾向がある。政府の政策は、例えば、経済・教育・ないし保健医療のような諸争点に

ついて「勝者」と「敗者」を創り出す傾向がある。ゼロサム的政治状況は、ある社会階層によって形成された利点が、他の階層によってもたらされた敗北といった直接的犠牲であるところに存在し得る。これは、政府が対外的危機ないし外国からの脅威に直面する場合、社会の全ての諸階層が共通の敵に対して自分達自身の政府を支持する必要を感じる時、稀な状況である。もし1982年のフォークランドの支配に対するイギリス軍とアルゼンチン軍との間のように、軍事紛争が生じるとするならば、一方の人々の政府の知恵を問うことさえ、他方の人々の目には反逆のように見えるかもしれない。

第三に、外交・防衛政策問題は、少数の人々にのみ関心をもつ傾向があった。その結果として圧力団体・政党・及びメディアは、国内政策決定での影響力と比較すれば、僅かな役割しか果さなかった。議会の役割でさえ、政策を監視するのに多様な政党集団や特別委員会の精力的な仕事にもかかわらず、制限されている。W.ウォレスは、イギリスにおいて「他の民主制諸国におけるように、外交政策が混乱した国内論議から隔離されるべきであるといった長く確立した議会の伝統が存在する」(Wallace, 1975) と論じた。徐々に新しい千年紀においてイギリス政府は、多国籍企業・非政府組織・伝統的市民社会・及びグローバル的メディアからの外交政策決定過程においてより大きな入力を扱うことを学んでいる。グローバル化の発達とその現象の結果は、政府と国家のみがもはやその外交政策決定・指導・及び公的認識を担当するというものではないのである。

§2. イギリスの外交・防衛政策の形成

立憲制上の視点から外交政策指導権は、外相にある。通常、外務指導は、その外務・英連邦省 (FCO)、及国防省 (ホワイトホールにおける最も親密なもの同士) との間の緊密な連関を含む (Clark, M., 1992)。外務・英連邦省 (FCO) も、共通の関心をもつ (その場合には外務省ないしその官吏達が、そうした諸省庁との協議で政策を公式化する) 諸問題について他の省庁とともに活動する。これらの諸政策は、直接的に或いはイギリス大使館ないし海外の諸領

事館の機関を通じてかのいずれかで、FCOによって実施される（Wallace, 1975）。

　大部分の学者達は、外相と首相とのより緊密な政治関係を認めている。もちろん、ある場合には首相は、J.キャラハンやJ.メイジャーが占めたように、外相ポストを以前には占めた。これは過去において、きわめて多くの首相がFCOの任務に介入した理由を説明し得る。しかし、多分介入の主要な理由は、次のような事実にある。即ち、首相は国際舞台で政治家であることが期待され、かつ故に外交政策問題の指揮権をもたなければならぬという。M.サッチャーは、首相としてFCOに対するその長期にわたる敵対と、外相との時には辛辣な闘いで注目された。この敵対には複雑な諸事由が存在した。しかしそれらのうちで中心的な重要性をもつものは、サッチャーの大西洋主義的外交政策的見解と、FCOの欧州主義との衝突であった。

　外交政策が大臣達ないしその公務員達によって追求されるものが何であれ、それはこの決定ないしその条約が「国益にある」という主張によって必然的に伴われよう。しかしこれは、異なった人々にはきわめて異なった事態を意味し得る。ある労働党と保守党の国会議員達は、次のような理由でマーストリヒト条約を支持した。というのは彼らは、潜在的に連邦制構造へのより緊密な関与がイギリスの「国益」になると信じるからであると。同時に次のような理由で、マーストリヒト条約に反対する国会議員もいた。というのは自分達は、それがイギリスの主権を脅かし、かつ故に「国益」に反すると信じたからであると。その時、何が「国益」という言葉によって含意されるのか。J.フランケルが述べているように、「国益」は簡明に曖昧な概念である。国益は、それが使われる多様な文脈において多様な意味を想定する。その基本的重要性にもかかわらず、これらの意味付けはしばしば両立し得ぬ（Frankel, 1970）。一般的に国益は「国際環境について国家の政策を導く基本的決定因子」を指す（Evance, G., and Newnham, J., 1998）。「国益」は主権国家のみに当てはまり、かつ国内的に相争われる諸政策と反対の（「公益」用語が使われる）外交政策と特に関わる。

§3. イギリスの外交政策の基盤

　振返れば、1960年代までにこの小国が主導的世界の大国のうちの一つであったことは、注目されるべきである。イギリスは、独立した核大国であり、国連安全保障理事会での常任理事国（実のところ現在もそうであるように）であったし、世界の多くを警備するのに責任をもった。論じられたように、イギリスは以下のような異なった諸地域で影響力をふるう故に、世界政治にユニークな貢献をなした。W.チャーチルは、「三つの支配的円」の交りにあるイギリスの役割を記述した。その第一は、イギリスの帝国的権力の遺産であり、カナダ・ニュージーランド・及びオーストラリアの領土と同様にアフリカとアジアの多くを含む英連邦の円であった。その第二の円は、アメリカとの「特別な関係」であった。第三の円は、西欧とのイギリスが緊密な関係であり、そこでは軍隊がソ連に抗するNATOの防衛の一部として基礎付けられる。しかしイギリスの低下する経済力から生じる国内の変化と同様に、発展途上諸国におけるナショナリズムの勃興といった海外の諸変化は、次のように意味している。即ち、イギリスは、その「外交政策の円」の各々における徹底した諸変化を採用し、かつ形成せねばならないでいることを。

§4. 英連邦（The Commonwealth）

　脱植民地化の過程（大英帝国の英連邦諸国への転換）は、インド・パキスタン・及びセイロン（スリランカ）が独立を得ることで1940年代に始まった。1960年代に、H.マクミラン首相が「変化のうねり」と記述したものは、イギリスのアフリカ植民地を席巻した。失敗した多人種的政権における実験（中央アフリカ連邦）や、1961年において英連邦を離脱した南アフリカを除きどの国も民族自決権を得た。イギリスは、次の三点のためにその以前の植民地において軍事的存在を保持した。即ち、

　1. ソ連の介入を思いとどまらせるために、ロンドンにおける主要な恐れは、ソ連が被りやすい新興独立諸国ないしイギリス軍が去っていた諸国を餌

食とするのでないかということであった。イギリス軍は、たとえそうすることがイギリスの国際的評判を損なったとしても、1949年までにパレスチナの委任統治領に留まったのである。

2. マラヤにおけるように、反乱に抗する諸国を防衛するため（しかしイギリス軍は、冷戦の二極世界においてしばしば資源に恵まれず、かつ損なわれた）。

3. 例えば、南アフリカのシモンズタウンのような基地から、西側の貿易ルートを防衛するため。

しかし英連邦の「円」によって包摂された国際的役割は低下した。多くの歴史家達は1956年のスエズの失態を、イギリスの外交・防衛政策の方向を最終的に変えるのに決定的とみなした (see Coxall, B., et al., 1998)。

H.ウィルソン労働党首相は、公費を減じなければならぬ馴染みの政治問題に直面し、かつ1968年にその内閣は大きな節約が防衛予算においてなさねばならぬことに決定した。イギリスは、22万人の陸軍、12万5千人の空軍、9万5千人の海軍をもった。実体的費用は、節約されようし、それはスエズ運河東部に駐屯されたイギリス軍を撤退させることによって決定された。これは、シンガポール、マレーシア、及びペルシャ湾岸から撤退するイギリスに影響を与えた。このことに沿って国防相であるD.ヒーリーは、戦略的思考における欧州の上昇する重要性を強調した。「我々の軍隊は、十分に訓練され、かつ優れて装備され、かつ他の欧州の軍隊よりも最近にして多様化された闘争経験をもつ…我々は、かくして欧州における緊密な政治的経済的リンクをつくろうとする我々の努力に呼応する規模で、NATOの安全保障に貢献し得るつもりである」。

英連邦は、イギリスや自治領諸国によってよりもむしろ（それが以前にあったように）、諸国全てに対等な票をもたせた新しい英連邦と称せられた。これは、英連邦の正統性を増大せしめたが、イギリスの地球規模的な影響力を更に減少させた。イギリスの責務は、今一握りのみの達成目標しか含まなかった。1997年における中国への香港返還以後最も重要なものは、フォークランド、ジブラルタル、及びバミューダである。例えば、モンセラット諸島、ピトケアン諸島、及びタータス・アンド・ケイコス諸島といった10の付加的な

「植民地の前哨地点」は、あまりにも小さ過ぎるか、或いはあまりにも貧し過ぎて独立諸国として生き残り得ないかのいずれかである。英連邦は、イギリスの外交・防衛政策にとっての存立し得る基礎であることを長くやめているか、ある他の諸国にとって重要性を増している。英連邦は、発展途上諸国に有益な外交網を提供し、南アフリカは英連邦に再加盟しており、かつポルトガルの植民地にしてイギリスとの何らの植民地的な繋がりをもたないモザンビークは、英連邦に加盟している。

§5. イギリスとアメリカとの特別な関係

イギリスとアメリカの歴史・制度・及び文化は、相互に絡み合わされおり、かつ第二次大戦中の緊密な協力から、両国間に存在すると主張されるより多くの価値が与えられた「特別な関係」とさせた。E.ビヴァン労働党外相は、アメリカをNATOの樹立への戦後欧州の防衛関与に引き入れた。アメリカは、次のような時にイギリスの国防軍に直接的に貢献し続けた。即ち、アメリカは、イギリスによる核兵器システムの失敗後、イギリスに潜水艦発射型大陸弾道弾ミサイルを搭載した「ポラリス」と「トライデント」の建造における最も近代的なシステムを提供した時に。

§6. 欧州におけるイギリス

英連邦の円が低下し、かつ両国の特別な関係が定義し直されたように、イギリスは欧州の円により大きな優越性を与えることによって適応した。その未来が一般的に欧州にあり、かつ特にEUにあるというイギリスの渋々とした受け入れがあった。まずイギリスは、広範な自由貿易地域を交渉しようと試みたが、失敗した。次にイギリスは、最終的に欧州共同体（EEC）の加盟申請をなすことに決定する前に欧州自由貿易連合（EFTA）を設立した。しかし、前の諸節で例示するように、大西洋主義と欧州主義の諸要求間でイギリスの政策決定になお緊張が存在する。

ここにおいてEUへのイギリスのEU参加に関して二つの異なる解釈を考察することは、有益である。一方では次のように論じられる。即ち、イギリス政府は、「欧州化され」つつあり、イギリスの実際は欧州における他の諸国家の実際のようにより多くなりつつあると。こうした類似性は、たんにEU或いはイギリスがEUの命令を実施することから生じる統合［統合とは、統一全体〈動態的変革過程〉を形成する諸部分を結合する活動を含意する一般概念である。欧州統合は通常、1951年以後の西欧で見出された集中的に制度化された協力形態と連想される］を通じて政策指導の結果であるばかりでなく、欧州的遂行手法をなお更に採用する結果である。これに反対する議論は、EUがイギリスへの限定されたインパクトしかもたぬ限定的機構であるというものである。例えば、教育・保健医療管理・社会保障・及び法と秩序をはじめとする最も重要な諸政策は、国家政府によって形成される。EUは、比較的数少ない官僚達によって管理運営され、かつ諸国政府代表が重要なEUの決定を形成する。この意味においてEUは、限定された政策決定の範囲内で協力する限られた権限と少ない資源しかもたぬ機構であると論じる。われわれは、前者を主張する。しかし我々は、それと対立する議論が後者であることも認める。われわれは、客観性を重んじるゆえ、両論併記ないし対立としてそれを示すこととなる。

§7. イギリスの外交防衛政策におけるEU対NATO
（北大西洋条約機構）

過去における最近のイギリスの首相達は、この外交政策見通しにおいて「欧州主義」であるか「大西洋主義」であるかのいずれかに分類されている。T.ブレアは、その二つを融合しようと努める。即ち、彼は、自らが熱烈な欧州人にして確信をもった親欧州派であると述べる。ブレアは、イギリスの外交政策をアメリカと欧州の双方に主要な焦点をあて、かつイギリスがアメリカの政治的・経済的・軍事的「超大国［スーパーパワー］」とEUの経済的「スーパーパワー」との協力をもたらすのに橋渡し的役割をなすとみなす。

EUは、経済連合として設立されたゆえに、共通防衛政策がこうした曖昧

な目標であることは驚くにあたらない。1954年西欧同盟（WEU）（10ヵ国の軍事条約）は、「欧州防衛共同体」（EDC）を批准することについて、フランス国民議会が成立し得なかった後に、防衛事項について統一して行動する西欧諸国の願望を象徴化した。

1990年代中にEU自体は、マーストリヒト条約以降からより効果的な共通外交政策を求めた。後のアムステルダム条約やニース条約は、共通外交安全保障政策（CFSP）の発展を含んだ。欧州審議会（Council of Europe）は、次のように決定した。即ち、「EUはNATOによる活動に偏見なしに国際危機に応えるために信頼し得る軍事力、その軍事力行使の決定手段、及びそうする準備によって支えられた自立的行動の能力をもたなければならないと」。EUの軍事行動能力のための合理的根拠の一部は、旧ユーゴスラヴィアにおける諸問題の経験、及びその近隣での危機を扱うことのEUの無力であった。これらの諸計画は、保守党及びイギリスのメディア（それは、この新しいEUの構想がNATOとの対立に導いてしまうと論じた）からのかなりな批判を受けた。しかしある程度まで「共通外交安全保障政策（CFSP）」は、次のような認識に反映した。即ち、イギリスは、全ての欧州を立て直すと期待し得ないというものであり、かつ2001年9月11日に先立ち、アメリカが以前に大戦間にしていたように、アメリカが孤立主義へと引きこもるのではないかとの恐れに反映した。

しかしEUは、決してアメリカの外交・防衛政策における大きな役割を果たしていないといわなければならない。このことは、恐らくイギリスと他のEUとWEUの大部分が現存のNATO加盟諸国である故でもあろう。多くの戦略思想家達は、EU構造がイギリスの外交防衛政策の基礎であるという可能性をもつとは信じない。EUは「経済大国であるが軍事大国ではない」と記述されている（Kegley, C., et al., 2000）。アメリカと西欧のNATO加盟諸国との間の防衛支出格差は、二つに分かれる。G.W.ブッシュJrは、2002年予算においてアメリカ予算の更なる14％の増加を宣し、かつ3,360億ドル以上の全体的年次防衛予算を編成した。イギリスをはじめとする共通安全保障・外交政策が、次のような理由でEUには非実際的であるままにあるとコメントして

いる者もいる。というのはそれは、あまりにも多様な組織であるからである。何らの防衛的な軍事的役割ももたぬことは、イギリスの対外政策が予見し得る未来に欧州とのリンクによって大西洋主義的枠組み内で演じられるままに残るように、限定するものである。この傾向は、次のようなテロとの戦い によって更に補強されている。即ち、ブレアのイギリスはアメリカとより密接に関わっており、かつその欧州同盟（特にイラクに対して）と更に分け隔てていると。

§8. 新世界秩序からテロとの戦いへ

　東欧を席巻した民主主義革命は、1917年以来存在した欧州におけるイデオロギー的分裂に終止符を打った。冷戦の古き二極対決の明確性は、きわめて急速に消滅し、かつドイツは統一を果たし、共産主義のワルシャワ条約は解体し、かつエリツィン大統領は自らがロシアのNATO加盟を望むと発表した。歴史は素早く移行しつつあり、かつ新世界秩序なるものへと導きつつあるように思えた。しかしイラクによるクウェート侵略・セルビアとコソボにおける内戦・中央アフリカにおける流血と同様に、英連邦内での民族的混乱の潜在性は、侵攻・不安定・及び被害が、国際政治の馴染みな要素のままであったことを意味した。多くの形態で冷戦の安定は、新しい世界的混乱へと道を譲った。

§9. イギリスとロシア・及び欧州との進化する関係

　NATOは、その敵（共産主義の旧ワルシャワ条約諸国）が崩壊して以来、1990年代における余計な軍事同盟とみなされてきただろう。しかしNATOは進化しかつ拡大し、そして旧ワルシャワ条約諸国との協力で新しい政治・軍事目的を見出した。NATOは、防衛軍事機構であることに加え、現在次のように意味する危機管理において一つの役割を果たす。即ち、NATOは、そのもともとの西欧地域における諸問題と同様に中央アジアにおける旧ソビエト諸

国における事件にも対応し得ることを。

　どんな手法でNATOの改革は、欧州に政治的安全の増大をもたらすのであろうか。第一に、NATOは、ナショナリズムを鎮めるのに役立ち、かつ東欧に安全保障と安定をもたらすために、ハンガリー・ポーランド・及びチェコ共和国をその加盟国に加えるものへと拡大した。第二に、NATOは、ロシアを隔離させるよりもむしろロシアをNATO事項へと含めようと努めている（しかし大いなる下位的メンバーとしてである）。NATOのロシアの加盟は、ロシア内の反NATO感情がなお強い（特にロシア下院におけるナショナリスト達と共産主義者達の間では）ように近未来的には思われる。旧ワルシャワ条約諸国に対するもともとの平和のためのパートナーシップ（PfP）は、欧州大西洋パートナーシップ理事会（EAPC）と入れかえられ、かつ2002年5月に画期的なNATO－ロシア理事会（NATO－RC）となった。この評議会は、ロシアにNATOの政策決定領域において完全な発言権を与えるが、いくつかの諸領域において十全な拒否権を留保する。T.ブレアは、2001年にプーチン大統領との会合においてNATOへのロシアの関与の観念を提示した。アメリカ国防省は、アメリカが直面する国防的脅威の全体的に新しい認識をアメリカ軍に与えた2001年9月11日の同時多発テロ以後までには、その観念に最初にしり込みした。その時このことによって、ロシアのより緊密な絆が将来のアメリカの防衛目的に役立ち得るものと決心されたのである。

　ワルシャワ条約諸国を含んでいる1990年以来の三つの異なった機関（「平和へのパートナーシップ[PfP]」、「欧州大西洋パートナーシップ理事会[EAPC]」、「NATO－ロシア理事会[NATP－RC]」）は、ロシアとNATOとの間の徐々に発展する緊密な関係を証明する。ロシアは、2003年[当時]の13年前にはNATOの懸念の第一次的対象であったが、NATOの部分的な成員と呼び得る。1997年以来T.ブレアは、ロシアがNATOとの特別な関係を受け入れる必要を強調しており、かつ旧ワルシャワ条約諸国を「束ね」得ないことを強調している。実のところイギリス政府は、NATOにロシアを包摂する諸目的の前線に立っていた。

　アメリカは、もちろんNATOの最も重要な個別加盟国のままとなっている。

アメリカの加盟はNATOにとって決定的ではある。しかしアメリカはNATOに頼ってはいない。冷戦の終結は軍縮を継続し、かつ新しい欧州諸国とロシアとの特別な関係と同様に、軍事力の重要性において後に低下し続け、彼らをしてアメリカから離れて欧州へと同盟の幾分「引力の中心」を移行させている。換言すれば、NATOはより欧州的と方向においてますますなりつつあり、かつますますアメリカ的で無くなりつつある。その結果、イギリスとアメリカの特別な関係は、NATOの発展への外交的影響力を用いる手段としてワシントンにおいてより重要となっているように思える。

§10. イギリスの倫理的外交政策について

政治的価値は、他の諸国とイギリスとの関係を形成するのに役立ち得るのか。過去において労働党政権は、社会主義的価値が国際政治にとって役立たない事を知っていた (See Coxall et al., 1988)。ブレアの労働党が1997年に政権についた時、当時のR.クック外相は次のように宣言した。即ち、彼は、「イギリスの外交政策の核心に人権をおく」ことによって、国際政治に倫理的次元を置きたいと。このアプローチの最も重要な部分は、抑圧的体制には兵器を販売しないという約束であったし、無責任な政権の手には兵器輸出が文民達をしばしば抑圧するの使われており、或いは近隣諸国に対して攻撃的に使われているという。

以前のイギリスの大臣達は海外に、兵器を販売するのに関与する道徳的議論にはましてや関心をもたないでいた。実のところある大臣は、自らが次のように無関心を宣する時、兵器売買の結果についてほとんど良心の呵責を平気でもたないと述べた。即ち、「私は、一組の外人が別の組の外人になしていることについて現実的にはほとんど気にとめない」と (*Observer*, 18 May, 1997)。他の批判者達は、次のように信じる。即ち、R.クックの倫理的外交政策は、たんなる政治的レトリックであり、かつ実のところ政府が海外で人権を促進するか、或いは防衛産業において国内における幾千もの職を救う選択に直面する時、後者は優先権をもつと。以前の労働党政権のように社会主義

的価値に政策を基礎付けようとするこの外相の企図は、最終的には放棄され、ただイギリスの国益とは何かに関する「現実」(特にJ.ストローが外相としてクックと交代した後に) に基いた外交政策によって取って代わられる結果となっただけである。実のところブラー (in Ludlam, S., et al., 2001) が結論づけるように、「労働党の記録は、以前の政権の活動とのむしろ元気をなくさせる継続を示す」という。

兵器売買は、冷戦終結以来世界的に縮小している。イデオロギー的敵に対する恒常的脅威を主張する兵器の必要は、消滅している。ソ連の消滅以来、ロシアとアメリカ (フランスとイギリスと同様に) の双方とも核弾頭の備蓄において削減をなしている。2002年5月「第2次戦略兵器削減条約」(START-Ⅱ) と入れ替えた「戦略攻撃力削減条約」(SORT) 協定は、三分の二の割合で米ロの核弾頭備蓄を削減する。通常兵器 (戦闘タンク・大砲・攻撃ヘリ) も、NATO諸国とロシア内で減少している。しかし新市場は、2003年において毎年の兵器販売の四分の三を消費する第三世界に解放した。

兵器売買は、アメリカに次いで世界で第二位の兵器提供国であるイギリスにとって「巨大ビジネス」である。国際兵器産業の現実は、労働党の倫理的外交政策の大望とは逆に、それは倫理的にはほとんど余地がないきわめて競争の激しい産業であるということである。しかし非政府組織は、政府にその兵器をより透明にせしめ、かつどこに、そして誰に兵器が売られるのかを理解させようと圧力をかけている。新しい労働党にとって倫理的な考慮に抗して兵器売買の必要を均衡させようとする困難は、主に解決し得ぬ問題のままに残った。多様な解決策は、その問題を容易にできるが、兵器売買はその本来的な性質ゆえに、真に倫理として称されることが決して出来なかろう。兵器売買過程を監督と監視へと開くことは、兵器売買をより透明とせしめよう。兵器がその真の目的に達し、かつ売られないことを確かとする最終的消費者の許可は、用いられる新しい戦略である。軍事兵器は、次の場合にのみイギリスの企業によって売られる。即ち、軍事兵器は、通常兵器に関する国連登録によって述べられるいくつかの指針 (その指針は、法的に拘束力をもたぬが道徳的に拘束力をもつ故に、企業にとってそれらに違反とさせ得る) を満たす [場合

のみ]。

　それゆえ「新しい労働党」政権は、兵器売買について以前の政権よりも透明である。しかしそれは、倫理的に基礎付けられた特別な「新しい労働党」の政策よりもむしろ兵器売買において取引された冷戦以後における一般的傾向である。2,800億ドル以上のものが、毎年世界的に販売される。イギリス（J.メイジャー下で、かつT.ブレア下で継続した）は、その国際的販売を規制し、かつ監視する国際的企図の前線にある。その強調は、イギリスが毎年販売する兵器量を遅くしたり、或いは減少したりするように試みるよりもむしろ販売をなお監視することにある。通常兵器に関する国連登録とワッセナール協定は、彼らが輸出入する七つの範疇について兵器情報を提供することが諸国に必要とせしめる。ワッセナール協定は、次のようにしようと努めるNATOの経済部門として記されている。即ち、NATOは、世界中の諸国に慎重な配慮を要する戦闘使用技術の販売を規制しようと努めると。

§11. テロとの戦い

　将来の世界の混乱の可能性が、民族的敵対・ゲリラ戦・及び例えばイラン、イラク、リビア、並びに北朝鮮のような「悪の枢軸」体制の国際的な行動にあることには一般的一致があった。これらの諸国は、核不拡散条約・化学兵器禁止条約・及び生物兵器禁止条約を脅かすその生物、化学、核兵器保有能力を頑なに開発しつつある。現在35の非NATO諸国は、弾道弾をもち、かつそのうちの18カ国は核・化学・生物兵器をもつ能力を有するとみなされている。イギリスとその西洋の同盟諸国に関する限り、これは弾道弾攻撃に対して西洋世界を防衛しようと試みることから、アメリカとNATOにおける政策の変化を結果としてもたらしている。ミサイル技術制御システムの失敗は、不安定なシステムがミサイルを取得し得、かつ例えば、相互確証破壊（MAD）のような過去の防衛理論が、こうした状況では何んらの安全保障でもないことをイギリスと西洋世界に示している。そのイギリスとNATOへの強調は2003年当時、その技術の拡大を制御しようと試みることよりもむしろ

防衛に関してであった。

　1989年の国際共産主義の崩壊は、グローバルな戦略秩序において政治空白を残した。自由主義は勝利した。しかしイギリスをはじめとする西洋の政権は、旧ソ連の諸共和国に起こっていることについて懸念した。その多数は、自由民主主義へと変え、かつ自分達の崩壊した経済を資本主義経済へと痛みを伴って転換した。国の孤立主義の拒絶とWTOへの加盟と結び付けられたこのことは、イギリスを政策決定への焦点の改訂を求めさせた。その問題は、1991年以降からの繰返されたイラクとの軍事対決以後、オサマ・ビン・ラデンとそのアルカイダのテロリスト網がアメリカ本土を攻撃する2001年9月11日に応えられた。この同時多発テロ攻撃は、イギリスとアメリカ両国にその防衛政策に焦点をあてさせる新しい敵を与えた。

　G.W.ブッシュJrは、2000年の選挙以来自らの前任者よりも軍事主義的政策に従っているが、イギリスの支持を保っている。ブッシュは、「アメリカ第一」の御旗の下で一般的には一国主義的外交防衛政策を追求した。ブッシュ政権は、中国とロシアを協力国よりもむしろ戦略的競争国とみなし、かつ「悪の枢軸」諸国によって置かれた脅威と取り組んだ。この新しい戦争は、弾道ミサイル防衛（BMD）を正当化するばかりでなく、イギリスか或いはそのEUの協力国のいずれによっても十分には共有されず、ブッシュによってもたらされた闘争により多く基く世界観を示した。9月11日の同時多発テロ攻撃がその特別な関係を明らかに補強している一方で、それは明確に大小の動態を帯びた。アメリカの軍と執行部は、イギリスの支持が期待されるが、アメリカの行動には必要としないと述べていた。しかしイギリス政府は、アフガニスタンにおける戦争に直接的に参加していたし、イラクに対する力の誇示における大規模な軍事的増強に貢献した。

　9月11日に続くイギリスの外交政策決定者達にとっての主な懸念は、イギリスをして伝統的な西洋の安全保障の枠組みへの継続的参加に導こうという企図であった。次にイギリスにとって9月11日以後の外交政策の優先事項は、イラクに対するアメリカの一国主義的傾向をまず抑制させ、かつアメリカ政府を説いて国連のルートと兵器監視を追求させた。これは、まだその特別な

関係に影響を与えていない。しかしそれは、T.ブレアのブッシュとの関係をB.クリントンとの関係ほど緊密にはしなかった。ブレアは、テロに対する多国間主義的アプローチを最も効果的とみなし、より強力な国連が国際法を補強するとみなした。ブッシュは国際機関を蹂躙し、かつ一国で行動することを選好し、或いは同盟諸国の支持によった（が、その同盟諸国は、明らかに従属的であった）。

§12. 21世紀のイギリスの外交・防衛政策

2001年9月11日の事件以後（特にイギリスがアルカイダによる更なる攻撃の可能な標的として称された時）、その外交・防衛の優先順位を再考しなければならなかった。労働党は、1997年に政権に就くや否や、17年間に初めて「戦略防衛の見直し」（SDR）を組織化した。SDRは、膨大な地政学的変化が冷戦終結まで1989年にもたらされた後にイギリスの外交・防衛関与を構造化することが目論まれた。SDRは、イギリスに部隊数・防衛費・及び核抑止について将来の防衛見通しを与えたが、9月11日後の変化したグローバルな状況において不適切となった。SDRの特に論争のある部分は、地域軍部隊における削減であった。批判者達は、これがイギリス本土防衛能力を危険にさらすと論じ、その批判は9月11日の4年前になされた。SDRは、イギリス本土へのテロ攻撃の可能性、或いは無責任な体制ないしテロリスト達によって使用された大量破壊兵器の脅威を考慮しなかった。

確かに9月11日の結果は、「戦略防衛の見直し［SDR］」における隔たりを生じさせ、かつイギリスの防衛優先順位の再考をもたらした。21世紀のイギリスの政策焦点は、今二つのトラックがつけられる。第一に、防衛政策の優先順位は、本土防衛が大いに増大されるというものである。これは、二つの主要なトラックからなる。その一つがイギリス本土を潜在的攻撃から国際的に防衛することであり、もう一つはイギリス内からなされたテロ攻撃からの防衛である。国際的脅威からの防衛は、ファイリングデイルズで建設される早期警戒システムの能力の向上を要請するブッシュの「弾道ミサイル防衛」

への参加を通じて、確保されよう。イギリス本土防衛のもう一つの道は、テロ攻撃に対する文民の防衛と準備であろう。これは、9月11日のアメリカの世界貿易センターとアメリカ国防省への攻撃のような攻撃を予測し、かつ警告する情報サーヴィス作業と同様に、組織的避難、テロリスト達による生物化学兵器攻撃に関する実施規則を含むこととなろう。批判者達は、最近そのアメリカの準備について大きな隔たりが存在すると主張する。

　第二のトラックの優先順位は、軍事的脅威を与える世界のいくつかの諸国に抗する先制的軍事行動を含む。大量破壊兵器の使用で脅威を与える危険な体制として、アメリカとイギリス両国政府によってみなされた「悪の枢軸」に抗する行動の議論が存在している。イラン・イラク・ないし北朝鮮は、弾道ミサイルによってイギリス本土に達し得、或いは達したがる何らの証拠も存在せぬ。しかしこうした諸国が弾道ミサイル能力を得るまで待つよりもむしろ、直ぐに行動が講じられるべきであるという防衛政策形成者達の心に行き渡る雰囲気が存在するからである。

　イギリスの安全保障に対する二つのトラックアプローチは、いずれのトラックが優先すべきかについてイギリスの外交・防衛政策に基本的なディレンマを置く。というのは本質的リスクは、イギリスにとって誤った戦争に備えつつあるということであるからである。イギリスの政策形成者達は、「悪の枢軸諸国」と「弾道ミサイル防衛（BMD）」に焦点をあてることによって、テロ攻撃の脅威を軽くあしらい得よう。21世紀のイギリスの防衛政策の成功は、ならずもの諸国と国際テロリスト達の双方からの潜在的脅威に対応するために、優先順位を均衡させることから結果として生じることとなろう。ブレアのイラク政策についての批判者達は、次のように論じる。即ち、イラク攻撃（テロの脅威を減じるのではなく）は、もしアメリカとイギリスに対する敵対がその結果としてアラブとイスラム諸国間で強められるならば、或いは大量破壊兵器が戦争の混沌の中で極端な諸党派の手に落ちるならば、実際上テロを増大してしまおうと。

結　び

　われわれは、本章において現代のイギリスの外交政策の三つの円の交わりをまず措定した。ここではそれに沿ってコクソールらの説明に関して最近の外交防衛政策方向について少しく補うこととなろう。というのはこの基本文献は、2003年時の概観であるゆえ、われわれは、テロとの戦争直後以降の傾向に言及する必要があるからである。

　その円は欧州・アメリカ・英連邦諸国の交わる関係であり、たとえそれが変化しつつあろうとも、なお重要なままに残る。例えば、イギリスは、テロとの戦いについてもアメリカとその方向において相並んで先頭に立ってきた。しかしイギリスは、その重大な負担を背負いつつ、現在においてその超大国とともにその撤退方向に進んでいる。さらに2010年からの新連立政権は、更なる財政赤字を解消すべく軍事費の大幅削減へと進んでいる。しかしイギリスは、フランスとの核兵器の共同管理的方針を開始しているが、その核兵器を依然として放棄していない。従って従来の政策基本方針は、維持しつつある。

　欧州との関係についてこの新政権は、両連立政党において対立した傾向をもつが、それと妥協としつつ、労働党政権と類似の方向を取ることとなろう。即ち、イギリスは、国益的立場をとりつつ、欧州とともに経済成長路線を追求している。旧植民地［英連邦諸国］との関係について、イギリスは、従来の外交政策路線を維持する。即ち、イギリスは、彼らに有益な外交網を提供しつつ、彼らとともに戦略的互恵関係を進めているように思える。

キーワード
NATO／EU／国連安全保障理事会常任理事国／英連邦／倫理的外交政策／テロとの戦い／外交政策の三つの円／超大国

引用・参考文献

Coxall, B., et al., *Contemporary British Politics*, 2003.
Selden, A., et al. (eds), *Blair Effect, 2001-5*, 2005.
Dumbrell, J., *Special Relationship*, 2000.
Couglin, C., *American Ally*, 2006.
Williams, P., *British Foreign Policy under New Labour*, 2006.
Heffernan, R., et al., eds., *Developments in British Politics 9*, 2011.
Leach, R., et al., *British Politics*, 2011, etc.

第Ⅱ部
欧州連合（EU）の政治機構

第7章 欧州連合 (EU) の歴史的文脈
[N.ニュージェントの論点を中心に]

はじめに

　われわれは、本書の第Ⅰ部においてイギリスの政治制度を中心にして政治機構の論点を提示してきた。特にそこにおいてわれわれは、その中央の統治機構の諸問題について主に整理してきた。さらにそれは、1973年にイギリスの欧州共同体への加盟によって従来の伝統的立憲制体制に大いなる影響を与えたことを強調した。即ち、イギリスは、この拘束力の強いEU機構に加盟することによってその国家主権体制にこの国際機構との緊張を及ぼし、かつこの国を強いてその機能するEU機構レジームに組み込まれざるを得なくなったからである。

　EUは、特に従来の国際機構に比して例えば、欧州単一市場などの経済政策面で強力であり、イギリスも一致して活動する必要に大いに迫られたのである。われわれは、それらを含めてグローバル化の進展とともに、欧州共同体にイギリスを包摂するとみなす傾向が徐々に進んでいると見なすものである。従ってわれわれは、イギリスが現在ではそこにおける大国として多様な形態をとって欧州連合 (EU) の重要なメンバーであると見なすこととなる。ゆえにわれわれは、この第Ⅱ部を新たに機能するEUの政治機構としてまとめて論じることとしたい。

　本章は、その第Ⅱ部の序章的部分を構成し、その歴史的文脈問題を扱う。

§1. EUの歴史的進化過程論

　われわれは、一般にその機構を評価する立場に立つとき、進化過程論的にその歴史をみなす傾向がある。本章もその例外でない。こうした仮説の設定は、特にある意味で進化しつつあるEU機構に妥当性をもつこととなる。本

章は、EUの歴史的文脈論の問題として取り上げる基本文献は、2006年のニール・ニュージェントの『EUの統治と政治』である。それは、イギリス流の政治機構論的ないし比較機構論的アプローチを採用し、1988年以来比較的長く一定の評価を得てきているからである。

　彼は、その著作の第1部における説明で次のようにそれを説き起こす。政治制度であれ政治機構であれ歴史的文脈と活動的文脈に置かなければ、適切に理解し得ぬという。統治制度の構造や機能、政治勢力の性質と動態、及び権力を行使する人々の関心や行動は、機会の問題として起るものではない。そうしたものは、進化する勢力と出来事によって恒常的に模り直されつつある。

　EUは比較的に新しい機構であるが、長く確立された国民国家と同様にそれらが命じるものに服する。そうした国民国家の如くEUの性質は、その歴史的源泉ないしEUが機能する世界を引照することなくして評価できぬ。かくしてEUは、構造上弱くして性質上厄介であることでしばしば批判される。EUは、例えば、バター価格のごとき、諸問題に対してあまりにも争い過ぎ、かつ失業・地域的不均衡・及び他の諸問題と取り組むのに洞察力のある思考並びに統一行動には十分でないのである。確かにそうした諸批判が多いが、EUは、調和的な集合的政策決定が困難と気づくことについて、歴史的視点によっていかなる人も驚かさぬ。というのはそうした加盟諸国がECないしEUに加盟する前に、彼らは大抵の諸問題について自分達で意思を形成したからである。特に自分達が特殊利益をもつと信じる大国にとって、他の声が行き渡る多国籍機構に意思決定責務を移譲することによって主権を譲らねばならぬことは容易でない。EUとは何か、そしてEUが達成しかつ達成せぬことについての説明と理解は、このことを認めねばならぬ。換言すれば、EUは、このことを形成しているし、なおそれを形成しつつある諸勢力の文脈で考察せねばならぬ。そうした諸国をともに推進するために役立てているものもある。協力や統合への進展が時には遅々とし困難にして争われる結果をもたらしているものもある。

　主権問題は、EUを説明しかつ評価するのに歴史的背景、及び現代におけ

る活動的文脈の両方の重要性を例示するのに使い得る。EUの反対者達と批判者達の多くは、国民国家（国際機構ではなく）が「自然的な」最高の政治単位であるという見解と一致する。彼らは、ブリュッセル・ルクセンブルク・及びストラスブール（EU機関の三つの主要な在所）への権力の委譲が国家主権を損う限り、抵抗できよう。しかしこの見解の提唱者達の全てがあまりにもしばしば認め得ぬことは、次のようなものである。即ち、国家主権は、ECないしEUが設立される前に長く漸進的に侵食されつつあったし、ECないしEUが設立されてから主権は、EU加盟の結果ではない諸勢力によって、さらに侵食されているということを。このことが金融市場における動き、多国籍企業内での資本移転、変化する貿易類型、或いはアメリカの軍事支配ゆえに、存在していようがいまいが、EU諸国は、彼らが制御し得ぬ国際的展開によって、かつ国際的展開のなすがままに徐々に影響されるようになっている。この権力の喪失は、EU内で事実であるごとく、主権の法的委譲を含まなかったかもしれぬ。しかしそれは、きわめて類似した効果をもっている。諸国家は、ずっと拡大している。一連の政策諸部門で孤立して行動し得ぬが、一連の対外的影響力と一致するように調整しかつ適応せねばならないでいるという事実がある。それゆえEUは、その加盟諸国の主権に対してユニークな脅威を構成すると見なされるべきでない。逆にそれはある程度、次のように、一手段を与えることによってこの脅威を処理する試みである。即ち、EUは、加盟諸国がその主権を取り返し得ぬとしても、戦後の国際主義と調和する水準内及び方法においてともに協力することによって意思決定の諸局面に対して少なくとも制御を主張し直す一手段によって、［それを処理する試みである］。

　この歴史的進化といった事項の目的は、かくしてその進化を辿ることによって、かつその歴史的活動的背景にその進化を置くことによって、意思決定の諸局面を理解するための基盤を与えるためである。そこには年代記的意味における主題の歴史によってどこで凡そ開始するのかを知る問題でいつもある。どれくらい戻って主題（この場合の主題は欧州統合過程である）を適切に記述し説明し得るように進める必要があるのかという問題が存在する。

§2. 西欧諸国の転換

　EUの歴史的進化の第一の問題は、西欧の変換というものである。それは、欧州統合の一部として欧州に起っている戦後の変換がどれくらいの勢いをもつかを強調するために、第二次大戦前の欧州を特徴づける主様な諸区分のうちの幾つかの概述で始まる事項である。しかしながら、欧州統合過程は、次のような結果を伴って西欧に1990年代までに不可欠に限定された。即ち、EUは今、欧州大陸にわたるものからその加盟諸国間に含まれるが、EUは、西欧諸国によって構築されると［いう結果を伴って］。この問題は、故に第一次大戦の西洋諸国間関係における変換へと展開した性質、そして展開したことを説明する諸要因に焦点をあてる事柄である。西洋諸国の異なった必要と地位に特定の注意が払われ、かつこれらが欧州統合過程のためになしし、なおなす結果に注意が払われる。

　ニュージェントは、この西欧の変換事項について「西欧の統合過程に関する疲弊した性質」として結んでいる。彼によれば、第二次大戦後、西欧の諸国政府が相互に関係づけられかつ変換された方法は、徐々に転換されたという。この変換における基本的な役割は、新しい国際統治機関によって果たされた。その構成においてグローバルであった機関もあれば、地域基盤的であったものもある。徹底しているが曖昧にしか定められぬ責務であったものもあれば、特定部門的な指示をもつものもあった。構造上、純粋に政府間的であったものもあれば、超国家的な権力に優先されたものもある。最小限、全ては、諸国の代表が相互利益事項を議論するために相互に集まる枠組みを与えた。

　これらの西欧規模的諸機関のうちで最もよく知られ最も発展し、かつ最も重要なものは、われわれが今、EUとして知られるものである。しかしEUは、決して唯一の重要な西欧規模機構ではなかった。EUは、最初に設立された機構でもなかった。逆に第二次大戦以後、数多くの諸提案が進められ、かつ多くの取り決めが諸国間協力の組織化や統合について適切に置かれた。これらのうちで最も野心的なものは、ある種の連邦制的連合において西欧全体を

ともに結合しようと努めたものである。より周到なものは、諸国のうちの幾つかのものだけのために特別目的の追求に限定されたものである。

ゆえに状況及政治経済的変化の論理が諸国をより緊密に結合させたが、戦後の時代における西欧で活動する共通的にして一体的な統合勢力があったとは言い得ぬ。諸国間関係は、洞察力をもつ共有の使命の追求のためにともに結合された諸国と異なり、諸国間関係が可能にして必要であるものの一連の異なった国家の必要と認識に基礎づけられている。その結果、協力と統合過程は、多くの異なった諸形態・多くの異なった方法・及び多くの異なった速度において活動している。欧州統合過程の方向は、統合主義的革新にあるECないしEUにおいてさえ、例えば、1970年代半ばから1980年代前半までの期間は、比較的にゆっくりとした統合主義的前進があり、1980年代半ばから1990年代前半までの期間は、急速な進展時代であることでさえかなり多様である。

もちろん、その統合過程に極めて大きな起伏があり、不確かにして予測し得ぬことをもたらしている統合過程に影響を与える諸要因の多くの相対立する性質がある。さらにその諸要因自体は、かなりにして予測し得ぬ変化を被っている。しかしそれは、統合の推進に影響を与える、圧力が冷戦の終結及びソ連の解体によって転換されている文脈によって、1990年代前半以来に過ぎなかった。欧州の40年が二つに政治的に分けられた後に、つまり西欧が自ら欧州それ自体と見なす傾向があったその数十年後に、欧州大陸全体の性質についての基本的争点がその政策課題にのぼった。ニュージェントによれば、こうした状況において新しい協力リンク・契約・及び形態は、西欧と東欧の諸国間で急速に確立されたし、ソ連支配から解放された5年以内にEUへの加盟を求める多くの諸国によって特に進められたと説かれる。

§3．欧州共同体の創設

ニュージェントによると、第二の欧州統合過程の進化問題は、次の三つの欧州共同体の創設事項であるという。即ち、その第一が「欧州石炭鉄鋼共同

体（ECSC）」のそれである。これは、1951年にパリ条約によって創設された。残りの二つは、「欧州原子力共同体（EURATOM）」と「欧州経済共同体（EEC）」であり、ローマ条約によって1957年3月に設立された。

この事項について彼は、次のように結論付け始める。こうした二期にわたる諸条約は、かくして欧州共同体の設立条約であると説く。それらの締結時に欧州共同体は、戦後の国際関係の展開に主要な前進を画した。欧州共同体は、それらの経済活動の特定的にして中核的諸領域を統合する署名にその基盤を置くことによって、かつそうした諸国が新しい共同体の設立の意思決定取り決めにおける超国家主義の度合いを具現することによって、そのようになしたのである。

パリ条約は、最初の条約である限り、欧州統合史における特別な地位をもつ。しかしながら、EEC条約は、長期的インパクトの視点から1958年以来の統合の多くが構築されているその広範な政策基盤の上に、存在するのに最も重要である。

その創設条約は、幾つかの諸問題に関する合理的に明確な指針及び更なる形態と展開についてこの拘束として活動すると意図されなかった。むしろ創設条約は、もし意思決定者達がそのように選択するならば、起こると期待されることであり、かつ起こり得ることである枠組みを与えたのであろう。

ゆえにローマ条約が1958年1月に発効して以来、欧州統合の展開へと今変換される注目が存在する。

§4. 欧州共同体（EC）と欧州連合（EU）の進化

ニュージェントによれば、第三の欧州統合の進化問題は、欧州共同体（EC）と欧州連合（EU）の進化であるという。それは、ローマ条約以来の欧州統合過程の進化における主要な特徴を示す事項である。欧州連合は、その「マーストリヒト条約（TEU）」が1993年に発効し、かつそれによって発足した。

彼は、これらの事項について次のように結論づけ始める。EUは、1950年代に創設される三つの欧州共同体になおそれと関わるように基礎づけられると

いう。EUがそうであるもっとも明らかな方法は、その制度構造において、かつ政策活動の「中核」としての共通市場ないし域内市場の継続にある。

しかしながら、多くの基本的な方法で欧州統合は、それが設立条約によってこの最初の組織的表現に与えられる故に、かなり明らかに進展している。この進展は、二つの広範な形態をとっている。それは、一方で、数多くして遥かに広範な諸点における制度及び政策統合の展開によって進化が存在している。他方、それは、1970年代、1980年代、及び1990年代のEUの拡大によって西欧全体を事実上包摂し、かつ次に2004年の10カ国への更なる拡大［その上2007年の2カ国の加盟があった］によって、中東欧の多くを組み込み、かつ拡大が存在している。この後者の拡大は、欧州規模の統合過程に近いものへと、西欧統合過程であったものを変換している。

ニュージェントは、最後に西欧統合から全欧州統合への事項を組み込んでいる。これは、共産主義体制から新しく解放された中東欧諸国がEUの加盟申請をなし、かつ西欧の統合過程の1990年代からの拡大を捉えねばならぬ事項である。ここではそれは、次章に関連するゆえ、本章では、省略することとしたい。

結 び

われわれは、本章において国家の政治制度から国際機構水準の問題へと移っている。本章は、その序章的部分を構成するものである。この欧州連合の政治機構問題は、広範に及びゆえに、紙幅の関係上、かなりな部分を省かざるを得なくなっている。とはいえわれわれは、最小限度の主要なEU機構に関する論点を提示するつもりである。従って本章は、それ以後のものを含む二つの歴史的文脈のうちの序論と位置付けることとなる。

このニュージェントの著作は、政治機構論としてそれなりの基準を備えているものである。つまりその表題の如く「統治」(ガバメント)という表現によって、制度論なり機構論的視座なりを重視するものであるからである。さらにそれは、制度論の特徴である現実的要素も重視する歴史的文脈論を展開しており、一

定の評価に値する歴史的視点からの問題設定ともなっている。

われわれは、これをうけ、次章において「規則としての制度」の重要な要素であるEUの基本条約を概観することとしたい。

キーワード

ECSC／EEC／EURATOM／欧州共同体（EC）／欧州連合（EU）／中東欧諸国／主権国家／超国家主義／マーストリヒト条約／パリ条約／ローマ条約

引用・参考文献

Nugent, N., *The Government and Politics of the European Union*, 2006, 2010.

Leach, R., et al., *British Politics*, 2010.

Dinan, D., *Europe Recast*, 2004.

Wallace, H., et al., *Policy-Making in the European Union*, 2005.

George, S., et al., *Politcs in the EU*, 2011, etc.

第8章　憲法条約からリスボン条約へ
[C.チャーチらの論点を中心に]

はじめに

　われわれは、前章に引き続き、本章でEUの今日までの歴史的文脈をまとめ、かつひとまずその論点を締めくくることとする。われわれは、この歴史的区分について主に条約に重点を置いて画するならば、1）欧州統合の草創期（1951-1958）・2）欧州共同体［の発展］期（1958-1993）・3）欧州連合期（1993-2009）・4）リスボン基本条約（2009-）期の四期に大別することができる。そこに「停滞期［1960年代のドゴールが超大国主義に反対したことなどをはじめとする］」、そしてもっとも欧州統合の飛躍を果たした「ドロール欧州委委員長［マーストリヒト条約の締結、及び統一通貨への道筋をつけた時期］期（1986-1995）」が入る。

　本章は、リスボン条約の起源と進化を探る。リスボン条約の起源は、2004年の憲法条約（CT）［案］及び2005年5月と6月のフランスとオランダの国民投票の敗北の両方にある。それは、「反省期」へと導いた。次に主にドイツ理事会議長期下でEU加盟諸国間におけるその基となる政治的不一致を解決する強調的な誘因があった。その協調的な誘因は、憲法を生み出すのではなく、憲法条約［案］の基本的改革へと進めるための正説的修正条約を生み出すものであった。この過程は、現存する原文よりも幾分包括的強化条約へと2002年から04年に交渉された諸変化の大部分を埋め込むことによって、全ての加盟諸国に受容可能な原文を2007年10月に扱わせるのに成功した。しかし国会の批准が成功裡に進んだが、アイルランドの国民投票は、2008年6月の条約の批准の敗北を経験した。一部にはこれは、その条約のある諸要素の拒絶を象徴したが、それも活発な反対を用いることができたEUについてのより深い不安のせいであった。かくしてEUは、再度危機にあることに気づいた。

§1. 序 論

　EUの条約修正過程が引き起こしている政治的困難があるとすれば、多分驚きなのは、EU（特に2005年の二つの呼応する否認投票後）が過去数年にわたってきわめて頑なにその修正を追求していることである。反対者達は、集権化されかつ多分新自由主義的にして超国家によって国民主権や人民主権と入れ替えしようと努める、基本的に反民主主義的エリート陣営で権力への罪深い欲望へとこれを貶めた。その真実は、劇的ではない。多くの欧州の意思形成者達は拡大するEUが、もしそれが有効に展開すれば、かなりな制度改革を必要とすると信じる。これは、彼らの諸国が国民投票を行う故に、EUプロジェクトを問うが、よりよき選択肢的原文を提供しない人々の反対に勝るに違いないというものである。その反対は、その改革が前の条約改革におけるよりも民主主義的に工夫され、かつ方向づけられている事実を見過ごす。換言すれば、それは、善悪のマニ教戦争ではなく、EUのガバナンス［権力及び暴力の直接的行使の代わりに、信頼できかつ持続可能な手段と制度［機構］によって社会関係やその基盤となる対立の意図的な規制である］と方向に対する正規の政治対立なのである。

　とにかくEUは、より多く批判されたニース条約によって規定された制度的取り決めよりもよい取り決めを試み、かつなそうとして新世紀前半に始めた。これは、ニース条約［2002年に批准された修正条約である。これは、2004年及びそれ以後のEU拡大の道を開く数多くの制度改革を導入した］の弱点の認識、現存の条約の急増、EUに対する権利の明確さのためのドイツ諸州からの圧力、及び憲法化過程を通じてEUをより民主主義的にして効果的になしたいエリートの願望から生じた。軽い討議後にラーケン宣言は、2001年12月に採択され、かつ憲法会議が「EUの未来」について大多数の問題を審議し始めた。この憲法会議は、2002年2月から、2003年7月までにブリュッセルで開催したし、「欧州憲法設立条約［草案］」を生み出した。これは、それから「政府間会議（IGC）」によって修正され、かつ2004年10月にローマで調印された。その批准過程は、スペインの是認国民投票によって最初には円

滑に進んだ。しかし2005年5月と6月にフランスとオランダでの国民投票は、その憲法条約を否認した。

多くの観察者達は、「憲法条約（CT）[案]」が死したが、所謂「反省期」中に他の諸国は、それを批准し続けた。ほとんど真剣な反省が行われなかったが、最終的にドイツの理事会議長期は、新しい扱いへの推進を導いた。その議長期は、CTの革新の多くを保全する「新IGC」の任務の詳細を他の加盟諸国と合意しようと努めたが、それに関して「憲法」について何もなさぬ正説的条約の範囲内のものであった。これは、迅速にして秘密的・専門的IGCによって達せられた。その任務において述べられた諸要点を具現する新条約は、2007年12月にリスボンで署名された。この戦略の背後の思想は、それが人々を警戒させた憲法的要素であるというものであった。これを除去することは、故に容易な国会的批准を認めることとなる。

第一にこれは主張であった。しかし2008年6月12日にアイルランドは、丁度初めにニース条約を拒否した如く、その憲法条約を否認した。この理由は、その原文自体に一部が関わるばかりでなく、特定のアイルランド問題、及びそれに抗する元々のアイルランド国民の問題も関わった。それにもかかわらずその否認は、EUを新しい危機へと投げ入れた。

今度は、反省期などでなかったし、そのボールはアイルランドの裁判所へと迅速にしてしっかりと委ねられた。その年末までに他の三つの諸国［ドイツを含む］以外に全ての加盟諸国が批准を終えたことによって、多様な明確化や譲歩（特に全加盟諸国が欧州委員会委員をもつということの一般的合意）を確保したアイルランド政府は、丁度ニース条約と同様に第二回目の国民投票を行うことを約束した。

それ故本章は、CTの背景及び特に否認投票の理由を最初に検討する。次に本章は、リスボン条約の登場を跡付け、かつその主要点を説明し、かつ評価し続ける。更に本章は、アイルランドの否認理由に注意を払うことによって、批准過程を記述する。チャーチらも、たとえリスボン条約が最終的に批准されるとしても、改革議論が継続するように思えると述べる。

§2. 欧州憲法会議・2004年政府間会議（IGC）・及び憲法条約［案］

　憲法条約案の起源は、多岐的である。しかしその出現は、2000年のニース欧州［首脳］理事会によって、提案されかつ一年後に促進されたラーケン宣言によって促進された「欧州の未来」討論に大いに負った。その討論は、ほとんど人々の入力をひきつけなかったし、討論を促進しようと試みる政府などほとんどなかったが、条約改革の更なるラウンドへと移行するに足る政治的支持があった。その過程により多くの市民を参加させる必要が認められたとき、EUの改革方法の問題は、政府間会議（IGC）に簡明に委ねられないであろう。その代わりに、かつ1999年から2000年にかけて「基本権憲章」へのアプローチをひくことによって選択肢を討議しかつ提案形成のために「欧州の未来」憲法会議が設置された。

　憲法会議の幹部会は、この会議の可能性に疑いがあったが、それ自体積極的なフォーラムにしてある程度、公開的フォーラムであることを証明した。政府間会議（IGC）において、1）理事会における二重の多数決制、並びに2）欧州委・外務相・理事会議長職改革・欧州議会と特別多数決の拡張・及び描かれた修正過程といった規定に疑いをもつものもいた。この政府間会議は、こうしたことで一時停滞したが、危機感が彼らに出て来、急にその作成の合意へと至った。

　その会議によって創案された完全な憲法条約版は、原六加盟国代表が1957年のローマ条約に署名した同じビルでローマのセレモニーにおいて、2004年10月29日に署名された。一般的にいえば、CTは、EUをより包括的に、民主主義的に、かつ効率的にしようと試みると同様に、その構造・語法・及び活動を簡明化した。

要　点

　1．欧州憲法会議は、前の「政府間会議（IGCs）」よりも公開的でかつより革新的であるように試みた。

　2．IGCは、若干修正された条約の原文を書こうとする二つの試みをなした。

　3．「憲法条約（CT）［案］」は、合理化され、かつより民主主義的なEUのため

の単一の一組からなる規則にしようと試みた。

§3. 否認投票（危機と反省期）

　ほとんどの人々の支持もなく、かつ多くの場合に全25カ国による批准が、憲法条約の政治的理解ないし評価もないことによって、いつも挑戦するつもりであった。これは、もしひとたび加盟諸国のうちの五分の四が批准していたならば、諸困難に出くわしつつあった場合に、欧州［首脳］理事会に付託されたその問題を描く政府間会議による採択宣言において承認されたであろう。はじめにおいてその批准は、順調であった。それは、例えば、2004年11月のリトアニアをはじめとして、2005年3月にスペインが国民投票で七割以上の多数によって批准する前に、ハンガリーやスロヴェニアなどが批准していたからである。同じことは、諸国の国会で批准していたならば、成功したかもしれぬ。しかしフランス（2005年5月）とオランダ（2005年6月）という原加盟国において国民投票で否決されてしまったのである。

　要　点
　1．「憲法条約（CT）［案］」は、もし全加盟諸国によって批准されていたならば、実行するしかなかっただろう。
　2．フランスとオランダの国民投票での「否認」投票結果は、一連の懸念に反映したし、その全てが欧州統合議論に人々を参加させることができなかったことに加えて、CTと関係づけられたわけではない。

§4. リスボン条約交渉

　EUの指導者達は、もっとも最近の危機からのEUを救出するためになすべきことについて困難を感じた。確かにほとんど指導力がなかった。イギリス政府は、2005年後半においてその理事会議長期中にその主題の議論を避けようと故意に努めた。拒否されたCTに替わるフランスとオランダが望んだことに何らの公式的声明もなかった。「否認」投票結果に解決を見出す政治的決意は、EUをその最近の拘束から抜け出させる方法についての学者達の明

るい見通しをもつ諸観念、及びその伝達努力を改善する「Ḋ」計画［M.ウォルムストロム欧州委委員の交流戦略であり、民主主義・対話・及び討論を強調する］の仕事にもかかわらず、欠いたのである。

　2006年にオーストリア理事会議長期は、勇敢に再生を語ったが、諸国の不一致を克服できなかった。同様に欧州議会（EP）は、討論を刺激しようとした。しかしその争点は、たとえベルギーとエストニアが批准を達成したとしても、公的政策課題を滑り落とし始めた。欧州委員会が追いつき得る最善の理念は、ローマ条約50周年記念宣言理念であった。しかしA.メルケル首相をはじめとするドイツの多くのものは、自らが適切な時にこの条約の復活を支えるとして明らかにした。しかしその他の観点から考えた者もいた。老練なルクセンブルクの首相J.C.ユンケルは、欧州がその支えを失ったとみなした。驚くまでもなく、その反省熟考期は、2006年6月に更に一年間拡張された。

　フィンランド理事会議長期は、その反省過程が完全に終えていないことを確かにするために全力を尽くしたし、新理念は、N.サルコジ、A.ダフ、及びM.ウォルムストロム他から出た。調査が憲法をもたぬ犠牲を払って実行されたし、賢人委員会がG.アマト下で設立された。スペインとルクセンブルクは、「憲法条約友の会」の傘下で批准者達を結集し始めた。

　より重要なのは、フィンランドが間もなく想定するドイツに自らの協議からの成果を伝え始めたことである。実のところ、ドイツ理事会議長期は、憲法条約（CT）［案］の実体を実際上復活するのに大きな役割を果たす。メルケルは、その条約を信じる人物であった。彼女は、特に何らの現実主義的選択肢など存在せぬとして、EUにその条約が絶対に必要であると感じた。圧力は、オーストリア議長期にドイツが現実的行動に責任を負うべきことを合意させた。かくして2006年10月にメルケルは、2007年6月までに行程表を生み出すことがドイツ議長国の意図であると宣言した。現実問題が加盟諸国にあり、かつそれが信頼感をもって解決せねばならぬという彼女の基本的前提があったように思える。もしこれがなされれば、国民投票は避けることができ、かつ国会の批准が達成できるという。故にその過程は、極めて小集団からなる国家的に任命された「シェルパ［下準備係］」に限定された議論ととも

に、きわめて厳格にコントロールされようし、短い「専門的」政府間会議によって使われよう。

　誰もがメルケルの情熱を共有したわけではない。イギリス政府は、正に全体的に慎重であった。ポーランドとチェコは何をすべきかの問題が簡明になくなることを望んだ。しかし、EUの野心及び業績について人々を確かにし直そうと意図したベルリン宣言は、ドイツが進め方の議論を開始する機会を与えることによって3月に採択された。取り組まれるべき争点に関する質問事項は、間もなく頒布されたし、5月に多様な欧州の指導者達との接触が存在した。N.サルコジのフランス大統領選挙は、メルケルの計画に重みを加えた。6月14日までに顕著な争点リストが頒布された時、大いなる進展が遂行されていた。一週間足らずのうちに、「政府間会議（IGC）」への未曾有の使命の詳細が生み出された。その前半は、なされるべき修正を概述し、かつ後半はそれらがどこに、かつどのようにより正確にこの基本条約に挿入されるのかについて特定した。これは、特にイギリスとポーランドに対して最後の詳細な譲歩後の2007年7月21日の欧州理事会によって、政府間会議を開始する決定に沿って承認された。

　次期ポルトガル理事会議長は、新修正条約交渉の完了をその最優先の目的とさせた。政府間会議は7月23日に作業を開始し、かつ夏を通じて継続した。「欧州議会議員達（MEPs）」によって支援された外相達は、9月の7日から8日のヴィアノ・デ・カステロにおける進展を審議した。多様である緩やかな諸目的が分類され、特に「欧州議会（EP）」議席割り当てに対する扱いに拒否投票すると脅したブルガリア・ポーランド・特にスペインにさらなる譲歩を提供した。10月の18日から19日のリスボンの非公式な欧州理事会は、その交渉を終結へともたらした。その原文への法的改善に従って、憲法条約にかわるものは、12月13日にリスボンにおいて署名された。

要　点

　1．憲法条約（CT）［案］の否認結果の反省期は、進行中の危機にいかなる明確な回答も生み出すことができなかった。
　2．ドイツ理事会議長期は、憲法条約の多くを通常の修正条約へと移す使命の

合意を確保するために、きっちりと制御された戦略に従った。
　3．ポルトガル理事会議長期下で専門的「政府間会議（IGC）」は、リスボン条約を生み出した。

§5．リスボン条約の主要素

　リスボン条約は、ある意味で七つの条文のみによる単一文書である（[Box 8.2]を参照されたい）。しかし、最初の二つの条文は、それが現行の条約に一連の全体的修正を含む如く、極端に長いものである。「欧州連合条約[TEU]」を扱う「第1条」は、その条約修正の61の説明を含む。他方、第3条（改称されたTEUを修正するものであり、かつ今、それは「EU機能（運営）条約[TFEU]」である）は、八つの水平的変化、及び286の修正を含む。残りの条文は、リスボン条約が無制限的効果をもち、議定書を含むものも妥当であり、かつTEUと「EU機能[運営]条約（TFEU）」は、数的改称がなされることを可能にする。その条約特有の原文に加え、13の拘束力をもつ議定書・付属文書・最終文書があり、65の宣言を数える。議定書のうちの五つ（各国の国会の役割・補完性・比例制・ユーログループ・常設協力構造・及び欧州人権条約のEU加盟計画を含む）は、元々「憲法条約[CT]」案の一部であった。残りの八つは、新しい競争の継続的重要性・イギリスとポーランドにおける憲章の適用を扱うもの・或いは管轄権の共有、価値、及び公共サーヴィスを解釈するものを含む。多様な過渡期的な制度的取り決めもある。最後の二つの議定書は、新条約によってもたらされた変化に反映するために廃止したり或いは適応させる。その結果は、それが批准されかつ発効されるとみなすことにより、リスボン条約自体、EUのガバナンスのためベースとなるTEUと「EU機能[運営]条約[TFEU]」のかなり変化された解釈を残すことによって、実際上見えなくなる。おかげで、新しい数え直しをはじめとしてこれらの強化版は、利用可能とされている。

　「EU条約（TEU）」の改訂や再構成は、特に目的・対象・原則・及び機関についてEUの目的と構造のかなり簡潔な概述を規定する条約をもたらして

いる（[Box 8.3]）。それもより強化された協力及び特に対外活動の沢山の詳細を含む。「EU条約（TEU）」は今、それがEUの主要局面を扱う故、それについてのより憲法的感性をもち得る。しかしそれは、「EU機能［運営］条約（TFEU）」と同じ法的地位をもつし、かつそれを乗り越えるのに使うことができぬ。「EU機能［運営］条約」は、より長いし、「7部（Parts）」及び358の条文、並びに多くの宣言をもつ（[Box 8.4]）。それは、今最長の条文が続く市民権についての一組の共通規定及び規則によって始まる。その最長の部は、「第Ⅲ部（PartⅢ）」であり、諸政策を扱う。対外関係規定・機関規定・及び予算規定は、その他の大部分を形成する。その順序は、多分過去のものよりも僅かに論理的である。

　「EU条約（TEU）」と「EU機能［運営］条約」は、ともに簡明化され、かつ幾分より効率的EUを構成する。第一に、構造について主要な変化は、リスボン条約が事項を共通の実際に沿わせる。故に、共同体は消え、かつEUは唯一の統合構造となる。EUは、法人格・機関・及び政策ミックスをはじめとする共同体権限全てを継承する。「共通外交安全保障政策（CFSP）」とは別に、万事は、基本的共同体方式に従って機能する。同様に、より強化された協力機構が増大される一方で、なおそのシステムの諸部分からの選択的除外が存在する。

　第二に、超国家の話の筋にもかかわらず、リスボン条約は、EUが諸条約において謳われ、かつ補完性と比例制に従う加盟諸国に授けられた権限に基づく機関であることを十分に明らかにする。EU加盟諸国は、行動・協議・支持・及び今脱退の権利をもつ。EUもまだそのようになしていないが、管轄権を放棄し得る。法的調和［基準］化は、明確な制約に服する。同様に、諸機関は、定められた境界内でのみ活動できる。EUの権限は、EU権限が全てを包摂もせず自ら生成するものでもないことを明らかにする排他的・共有的・ないし支持的なものとして範疇化される。

　第三に、EU政策は、大きく拡大されていない。エネルギー・観光・市民保護は、TFEUにより明確に書かれる。他方、宇宙・人道援助・スポーツ・及び行政活動は、最初に付け加えられる。エネルギーにおいて、気候変動と闘

い、かつエネルギーの連帯を規定することへの特別な付託が今存在する。その主要な変化は、司法及び内務事項についての諸規則が主流へともたらされる方式である。リスボン条約が批准されれば、その諸規則は、通常のEU手続きに服さなかろう。これは、重要な発展である。

　第四に、意思決定について、リスボン条約は、共同決定を基本立法過程とする。その手続きは、50程度の新領域に拡大される。理事会内で、「特別多数決（QMV）」は、60程度の新しい事例にまで拡大される。QMVは、最近の絡み合わされた公式に基礎づけられるのではなく、加盟諸国の多数（55％）・及び諸国が代表する人口（65％）の二重の多数決に基礎づけられることとする。そうすることによってイギリスの如き大国の比例的重みが増す。加盟諸国は、税の調和［基準］化・CFSP・刑事事項・及び社会保障の如き諸領域において全会一致ないし緊急的制御手段を保持している。ポーランドを満足させるために旧型のQMVは、「ヨアニーナの妥協」形態が適用する以後の2017年まで行使できる。第五に、機関規定において、重要な諸変化があった。「欧州議会（EP）」は、特に予算及び条約変化に対する拡大権限を受ける。EPも欧州委員会委員長の任命に事実上の拒否権をもつ。「欧州［首脳］理事会」も強化され、かつ公式化された一機関として登場し、今、3か月ごとに会合し、かつ対外関係や戦略全体における役割が与えられる。これは、加盟諸国の影響力の継続を指す。ユーログループの特別取り決めも規定される。欧州委員会は、残る「支柱Ⅲ」の活動の共同体化のおかげで、自由、治安、正義の地域における役割の拡大を得、かつ外務におけるその役割の拡大を得る。かくしてEU外交安全保障政策上級代表は、外務理事会を主宰すると同様に欧州委員会の副委員長となる。この上級代表は、現存の欧州委員会及び諸国の外務サーヴィスに頼る「対外活動庁」によって支援される。総務理事会は、輪番制の理事会議長職によって主宰され続ける。2014年に欧州理事会規模は、加盟諸国の三分の二の規模にまで減少されることとされる。しかしこれは、全会一致の決定によってこれを変えることができる。裁判所の管轄権は、外交や警察事項にまで拡大されぬが、拡大されている。

　第六の局面は、価値と権利への新しい強調である。価値は、権利に二重の

増加が与えられるが、拡大され、かつより一層の優越が与えられる。加盟申請諸国は、加盟資格要件として価値と権利を尊重することが必要とされよう。かくして基本権憲章は、イギリスによって主張された国家の管轄権の保護手段に従う法的地位が与えられる。特にEUは、より広範にして独立的な欧州人権条約に今署名できる。

最後に、リスボン条約は、EUをより民主主義的にしようと試みる。かくして民主主義は、今EU条約における特別な「編 [Title]」をもつ。これは、市民発案規定を含む。各国議会も、補完性の根拠のEU立法提案を問う新しい権利も得る。しかしそれらは、あるものが望まれる程の広範なものではない。

憲法条約 [案] (CT) から条約修正へとリスボン条約を経由してその道を進まないことを手短に記すことに価値がある。その憲法的言語と引照は、EUの象徴の条約基盤的言及に沿ってなくなっている。EU制定法は、もはや慣習法と呼ばないことなる。同様にEU外相という用語は、もはや使わぬこととなる。これは、ある批判者達が主張する程重要ではない。

要　点

1. リスボン条約は、それ自体で永続的な存在を有するようには設計されていない。というのはその機能は、EUが基礎づけられる二つの条約（欧州連合条約 [TEU] と欧州共同体条約 [TEC]）を修正することにあるからである。

2. TEUとTECは、広範に変更され、かつ近代化される。それらは、TECの場合、「欧州連合機能 [運営] 条約」と改称される。

3. TEUとTFEUはともに、一つの構造であるEUをつくり、かつ過去のものにかなり近い特徴をもつ。

§6．リスボン条約の評価

最初に尋ねられる質問は、リスボン条約が大いに批判された「憲法条約 (CT) [案]」を改善すべきかどうかである。それは、もはや憲法言語や象徴を除外することによってと同様に、他の諸条約全てを廃止することなど提案せず、かつ典型的な修正条約形態をとる故に、確かに更に一層明らかに条約なるものである。かくしてそれがなお「憲法なるもの」であるという何らか

の主張もその内容ないしスタイルに残らねばならぬ。最後の場合には、それは、憲法なくしての憲法化である。同時にそれは、憲法条約［案］がなしたよりもEUの過去の取り決めと僅かにより緊密に改革を関連づける。しかしリスボン条約は、それ以前のものよりも簡明に理解しかつ読むとはほとんどみなし得ぬ。憲法危機の余波は、リスボン条約が従うことが容易でない変革提案の長いリストへと移す修正条約とならねばならぬ。批判者達は、これがそのリスボン条約を読むことができぬようにする意図的試みであったと主張する。しかしこれは法的継続性の要求、及び現行条約が全てこのようなものであり、かつ諸条約の強化版が以前よりも早く利用可能にされた事実にもかかわらず失敗する。

　多分一層重要な問題は、リスボン条約がそのEUの民主主義的正統性と効率を増大させる意図において成功するかどうかである。第一の点について多くの人々は、アイルランドの拒否がその失敗を示すと主張しよう。しかしこれは、諸国の国会及び欧州議会の両方により多くの権限を与える「欧州人権条約（ECHR）」とEUのもつ憲章にまで署名するリスボン条約において、明確な民主主義的改善を軽視する。EU権限の一層多くの正確な範囲の設定、及びこれらがその加盟諸国によってEUに与えられるという主張は、EUにおける国政の民主主義の役割を強調する。これは、欧州理事会の役割の格上げ・加盟諸国間の対等な地位・及びEUから分離する彼らの権利によって補強される。「欧州司法裁判所（ECJ）」の管轄権は、たとえ批判者達がこれを忍び寄る権能の一例とみなすとしても、法的民主主義的性質を補強するとみなすことができもする。逆に「共通外交安全保障政策（CFSP）」における変化が「欧州委員会（Commission）」を加盟諸国の利益を格下げにすると信じる者もいる。効率について欧州委員会のスリム化・欧州理事会大統領［常任議長］の導入・上級代表と欧州委員会委員との連携・より簡明な投票手続きの拡大・及び共同決定の拡大は、EUをより効率的にするように思える。しかししばしば論争されるこうした諸変化が、全体に事態を変えるかどうかは、きわめて疑わしい。精々のところ、改善は、漸増的であろう。諸国政府及び権限の強化は、より早くして論争的でない意思決定を容易に妨げるかもしれぬ。

かくしてリスボン条約は、広範にわたる一連の諸変化を導入する。その実際上の重要性は、まだ推測できぬ。メルケル他は、このリスボン条約が事態を刷新することを確かに意図した。故にアイルランドが究極的に決定することにほとんど関係なく実施されるという主張がある。彼らは成功するかもしれない。しかし新しいEUは、著しく古きEUの如く残るであろう。もっとも最近の条約変更ラウンドは、EU世界を揺るがさないであろう。

要　点

　1．リスボン条約は憲法条約［案］よりも明確にして意図的な性格の条約である。従ってこの条約を読むには複雑にして困難を伴うこととなる。

　2．リスボン条約は、EUをより民主主義的にして効率的にするように努める。しかしこれは、いつも評価されるとは限らない。

　3．導入された変化の範囲にもかかわらず、その効果は革命的であるように思われぬ。

§7．リスボン条約の批准

　リスボン条約に含まれた諸改革が発効となるかどうかは、それが批准されるかどうかに公式上依存した。批准の開始局面においてその見通しは、加盟諸国の多数が比較的容易に議会の承認を経由する過程を完了したことによって、よりよく思えた。これは、批准がゆっくりと停止しなかったが、アイルランドの拒否によって混乱された。それは、2008年後半へと継続した。その時まで顕著に残ったのは、きわめて少ない批准だけである。当初からきわめて迅速にしてありそうにも思える問題から解決されて進められたその批准は、リスボン条約の性質に少しもよらなかった。その憲法的にして他の象徴的罠を差し引き、書き直された憲法条約版としてのリスボン条約は、大衆の是認の必要を逸らすために国民投票を経由する批准に以前に関与した加盟諸国にとって、その前のもの［憲法条約］から遥かに十分に除かれると判断された。国民投票を保障する主権の委譲ではなかったという確認は、デンマークとオランダにおける公式資料から生じた。これは、イギリス及びポルトガル政府が国民投票要求に抵抗するという主張であった如く、EUにわたるリスボン

条約の支持者達によって歓迎された。ハンガリーは、12月17日に最初に批准するレースに勝った。マルタとスロヴェニアは、ルーマニア・フランス・及び欧州諸国の国会が2008年2月に是認を勝ち取るとともに、素早くそれに続いた。その批准過程がイギリスで始まった。第二の是認の波は、ブルガリアに始まり、かつスロバキア・オーストリア・ポルトガル・及びデンマークが続いた3月と4月に到来した。ドイツとベルギーも進展をなした。5月までにドイツは、ルクセンブルクが是認を得た如く、国会承認を成功裡に完了していた。三つのより強調的批准は、アイルランドの国民投票の一日前の6月11日にエストニア・フィンランド・及びギリシャにおいて続いた。
　リスボン条約の欧州懐疑派集団及び他の反対者達をひどく困らせかつ不満にさせたのは、アイルランドが国民投票を行うように義務付けられることを見出したことである。しかしその結果は、彼らが大いに望むものであった。53.1％の投票率で、53.2％の明確な多数が批准に反対投票をした。リスボン条約に反対する議論は、多様であった初めに、その原文とその重要性についての知識と理解の一般的欠如があった。それは、有権者達を促して棄権させる大きな要因もあった。これは、この原文がきわめて複雑にしてとにかくそれへの合意に達することに現実的に関心をもたぬ一般の人々にとって殆んど含意をもたぬ印象とリンクした。換言すれば、多くのアイルランドの有権者達は、2000年の「わからない、否認投票を」という態度に戻った。しかしリスボン条約の特定要素が浮上する数多くの論点があった。その論点は、特にアイルランドの正規の欧州委員会委員の喪失であり、そのタイミングは誤解された。さらにその論点は、たんに中立を廃止されるとある筋でみなされるばかりでなく、欧州軍における徴兵義務と入れ替えられるとしてみなされた中立に対する脅威の認識である。そしてもう一つの論点は、同性結婚の承認の強制話と対にされたアイルランドの中絶禁止に対する脅威である。こうした議論に反撃できぬ政府は、高度に組織されかつ効果的な野党によって平準化される時、その拒否に一つの役割を果たさせた。
　アイルランドの拒否がリスボン条約の支持者達には苦い一撃であった。しかしそれは、条約の批准過程を終わりへともたらさなかった。多様な非批准

者達は、推進することを重視させた。これらのうちで顕著なのは、続く週に国会の批准を完了させたイギリスであった。最後の国会投票は、7月にオランダ・キプロス・スペイン・及びイタリアにおいて到来した。フィンランドは、秋の前半にイタリア政府と共にその「批准文書」を寄託した。スウェーデン国会は、11月後半にリスボン条約を承認した。これは、アイルランドを除き、まだ批准を完了していないのは三国だけとなった。ドイツとポーランドにおいて各々の大統領は、その批准法案を終えていなかった。チェコ共和国は、憲法裁判所による肯定的議決に従い、かつその大統領の署名を拒否するぞという脅しによって議員達は、2009年前半までその投票を延期することに決定した。

要　点
　1．国会の批准は、2008年夏に不適切な困難に陥らずに進めた。
　2．アイルランドの「否認」結果の主要因は、特定の国民の懸念にあるが、リスボン条約に関する知識と理解の欠如にあった。
　3．「否認」投票結果は、リスボン条約を「消滅させ」たのではなく、批准日程を継続させた。

§8．リスボン条約の重要性と批准の経験

　リスボン条約は、次のような改革を実現させようとする第二の試みであった。即ち、その改革は、多くの欧州の指導者達が、欧州の世論により受け入れが可能な形式でのみ、それが変化しつつある世界にEUを受け入れさせるのに必要と考えるものである。批判者達は、2005年に明らかに拒絶された諸改革によって迫る決定が、欧州の諸国民の上に超国家を上げようとする無意識的か或いは意図的試みである傲慢さの一部であることを主張する。そこにはこのことの一要素が存在し得る。しかしそれは、EUがその加盟諸国数の拡大、及び活動せねばならぬ世界の要求に従って変化することを確かにするより実用主義的問題である。その理念がそのシステムを実際上機能させねばならぬ人々によって是認されたという事実は、想起されるに値する。
　リスボン条約が憲法条約を多く繰り返すという事実は、出発点であるが、

隠される必要をもつものではない。これがそうでなかったと言い張ることは、イギリスの反欧州主義の激しい性質に反映する時にこの国の愚かさであった。憲法と条約との間の相違の理解についても、かつ「憲法条約（CT）［案］」の憲法上の地位に対する反対者達に帰せられた重要性についての両方にあまりにも強調を置き過ぎる議論も存在した。憲法的要素を剝ぎ取ることは、2005年及びそれ以来、経験された反対を拡散する方法とみなされた。しかしこれは、CTへの反対が全体的に一連のしばしば矛盾的態度及び信念に基礎づけられる事実を見逃したのである。そうした態度や信念の多くは、EU一般・及び西欧社会がその文書の用語に対してよりも発展しつつある仕方により多く関連したのである。より重要なのは、2005年の事件によって動員された条約改革に対する反対の深さと組織である。かくして批准過程は、全体的によいものとして徐々に受け入れなくなりつつあるEUの基本的な疎外を象徴化すると再度みなされよう。この危機は、その反対者を扱うことに現実的に注目を集める政府の失敗（それは、ほとんど余地を残さなかった失敗）の現れでもある。

　ゆえに正統性の危機が存在するのか。西欧の加盟諸国において主要な問題があることは、全く明確である。その古き西欧諸国の人々は、彼らがましてや以前にあったよりもEUと同一視する傾向などないのである。これは、彼らの経済不安・将来の信頼の欠如・及び彼らの利益が「ブリュッセル」によって考慮されていないという彼らの感覚故である。しかし憲法条約と同様にリスボン条約に対する反対の多くは、自らよき欧州人と記述する人々から来た。彼らの反対は、そういうものとしての統合に対してではなく、過去15年にわたるEUのスタイルと戦略に対してであった。リスボン条約は、そうした懐疑の象徴的代替として役立った。アイルランド人の投票がEUのエリート達にとって確かに強力な一撃であった。しかしそれがリスボン条約への死刑執行令状であるとみなすことは誤りであろう。2005年におけるようにそれは、一部には2009年の欧州議会［EP］選挙においてうまくなされるように思える、欧州にわたる反欧州勢力ないし欧州懐疑派勢力を復活させた方法、及びそれが包摂する改革への加盟諸国の目標と対立された方法のゆえに、緊迫

した危機期を実際上開いた。アイルランドの拒絶も、デンマークを強いて自らの選択的除外に終止符を打つ国民投票を延期させた。欧州市場と世界におけるEUの立場も影響された。それは、確かにEUを強いてその主要な懸念であると友も敵も共に信じる政策争点を犠牲にして、制度的問題により多くの注意を向けさせた。しかしEUの消滅の話は、大いに誇張されるままである。そこでは明らかに声高にして活発な反対があるが、これは一つのインパクトを与える国民投票の如き特別のものであることを必要とする。ひとたびその危機が終わると、無関心と関心の欠如が自ら主張し直すように思える。更にEUは、通常かなり機能し続けており、かつ、たとえこれを傲慢とみなすものがいるとしても、自信を失っていない。

　面白いことに、アイルランドの「否認」投票は、2005年の国民投票よりもEU拡大や移民に反対する抗議よりもずっと少ないように思える。EU拡大は、ほとんど論じられなかったし、トルコは全く論じられなかった。移民は、幾分隠された争点であった。同様にその条約の原文に対する攻撃は、増大しつつある経済的絶望感にもかかわらず、EUの経済的態度に対する左翼の批判者達によって動機づけられなかった。換言すれば、「否認」投票は、政治的懸念の他の種類を象徴化した。アングロサクソン世界が非民主主義的EUに抗して正当化できる抗議として「否認」をみなす傾向がある一方で、別な見解もあった。

　ある欧州統合支持者達にとって次のような二つの問題があった。即ち、第一に、多数者の望みを封じることで欧州の人々全てのために話すと主張するいかなる権利ももたぬことによって、EU人口の0.2％の少数者によってつくられた民主主義的問題があった。第二に、「否認」投票自体は、自分達がその地位において望んだもの、ある場合には、白々しいものの上に彼らの決定を基礎付けたものに合意せぬ人々によってもたらされた。かくしてアイルランド人達は、自分達の拒絶論理・及び拒絶の責務を受け入れなければならなかった。

要　点

1．リスボン条約における「憲法」という言葉の放棄は、反対を鎮めることが

できなかった。
　２．そうした憲法の大義をもつ国の政府もあったが、よく組織された反対派と闘うことができなかった。
　３．かくしてアイルランドの「否認」投票結果は、EU改革に対して新しい危機期を開いた。

§9．結　論

　超国家をつくる憲法条約［案］及びリスボン条約の話の全てにもかかわらず、このこと全てからくることは、EUが加盟諸国に依拠する機関であり、その諸条約によって定義づけられる機関であるという事実である。デンマーク・オランダ・或いはスロバキアのようなものが存在する如く、頼みとする何らの欧州的基盤など存在しない。それは、条約修正が極めて慎重な配慮を要しかつ論争的である条約へのこの依存故である。それらは、EUとは何か、EUがあるべきものとは何か、及びそれがどこへと進むのか、という問題を引き起こす。これが与えられれば、ありそうなことは、現行条約が現代に維持されるように修正される必要がある時もあるというものである。多くの諸国は、その憲法によってかなり定期的にこれを修正する。より大いなる欧州統合を推進する理想主義者達と同様に変化の実用主義的必要がしばしば存在する。リスボン条約の反対者達は、変化のためにも、ある場合により正確で、短く、より憲法の如き文書のためにさえ論じる。故に改革圧力は、たとえリスボン条約が究極的に敗北されるとしても、全体的にはなくならぬ。リスボン条約問題は、EUの指導者達が憲法的要素をなくし、かつ主に国会の批准へと進むことが2005年に台頭した反対の類を回避することに大いに賭けるというものであった。

　ある程度までこの賭けは、報いられた。しかし少なくともアイルランドは、それが国民投票をもつべきと信じた故、批准は決して消滅が確実なものとはならなかった。それは、あたかもアイルランド政府が大抵の他のもののように行動する如くむしろ思えようし、説得する主張と運動戦略をほとんど工夫しようとは試みなかった。これは、たとえ展開されたより説得的な議論のう

ちの幾つかがリスボン条約やEUを決定的に不正確にさせたとしても、反対を動員させ、かつ効果的に動員させよう。

　EU諸機関の必要、及び（より重要なのは）EUとは何かに関する有意義にして情報が与えられた討議へと、市民達を参加させる加盟諸国にとってのこの論点全て（そして確かに最初ではない）は、あり得るし、あるべきである。それは、EUが静態的ではないことを認めることを必要とする。それは、進行中の仕事のままに残り、故に修正に従い、かつしばしば修正の必要がある。更に憲法条約［案］の公式上の放棄が示す如く、条約を批准しないことは変化の必要を減じず、かつEUの発展も更なる条約を改革する更なる試みも予め含まないのである。そうしたものとしてその運命が何であれ、リスボン条約は、EU条約改革史における最終章であるようには思われないとチャーチらによって説かれる。

　われわれは、本章で「EU憲法条約［案］からリスボン条約へ」の歴史的過程に関する論点を明らかにするチャーチらの文献を跡付けつつ、その問題を考えてきた。その基本条約は、憲法条約［案］とその批准過程［の失敗］を経験しつつ、それを修正したリスボン修正条約として提案されたものである。これは、アイルランドの批准の否認を2008年に経、かつ翌年にその批准の是認などを得て、2009年12月に実際上発効した。かくしてEUにとってその過程は、1960年代の停滞期を想定させつつ、その危機を克服してきた。

　EUのエリート達は、自らそうした欧州統合路線に邁進したが、その市民達の是認を得ることに失敗する経験をした。これは、彼らの今後の課題ともなっている。

　いずれにせよ、チャーチらの論文は、その条約批准の直前に書かれたものであり、われわれは、それが如何に周到に論じられているかを実感できる。しかし彼らは、この新しい過程を要領よく整理しており、われわれに必要な論点を明らかにしている。

　われわれにとってその主題は、この本章の「はじめに」において示した如く、その憲法条約なりリスボン条約なりそのものの検討ではない。われわれは、あくまでもそれらが本書にとって極めて重要であるが、EUの政治機構

の歴史的背景として整理し、かつこれ以下の諸章における前提となるものとして位置付けるものである。とはいえ本書が、制度や機構の歴史的性格の関連性を重視する故、これは単なる前提以上のものである。従ってその文献で示された「条約の要点」として掲載したものも本書に掲載することとした。

さらにわれわれは、それが政治機構(ないし制度)論上、重要な根本規則を形成するゆえ、以下においてそれをベースとしつつ、より具体的なリスボン条約の条文を引照することとなる。

[Box 8.1] 憲法条約の構造
前　文
第1部
第2部　基本権憲章
第3部　欧州連合の政策と機能
第4部　一般及び最終規定
議定書(36)
付属文書(2)
最終文書
宣言(50)

[Box 8.2] リスボン条約の構造
第1条　EU条約の修正
第2条　EU機能条約(前のEU設立条約)の修正
第3条　存続期間
第4条　現存の議定書及び「欧州原子力共同体設立条約」の修正
第5条　条文番号の付け替え
第6条　批准
第7条　言語
議定書(13)
付属文書(1)
最終文書
宣　言(65)

[Box 8.3] EU条約の強化構造
　前　文
　第Ⅰ編［Title Ⅰ］共通規定
　第Ⅱ編　民主主義の原則規定
　第Ⅲ編　機関規定
　第Ⅳ編　より強化された協力規定
　第Ⅴ編　EUの対外活動の一般規定及び「共通外交安保政策（CFSP）」の特別規定
　第Ⅵ編　最終規定

[Box 8.4]「EU機能〈運営〉条約（TFEU）」の強化構造
　前　文
　第一部［Part Ⅰ］　原則
　　第Ⅰ編　EU
　　第Ⅱ編　一般適用規定
　第二部　EUの差別撤廃及び市民権
　第三部　EU政策及び域内活動
　　第Ⅰ編　域内市場
　　第Ⅱ編　商品の自由な移動
　　第Ⅲ編　農業及び漁業
　　第Ⅳ編　人、サーヴィス、及び資本の自由な移動
　　第Ⅴ編　自由・治安・及び正義の地域
　　第Ⅵ編　運輸
　　第Ⅶ編　競争・課税・及び法制の接近についての共通規則
　　第Ⅷ編　経済通貨政策
　　第Ⅸ編　雇用
　　第Ⅹ編　社会政策
　　第ⅩⅠ編　欧州社会基金
　　第ⅩⅡ編　教育・職業訓練・青年・及びスポーツ
　　第ⅩⅢ編　文化
　　第ⅩⅣ編　公衆衛生

　　　　第ⅩⅤ編　消費者保護
　　　　第ⅩⅥ編　欧州横断ネットワーク
　　　　第ⅩⅦ編　産業
　　　　第ⅩⅧ編　経済、社会、及び地域的一体性
　　　　第ⅩⅨ編　研究及び技術開発、並びに宇宙
　　　　第ⅩⅩ編　環境
　　　　第ⅩⅩⅠ編　エネルギー
　　　　第ⅩⅩⅡ編　観光
　　　　第ⅩⅩⅢ編　市民保護
　　　　第ⅩⅩⅣ編　行政協力
　　第四部　海外諸国及び地域との連携
　　第五部　EUによる対外活動
　　　　第Ⅰ編　EUの対外活動の一般規定
　　　　第Ⅱ編　共通通商政策
　　　　第Ⅲ編　第三諸国との協力、及び人道援助
　　　　第Ⅳ編　制限措置
　　　　第Ⅴ編　国際協定
　　　　第Ⅵ編　国際機構及び第三諸国とEUとの関係、並びにEUの代表部
　　　　第Ⅶ編　連帯条項
　　第六部　機関規定及び最終規定
　　　　第Ⅰ編　諸機関を治める規定
　　　　第Ⅱ編　財政規定
　　　　第Ⅲ編　より強化された協力
　　第七部　一般及び最終規定

キーワード

憲法条約［案］／リスボン条約／批准国民投票／国会の批准／ニース条約／欧州憲法会議

引用・参考文献

Church, C., et al., From Constitutional Treaty to Lisbon Treaty, in Cini, M., et al. (eds.), *European Union Politics*, 2010.

Nugent, N., *The Government and Politics of the European Union*, 2006.

Hill, C., et al. (eds.), *International Relations and the European Union*, 2011.

Dinan, D., *Ever Closer Union*, 2006, etc.

Foster, N. G., ed., *Blacwell's EU Treaties and Legislation*, 2011.

松井芳郎編『ベーシック 条約集』東信堂、2011年、など。

第9章　欧州統合の古典的理論
[N.ニュージェントの論点を中心に]

はじめに

　本章は、EU機構における政治理論を概観する。われわれは、前記の如く学問領域としての「政治機構論」の総論を通じて、EUの政治を分析しかつその論点を明らかにしようとするものである。ゆえにわれわれは、最初に学問の基本に立ち返って、理論[等]、歴史、機構ないし制度について整理し、かつまとめる必要がある。従って本書は、先ず前二章で歴史問題に言及してきた。本章でわれわれは、EU機構に関する理論ないし方法論に論及する段階にきている。

　われわれは、本章でそのEU機構の基礎理論として評価されてきた三つの古典的理論について考察することとする。というのは欧州統合の政治理論は、こうした「古典的理論」によってその学問的地位の座を徐々に確かにしつつあるからである。とはいえこの領域は、極めて歴史が浅いため、他の主要な政治学領域と比較すれば、必ずしも十分に確立されているとは言い難い。それにもかかわらずその新しい現象を正確に整理することは、重要な主題にして時代の要請でもある。諸々の学問がEUという新しい対象と取り組みつつあることも看過できぬものであり、かつそれは重要な実際である。

　従ってわれわれは、困難な学問状況にもかかわらず、こうしたEUというものが国家を超え、かつ国家的なものも有しているという重要な事実の前に思考停止状態にとどまってはならぬ。本章はこうした状況を踏まえつつ、欧州統合の「古典」理論的側面と取り組むこととなろう。

　われわれは、EUについて国家中心主義的にして現実主義視点によって説明する傾向をもつ古典的理論が「政府間主義」理論と見なす。他方、本章は、EUの「超国家主義」(これは、国家水準を超えるものである。それは、協力や統合の制度・政策・或いは「特定類型」を指し得るか、或いは欧州機関の自治や共通

欧州政策の重要性を強調するEU研究アプローチである）的視点を強調する理論が、「新機能主義」及び「連邦主義」理論と示すものである。これらは、例えばC.ヒルらが後者を二つの古典的理論と名付け、B.ロザモンドが、政府間主義と新機能主義を古典的理論と見なす。われわれは、両方を含め、三つの古典的理論として示す。というのはそれは、次章の欧州統合の「新理論」に関する基本文献にはこれらの説明を十分に含まぬなどの理由故であり、それを提示せねばならぬからである。

§1. 新機能主義理論

新機能主義理論の諸基礎は、数多くのアメリカの学者達（そのうちで最も卓越するものは、E.ハース［1958］とL.リンドバーグ［1963］であった）によって1950年代後半と1960年代期中に置かれた。

その古典的公式化における新機能主義は、次のような二つの主要形態をとる波及効果概念を中心に展開する。その第一の形態（機能的波及効果）は、近代経済学の相互に関連づけられた性質から生じる。その性質は、特定の経済部門に統合を限定することを困難にさせる。むしろ一部門における統合は、隣接しかつ関連する諸部門における統合圧力を生み出す。第二の形態（政治的波及効果）は、経済統合から主に生じ、数多くの次元をもつ。即ち、国家エリート達は、自らの注意を活動及び意思決定の超国家的水準に徐々に向ける。これらのエリート達は、欧州統合過程及び共通利益の格上げへと好んで扱うようになる。超国家的機関やアクター達は、国民国家や政府のアクターが影響力をなくすればなくなるほどますます、欧州統合過程に影響力をもつようになる。徐々に増大する統合の重要性は、超国家水準で政治的制御や説明責任の圧力や要求を生み出す。

初期の新機能主義は、欧州統合の急進的展開を確かに不可避的と見なさなかったが、かくしてそれを主張した。統合は、欧州経済共同体（EEC）に道を開くのにこうした重要な役割を果たしていた欧州石炭鉄鋼共同体（ECSC）の経験を強く引くことによって、更なる欧州統合を促進するとみなされた。欧

州共同体（EC）における1965年から1967年の危機［フランスが超国家主義的提案に反対を表明するために共同体機関のボイコットを始めたこと］、及び1970年代前半の世界不況に続く欧州統合過程の遅滞は、かくして新機能主義の提唱者達にある動揺があった。というのは政策統合は、速やかに進める政策統合、並びに性格上徐々に超国家的となる政治行動及び意思決定と異なり、政治行動と意思決定が本質的に国家基盤にして条件づけられる一方で、予期されていた方式では展開しなかったからである。その結果、新機能主義は、少なからずその主要人物達（E.ハースやL.リンドバーグ）が政策統合から撤退するとき、その輝きとアピールを大きく失ったし、未来の欧州統合理論が特にナショナリズムと政治的指導力の役割により大きな承認を与える必要があると主張した。

しかしながら、1980年代後半以来、新機能主義の再評価と部分的復活が統合の速度の中で再度回復するにつれて、「隠された」形態でしばしばであるが、存在している。P.シュミッター（2004）は、「現実の新機能主義者達は、危機に瀕した種であり得るが、新機能主義思考は、たとえそれが…異なったものとして通常なおブランド化し直されるとしても、大いに生きている」と観察した。

J.T-ミケルセン（1991）は、1980年代からの西欧における「新動態」の多くが、新機能主義的視点で説明し得ると論じている。しかし彼も元々の新機能主義的立場の一部でなかった諸要因（例えば、対外安全保障環境における強力な政治アクター達と変化のごとき）の重要性を強調する。彼の主要な強調は、新機能主義が「一頭の象の諸部分」のみ扱い得るが、「…それらの諸部分がその動物を動かす諸部分の間にあるように思える」（ibid.）ことである。T.-ミケルセンは、次のように論じる人々を例示する。即ち、元々の機能主義がその限界と欠点（最も特定的に過剰に決定論的であるが、加盟諸国やその代表の［しばしば特有な］諸利益の欧州統合過程における重要性の継続に適切な容認を与えないことによって）をもったかもしれぬが、それはなお、特に更新されかつ修正されるとき、かなりな理論的価値をもつ［人々を例示する］。新機能主義の主張を支えるために引用された証拠は、機能的波及効果と政治的波及効

果の両方と関係する。機能的波及効果について域内市場の完成の元々の「要件」が特に、社会的次元・単一通貨・財政の調和化の度合いを含むために漸進的に拡大している単一欧州市場（SEM）に最も一般的に引照される。政治的波及効果について1980年代以来超国家的意思決定における大きな進展は、欧州委員会の「起動的役割」・理事会の特別多数決［QMV］の使用・及び新機能主義的役割の範囲内に入ると全てみなされる大いなる統合主義的活動のための裁判所の支持によって共通に引用される。実のところ、裁判所の役割についてバーレイとマッティーリ（1993）は、「共同体の法的統合は、元々の新機能主義モデルに著しく緊密に呼応」し、欧州司法裁判所（ECJ）が、それ自体のもつ政策課題を追求するかなりな範囲をもっているばかりでなく、欧州統合を支持するほどまでに方法においてしばしばこの統合をなしていると明示的に論じている。

　W.サンドホルツとA.S.スウィート（1998, 1997）の著作の多くは、新機能主義によって特徴づけられる。しかし T.-ミケルセンらの如く彼らも欠けているとして元々の新機能主義をみなしている（彼らの見解では欧州統合がある政策部門における波及効果［しかし全ての部門ではない］を経由して進めるべき特に理由を説明し得ぬ）。サンドホルツとスウィートは、EUにおける超国家的ガバナンス［統治］の展開、及び次のような理由を説明する理論を進めるためのアプローチと視点（特にグローバル化と交流理論）を引く。即ち、展開の範囲は、彼らが主張する如くEUが単一レジームとしてではなく、一連の異なった諸レジームとして最もよくみなされるほど政策諸部門間で極めて異なると。彼らの説明の出発点は、グローバル化が国際環境障壁と、EU規模の規則と規制の設定の両方で、圧力を生み出している国際的経済交流（貿易・投資・生産・配分）及びコミュニケーションにおける成長へと導いていることである。これらの圧力は、主様な政策管理及び政策促進的役割をもつEU政策及び政策活舞台（アリーナ）へと導く。統合は、国際交流の拡大の継続によって、かつ国際交流をより一層制御するためにその枠組みを拡大し、かつ強化しようと努める超国家的機関によることをはじめとして数多くの方式で支えられる。彼らが明らかにするごとく、彼らの理論の基本的構成要素は、かくして次のよ

うな新機能主義において予め示される。即ち、「国際社会の発展、統合政策課題を追求する有意義な自治能力をもつ超国家的機構の役割、及び国際政策の形を解決する欧州規則形成の焦点」である (ibid.)。彼らは、「超国家的交流は、超国家的機構を刺激して超国家的社会の発展を容易にし、規制するために設計された規則を形成される」(ibid.) 理論を発展させる諸要素を構築する。彼らは、統合が他の政策領域におけるよりも政策領域においてよりもある領域で「より迅速にしてさらに前へと進める理由の問題に答えようと努めるとき、国境を越えた相互作用において、かつ超国家的な調整と規則の結果的必要における多様性に頼る」(ibid.)。

§2. 連邦主義理論

連邦主義とは、各人が一つの中央政府と多数の地域諸政府との間において、抑制と均衡からなる複雑なウェブ［緊密に入り組んだもの］における国家的及び地域的諸利益の結合によって、満たし得ると主張するイデオロギー的立場である。これは、一般的な連邦主義的定義である。これを更にEUの統合理論の視点からロザモンドは、次のように説明する。それは、「欧州合衆国」を創設するための運動と密接に関連づけられた欧州プロジェクトである。伝統的に連邦主義者達は、行政当局機関の幾つかの層（欧州層・国家層・及び地方層）間の関係を定義づける立憲制的秩序の創設に関心をもっている。次のような見解を取った連邦主義者もいる。即ち、これは、(a)異なった任務が異なった水準において最もよく達成し得るゆえに、かつ (b)連邦制秩序が欧州における戦争のための合理的根拠を除去するゆえに、人間社会の諸事を支配する合理的な方法であると。より最近に連邦主義理論は、(a)連邦主義的政体が起こる過程、(b)EUが現行の連邦制形態に有用とたとえ得る範囲に関心をもつようになっていると説かれる。

こうしたEUにおける連邦主義は、第一次大戦の恐ろしい経験が連邦主義的理念への関心の増大を欧州で引き出した。その大戦後にクーデンホーフ-カレルギーというオーストリア貴族は、ロシアとアメリカとの関連で欧州の

力の低下を回復する途として欧州同盟を広めた。1929年にA.ブリアン・フランス外相は、フランス・ドイツ・及び他の欧州諸国間で平和的関係の枠組みとして同盟を提案した。より構造化された連邦制提案は、例えば、ロースアン卿、L.ロビンズ、及びW.ベバリッジのごときイギリスの作者達によって1930年代後半になされた。彼らは、次の第二次大戦へと向かう欧州の主権国民国家の強い影響力に対して不安になったからである。それらは、後の強力な連邦主義論者であるA.スピネッリなどへと影響が及ぼされることとなった。

こうしたEUにおける連邦主義論は、新機能主義論と超国家主義的視点において共通する。とはいえ欧州連邦主義的視点は、EU共通機関の重要性を強調する一方で、次のような主要点などにおいて前述の新機能主義を超える。それは、新機能主義者達が欧州機関を形成する諸原理について明確ではないが、連邦主義的視点は自由民主主義原理に基礎づけられる。それは、特に基本的権利に基づいた法の支配、及び制定された法による代表統治、並びに市民の公選代表によって統制される行政執行部に基礎づけられる。

この視点で行使された権力は、政府の諸機関によって共同して扱われる必要がある。というのは次節のごとき政府間主義方式は、民主主義諸国の市民達の必要を満たすには効果的でもなく、民主主義的でもないからであると説かれる。ゆえに諸機関における諸要素は、EUが法の支配と代表統治原理に基礎づけられた効果的な民主主義政体となるまで強化されるか、或いは繁栄しかつたぶん生き残りさえできるのに足る市民達からの支持を集めることができないか、のいずれかとなろう。

EUの国際関係の局面に重点を置くC.ヒルらは、共通の防衛と外交政策の達成が連邦制プロジェクトの主要な目的であるという。その問題に対する連邦主義的アプローチは、その政治哲学に根差した伝統から期待し得るごとく、性質上分析的というよりもむしろ規範的であると説かれる。それは、諸国家がその主権を望んで放棄する理由よりもむしろ同盟を形成する理由なのである。こうした主権の自発的委譲が歴史上きわめて稀であるという事実にもかかわらず、かつ欧州の場合でさえ、確かであるのとは異なる。それにもかか

わらず、(理論的にも実際的にも) 連邦主義の最も強力な議論のうちの一つが効果的な欧州外交政策をもつ必要性の認識があることは、本当のままにある。

§3. 政府間主義 (intergovernmentalism) 理論

　政府間主義は、「国際関係論 (IR)」にその起源をもち、より特定的には、国際関係論内の現実主義的伝統をもつ。簡明にいえば、現実主義は国民国家が国際問題の主要なアクターであり、かつ諸国家間の主要な政治関係が国家政府を第一次的に経由して回路化される。現実主義は、新機能主義とは異なり、超国家的なアクターないし国際的アクターの影響力にそれ程多くの重要性を与えず、ただ諸国家内の非政府アクターに限定された重要性しか与えない。

　政府間主義は、欧州統合に当てはめられるごとく、欧州諸国政府によってなされる決定や行動に主に言及することにより、統合過程の方向と速度をかくして説明する。諸国家内及び諸国家を超える両方で他のアクターが発展への影響力を行使し得るが、決定的でなく、かつ確かに統制する影響力を行使せぬという認識がある。この諸国家への焦点 (及び諸国家が高等政治領域 [外交政策・安全保障・及び防衛] において特に精力的に擁護する国家自体が有する特有な国益をもつという連想された国家認識) は、S.ホフマン (1966) が述べた如く、「統合論理」よりもむしろ「多様性論理」を強調する傾向をもつ政府間主義者達をもたらしている。

　多年にわたってホフマンは、この欧州統合解釈の主要な提唱者であったが、近年A.モラフチーク (1991, 1998) がその主導的提唱者として自らを認めている。他の政府間主義形態の提唱者は、G.ギャレット (1993) とJ.M.グリエコ (1995) を含む。ちょうどT.-ミケルセン他がより精緻化された理論枠組みを展開する初期の理論枠組みの上に構築している如く、モラフチークは、政府間主義のために類似の尽力を遂行している。彼は、自らの枠組みを「自由主義的政府間主義 (LI)」と呼ぶ。

　政府間主義には以下のような三つの主要な構成要素がある。第一に、次の

ように意味づける合理的な国家行動仮説が存在する。即ち、国家行動は、その目標を達成する最も適切な手段と判断することを利用することに基礎づけると見なされると。第二に、国内の選好形成の自由主義理論がある。これは、国内政治アプローチを引くことによって、国家目標が国内圧力及び経済的相互依存から引き出す拘束と機会によってしばしば条件づけられる相互作用により形成される方法を説明する。第三に、そこには次のような政府間主義の国家間関係解釈がある。即ち、その解釈は、諸国家間関係を決定するのに政府の主要な役割を強調し、かつ彼らの相互的交渉権限、及び協定により国家が影響を与える利点によって、本質的に決定されるとして「諸政府間交渉結果」をみなす。

自由主義的政府間主義が、こうした明確にして重要な点でほとんど妥協せぬ枠組みを進める故、かつそれが多岐的な国際アクター達、及び諸国家の複雑な相互依存の時代における事実に正しく適合せぬとして不可避的に批判を招いた。

A.フォスター(1998)は、自由主義的政府間主義が、「政府間主義的交渉理論としてみなすよりも、前理論ないし分析的枠組みとして多分最もよくみなされる」ことを意味すると主張した。これは、そうであるかもしれぬが、自由主義的政府間主義の弱みが、容易に明らかにし得るけれども、そのアプローチがかなりな強みももつことを忘却すべきでない。特にこれは、EUにおける国家や政府の役割の残りを与えるし、初期の政府間主義がなすよりもより一層微妙な違いが与えられ、かつ精緻化された方式でそうするのである。

ニュージェントによれば、新機能主義も政府間主義もともに対外的諸要因が欧州統合の対内的速度や性質を時には引き金を引いていることを認める一方で、両方とも対内的動態に第一次的に関心をもつという。

結 び

われわれは、本章において次章の欧州統合の新理論の前提となる論点を概観してきた。われわれにとってそれらの三理論は、よい意味にせよ悪い意味

にせよ、古典的な理論である。よい意味ではそれらは、ある程度の長い期間にわたってEUの理念、方向性、或いは現状分析などについてその理論的根拠なり現状分析概念などで有効であるというものである。悪い意味ではそれらは、徐々に統合へと進展しつつある欧州連合機構を説明し得なかったり、そのEU統合の停滞などを説明できなかったりする局面などである。例えば、政府間主義は、その停滞期において国益的局面が露わとなる場合や国内問題がその機構に大きな影響を与えるものなどにその威力を発揮できている。他方で、ドロール欧州委委員長時代におけるその統合の飛躍期を説明する場合にその進化ぶりの論理立てにおいて威力を発揮する。その欠点は、それぞれが逆の問題点を露呈するものである。

　いずれにせよ、われわれは、これらの古典的理論を前提として、次章の「欧州統合の新理論」と取り組むこととなる。というのは多様な社会科学がそこにおいてこれらの古典的理論を批判しつつ極めて新しくして刺激的なEU機構という事象について、競って自らの学問を適用すべく力を注ぎ、かつそれらを論じようとするからである。

キーワード

欧州統合／新機能主義／政府間主義／連邦主義／現実主義／超国家主義／国家主権／行動論／誇大理論

引用・参考文献

　Nugent, N., *Government and Politics of the European Union*, 2006.
　Hill, C., et al., *International Relations and the European Union*, 2011.
　Pinder, J., et al., *The Building of the European Union*, 1998.
　Cini, M., et al. (eds.), *European Union Politics*, 2003.
　Haas, E., *The Uniting of Europe*, 1958.
　Moravcsik, A., *The Choice for Europe*, 1998.
　Rosamond, B., *Theories of European Integration*, 2000.
　Dinan, D., *Ever Closer Union ?, 1994*, etc.

第10章　欧州統合の新理論
　　　　［B.ロザモンドの論点を中心に］

序　論

　われわれは、前章において欧州統合に関するやや古いけれども、有力な三つの理論を概観してきた。そうした新機能主義、政府間主義、及び連邦主義といった古典的理論は、本章における新理論の批判の対象となる。特に前の二つを標的として本章の以下の基本文献は、論じる。残る連邦主義理論は、EUの理念にして現状分析の基礎概念（というのはそれは、アメリカ合衆国の連邦制と共通的制度も含むからである）でもあり、そうした意味でも古典的含意をもつものである。われわれは、その上に成り立つ新理論の研究状況を叩き台とすることとなる。本章で選択する文献は、B.ロザモンドの「欧州統合の新理論」と称せられるものである。これは、主に国際関係論的視点から多く論じられる。とはいえそれは、比較制度論的視点（例えば、新制度論的枠組みなど）も含むゆえ、こうした意味でわれわれの目的に叶うものでもある。

　そのB.ロザモンドは、欧州統合問題について次のように説き起こす。「EUに関する学術研究の多くは、新機能主義と政府間主義との間の古典的議論に魅せられるままである。これらの学派間での反対を探り続ける合理的根拠が存在する。こうした思考は、我々を強いて欧州政治における継続性対変化という主要な争点と取り組ませる。EUの成長は、欧州国民国家システムの超越性を含意するのか。そうであるならば、これは積極的超国家的諸機関の新グループを目立たせ、かつ有力な非国家的アクターの優位の発展を肯定するのか」。

　さらにロザモンドによれば、さもなければ、加盟諸国はこの過程における主要なアクター達であり、かつEUの主要な動態は政府間的なのか。こうしたのライバルの学術的諸論説は、政策世界における彼らの同等なものをもつ。（例えば）J.モネやR.シューマンのような欧州統合の創設の父祖達の戦略は、

しばしば「新機能主義者」とみなされている。他方で政治家達は、国家主権主義的にして政府間主義的仮説によって引き受けられる語彙をなお使用する傾向がある。

　しかしながら、近年はEUについて「他の手段で考える」一致した企図を証言している。ロザモンドの章は、これらの理論的説明を扱う。この文脈で「新しい」というのは、何を意味し得るのかを考察することには価値がある。この「新しい」という用語は、結局のところある理論が「古く」或いは恐らく余計であることを含意する。特に、新しい理論的内容を提示する多くの学者達は、次のような提題で始める趣旨がある。即ち、議論の「古典的」用語（新機能主義と政府間主義との間の敵対によって代表されるように）は、今日のEUにおいて起こっていることを適切に捉え得ぬ提題で。本章は、この前提に注目し、かつ理論的出発（開始）の提題として、そのしっかりとした根拠に関するより深い議論で始める。

　この議論は、我々に理論上の任務について注意深く思考する重要性を促す。理論は、簡明にわがままな演習であるだけでない。理論は、いかなる真面目なEU研究者によっても避けることができない。むしろ著者達によって選択された理論的諸提題について意識的であることは、次のような理由故に重要である。即ち、EUと欧州の統合の「読解」は、選択肢的前提の当然の結果として生じるからである。著者達が統合の「誇大理論」を構成しようと試みることが、稀である（少なくともこの当時）と、それは言った。その代わりに1970年以来著者は、次の二つの要素［a)統合過程要素とb)EUガバナンス〈統治〉の要素］の理解と説明を助ける理論を構成する傾向がある。（前章で述べられた）新機能主義と政府間主義の直接的継承者達でさえ、特定の野心をもつ。例えば、サンドホルツとスウィートによる超国家的統治［ガバナンス］理論（1998）は、EUの起源を明示的に「一まとめに扱う」。というのは彼らの理論は、このことを説明する方法をもっていないからである。A.モラフチーク（2001）は、自らの自由主義的政府間主義（LI）が、包括的な欧州統合理論であることを意図するのではなく、むしろ政府間主義交渉理論のみとなることを意図していることを最近強調している。

これらの警告は、新機能主義と政府間主義が、現在のEUのきわめて重要な属性を捉え得ぬという異論をなお迂回していないというものである。本章の第一の実体的な節で探求された主要な異論は、「古き」理論がEUとは何かについての時代遅れの概念に根差されるということである。しかしながら、我々は、EU研究が、欧州統合の現実世界の発展やEUの進化とともに簡明に盛衰するものではないことを知る必要がある。それは、社会科学的様式における展開とも（かつ多分より一層顕著に）関係付けられる。多くの人々は、理論的「進歩」（即ち、社会科学一般及び特に政治学がその技術を改善するように、我々は例えば、EUのような研究対象がこれまでよりも「より適切に」扱われることを期待できる）についてこのことを考える。

§１．古典的議論の限界

　前章が示しているように、新機能主義と政府間主義の遺産は、統合やEUに関するより多くの最近の著述においてそのまま残る。更に、EUの分析者達が理論的開始の選択的地位について彼らの選択肢的論点を提示しようと試みるときでさえ、既成の新機能主義的地位と政府間主義的地位についての彼らの調整者達を明らかに設定する。新機能主義と政府間主義の歴史と軌道がこうした説明において誇張されることで終える危険が存在する。その「古典的」理論文献の修正主義的読解を提示することは、本章の任務ではないが、統合理論の初期のテキストが今日の研究者達による精読をなすことで十分とだけ言っておこう。このことは、単に例えば、「波及効果」といった諸観念の明らかに有用な遺産故にのみではない。これらの「古き」理論が批判される仕方が争いを招くということも本当である。実のところ、「新しい」理論と「古い」理論との間の便利にして厳格な亀裂があるという観念は、かなり重大な精査を招く（Haas）。
　「古き」議論は、少なくとも三つの相互に関連した問題点について批判されている。
　１）統合とEUの現実把握がその伝えることのできなさ、

2）国際関係の規律的無秩序におけるその想像された罠にかかること、
3）そのいわゆる「科学的」限界。

　これらのうちの第一（特に、新機能主義者達）について、統合理論と欧州統合の展開的現実との間の交流の欠如について厳しく批判されている。1960年代半ばからの政府間的政治の主張・加盟諸国内での民族主義的感情の強情性・及び欧州の経験の特殊性と非再生可能性は、全て1970年代半ばまでの新機能主義論説に対してボディブローを与えた。同様に政府間主義は、それが統合とEUガバナンス［統治］の両方の部分的表現のみを提示するという責めにさらす。加盟諸国の執行部間の政治、及び欧州統合におけるかなりの変化が政府間交渉にのみ跡付けられるという主張への焦点は、EU研究「現場」における人々によって集められた経験的証拠の多くと矛盾する。しかしながら、EU内で起こっていることの多く（日常的立法及び規制的活動について）が「非国家的アクター達」の行動と密接な関連にある一方で、これは新機能主義がカムバックするのに必然的に最もよく置かれることを意味することではない。

　一例を挙げれば、1980年代後半と1990年代前半の文献で現れる大きな議論のうちの一つは、単一欧州議定書［SEA］(1987) において法典化された単一市場計画の起源と関わる。政府間主義者達は、政府間交渉によって開始された条約改革の明確な事例としてSEAに向かった。それは、変化が三つの最も強力な諸国（イギリス・ドイツ・フランス）の集中的利益故に、可能となっていると論じられた。更にこれらの諸国の選好は、三つ全てにおける国内の政治的交渉過程から現れた（Moravcsik）。これに抗してそれは、SEAが近年台頭した実際の公式的強化を表すと主張された。同様にこれは、欧州委員会による機関的創造性の措置・司法裁判所の法学・及び機関上の相互作用過程に反映した（Wincott, D.）。とにかく他の（より新しい）理論的観点は、どのように、かつなぜ単一市場と、通貨同盟への後の発展が起こるのかの強力な説明を発展させた。

　「古き」理論についての次の批判は、その理論が国際関係（IR）の学問母体から台頭するという主張の上に構築する。国際関係は、この観点から二つの中核的テーマ（戦争と平和の問題、及び諸国家間関係）を占めると主張する。

第10章 欧州統合の新理論

　欧州統合は、次のような理由故にもともと国際関係（IR）学者達にとっての関心があった。即ち、欧州諸国は大陸で頻発する戦争の原因を阻止し、かつ除去しようと努めるプロジェクトにのり込みつつあるように思えるゆえであると。このことは、IRが引き出した諸理論を二つの思考方法へと導いた。新機能主義者達は、統合過程の進歩的機構と関わるようになった。しかし政府間主義者達は、諸国間外交が欧州統合の文脈において生き残り得るのか、或いは制度化されるようになるのかのいずれかの方法に関心を発展させる。

　同様に、これは二つの不満類型を引き起こした。その第一の不満類型は、「統合問題」以上のことについてである。S.ヒックスは、多かれ少なかれ「統合」が存在すべきかどうかの問題が、EU業務に関与されるアクター達の大部分の行動を動機付けてはいないと主張した。彼が論じるようにむしろこれらは、複合的な政治システム内で彼らの利益を追求する諸個人と諸集団である。EUの分析者としてロザモンドらは、実のところH.ラズウェルの古典的な公式化を使えば、「誰が何を何時、どのように得るのか」という常套的政治学の問題と対決させられると説く。もし我々は、「統合問題」がEUのまわりに存在するのみであると考えるならば、我々は「国民国家」と連邦的「超国家」との間の簡明なゼロサムゲーム的対立について、EUを概念化するような政治家達と同じ罠へと陥ってしまおう。これは、第二の不満類型へと導く。これは、我々がEUについて日常的な学術的言説のきわめて多くを特徴付ける「国家の固定化」から発する必要があると主張する。一方では多くの（多分大部分の）EU研究者達は、次のように論じたからである。即ち、EUは、国家を理解するために既成の鋳型へと現実的に当てはめない特定の政体類型ないし政治システムへと進化していると。他方、EUは一貫し、かつ結合的政策出力をもたらすシステムであるという。その主張は、IRの観点がこれらの批判を扱い得ないということである。

　第三の古典的議論批判は、関連する理論類型についての数多くの懸念をまとめる。特に、新機能主義は「誇大理論」（世界中での地域統合の動態に関する一組の一般「法則」を発展させようとする企図）として批判されている。理論を全て包摂するこうした企図は、1970年代前半において集中的に批判にさら

されるようになった。それは、これがその主要な実践者達によって放棄される時期であったこととは一致しない (Moravcsik; Rosamond)。誇大理論や普遍的理論の代わりに、社会科学者達は「中範囲理論」を発展するのにより多く関心をもつようになった。その理論が主張するように、中範囲の理論は総合化する野心をもたず、中範囲理論はその全体よりもむしろ一現象の諸局面を説明しようと努める。我々がこれからまとめるように、大部分の最近の理論的著作は、EUの政策過程や規則的構造の諸局面を説明することに関わる。欧州統合理論は、主に廃れかかっているという。

もちろんこの理論は、次のように提示する国際関係の批判としばしば合体する。即ち、国際関係 [IR] の問題は、それが誇大理論の普及において交流し続けるということである。この問題について考察するもう一つの方法は、統合がとる形態へと集中させることとして「古き」理論を明らかにすることである。今日の多くのEU学者にとって、このことは簡明に不適切な問題である。注目や説明に値することは、EUが権威的出力をもたらす過程であって、EUが何になりつつあるのかの「大きな描写」問題ではない。

これらの諸批判が完全に決定的であり、かつEU研究を新しい理論的時代へと先導していると考えることは誤りとなろう。各々は論争され、かつ学者達は上述においてある実体が存在することに一致が存在するところでさえ、多くの者は次のように論じる。即ち、理論的背景は、古典的理論の批判者達の多くのものが主張するよりも微妙な相違があり、複雑であると。これらの諸点のうちの幾つかは、本章の結論でより十分に詳述される。今では全ての批評が正統的出発点として「現実」と適合させることの新機能主義や政府間主義の失敗をおかすわけではないと承認することには価値がある。時には「構成主義的」伝統と呼ばれるものにおいて研究する諸理論家達は、理論と現実との関係を緊密にして問題があるとみなす。そして彼らは「現実」世界に応え、かつ予測するその能力よりも理論を評価する異なった諸基準をともに選択しよう。

更に親学問としての国際関係論 (IR) の退けは、次のような人々によって仕事がなされている。IRの学部や雑誌の中で起こっていることがその批判者

達によって描写された研究の誇大理論化や、国家固定的領域には何らの類似性ももたないのであると (Rosamond)。とにかく欧州統合研究がIRの下位分野としてずっと容認された範囲を過剰に述べるのは、大胆な主張である。E. ハース、K. ドイッチェ、L. リンドバーグ、P. シュミッターが気に入るものは、自覚的にしてしばしば最も最近の政治学の開拓的提唱者として、その初期の共同体を研究した (Haas)。IR (国際関係) への統合理論の最も明確な関連は、国際政治経済学 (IPE) ［国内政治と国際関係との間の境界の曖昧さを明示的に強調する下位領域］の出現への貢献であった (Katzenstein, P. et al.)。IR理論が次のような理由故に、EU研究において価値ある地位を保つと提示する者もいる。というのは国際関係理論は、EUが活動するグローバルな環境を理解する価値ある用具として作動するゆえである (Hurrell, A., et al.; Peterson, J., et al.)。

　第三の論点 (「古き」議論に関わる理論化類型) は、一現象 (ロザモンドらの場合にはEU) 研究が、社会科学の導きと密接に関連付けられる方法についての批判よりもむしろ観察である。

　「古き」ものと「新しき」ものからこの移行に関するもう一つの思考方法は、M. ヤクテンフックスによって提供される (2001)。彼は、「欧州政体」が従属変数である統合理論の古典的段階と次のようなところでの最近の「統治」的局面との間の区別を引く。即ち、「欧州政体」が独立変数となる最近の統治的な局面との［区別を引く］。換言すれば、EUは、分析者達が他の諸現象の説明に貢献する一要因となることを説明しようと努める一現象となることから変化している。これは、「なぜ統合が起こるのか」と問うことから、「どんな効果を統合がもつのか」という問題を置くことへの移行ということになる。EUの進化は、EU研究の性質 (及びそれを知らせる理論的著作) がこうして移行し得るが、それは明らかに唯一の理由ではない。政治学の関心や様式もやがて変化することを想定することは、重要である。特定分野における理論的発展 (或いはある者には進歩) は、最近優位的な概念的用具一式と社会科学の関心とを似せることに関係するものである。これが、研究の対象 (我々の場合にはEU) の現実についてのよりよい説明と、社会科学のより厳格な形

態における進歩をもたらすと言う者もいよう。また社会的世界に関する我々の知識が、妥当な知識として数えるものについてのゆきわたる諸概念によって治められ、かくすることによって理論のある形態に対して、他の形態を支持してそのゲームを歪めると論じる者もいよう。

要　点

　1．近年は、EUを理論化するのに更新された関心を経験している。大部分の学者達は、理論的な仕事のより新しいスタイルへの重要な移行が存在することを受け入れる。

　2．古典的議論の批判者達は、EUについての誤った種類の問題を問う理論として、新機能主義と政府間主義をみなす。

　3．「古き」理論の衰退議論は、理論の性質と目的についての興味ある諸問題をひき起こす。

§2．制度論とEU

　EUは、世界的な地域統合の枠組み基準によって大いに制度化されている。それは例えば、欧州委員会・欧州議会・欧州司法裁判所といった特有な一組の超国家的な諸機関をもつ。特にEUは、数多くの政府間的諸機関を特徴付ける（幾つかの小機関〈例えば経済社会評議会のように、それらは形式上の権限のあり方では行われないが、欧州の政策決定において特有な歯車を形成する〉には言及せずに）。諸条約は、多様な諸機関が相互作用すると想定される方法と同様に、諸機関の役割を定義付ける。

　次の3点は、注目に値する。

　1．欧州共同体（EC）の創設者達は、周到な制度設計を通じて国家勢力と超国家勢力との間で自分達が願った均衡を捉えようと努めた。その均衡がまもなく変更しているが（Wallace, H.）、欧州統合の公式的制度構造が、半世紀間で著しく弾力性のある状態にあることを大部分の者は、受け入れる。

　2．EUの周到な観察者達は、多様な諸機関内の特有な文化の成長にしばしば言及する。EUは、たんに欧州委員会内部での特定のやり方が存在するばかりでなく、欧州委員会の個々のDGs（総局）が特有な制度的文化をもつ

ということでもある。同じことは、多様な理事会にも当てはまる。

3．学問的業績は、EUの公式的制度構造内における多様な非公式なものの存在を明らかにしている。本節は、政策過程内で決定的である多くが、諸条約内での公的地位をもたぬ規制された実際の結果であることを提示する。この事にもかかわらず、これらの既成の日常的な事柄は制度としばしばみなされる。

EU研究の主要部分の多くは、公式非公式の諸制度の分析や制度化された実際が政策結果に与えるインパクトを含む。同時にEUが近年増加しているように、政治学のより広範な世界は「新制度論」(Hall, P., et al.) へと浸透されるようになっている。

新制度論を単一の理論的観点とみなすことは、誤りであろう。制度論者達は、制度が重要であると言うことに多かれ少なかれ合意する。G.シュナイダーとM.アスピンウォールが言及するように、「制度は、偏りをもつ個々の担い手がやがて自分達の社会（それは同様に重要な結果に導く）へと組み込んでいることを含む。制度は、分解された諸単位間での社会活動や合理的競争を簡明に映すことよりもむしろ政治行動や結果を構造付ける」(Schneider et al.)。

重要なことだが、異なった特色をもつ制度論者達は、どれくらい諸制度が重要なのかにのみについて選択肢的説明をもつ。シュナイダーらは、一スペクトルとして制度的政治学について考える。このスペクトルの一方の端に、自己追求的代理人達による行動の長期的諸類型として制度をみなす経済合理性的立場を置く。制度は、この説明において自利追求の調整剤であり、かつアクター達がより大きな効率によって自分達の業務を扱う媒介である。そのスペクトルの反対の端には、アクター達の利益が制度上の相互作用過程を通じて実際上構築される社会学的立場が存在する。P.ホールとR.テイラーの画期的な議論［Hall et al.］は、三つの制度論の亜種（合理的選択制度論・歴史的制度論・社会学的制度論）を明らかにしている。

これらの各々は、EU研究において一存在形態をもっている。

合理的選択制度論は、政治への合理的選択アプローチがEU研究を濾過して

いる最も明確な（かつあるものには最も成功裡な）方法である（Dowding, K.）。合理的選択制度論（恐らく〈多く批判されるが〉今日のアメリカ政治学の支配的傾向）は、人類が自己追求的にして合理的、かつ戦略的に行動する観念に基く。政治アクター達の目標は、階序制的に組織立てられる。その目標は、政治アクター達のために自分達の選好を形成する。制度は、政治アクターが「媒介変数」として行動する故に重要である。これは、制度が選好機能を変更するのではなく、政治アクター達がこうした選好を追求する論法にインパクトを与えることを意味する。従って、ゲームの制度的ルーツにおける変化[例えば、マーストリヒト条約とアムステルダム条約に従い、幾つかの領域において理事会と欧州議会に共同体権限を与える共同決定手続きの導入]、或いは理事会内での投票規則の変更（いわば全会一致から加重多数決への）は、アクター達を説いて自分達の選好を実現するために、行動する必要がある方法を検討させよう。

　主に合理的選択制度論者達は、彼らの理論が政策過程における制度的アクター達が変化する相対的権力の諸提案を発展させる方法に関心をもっている。C.クロンベズ（2001）が示すように、この説得をなす学者達は、制度的アクター達が、自分達の選好に対して可能な限り綿密に応える政策結果を求めることを想定する。公式的経済分析に見出された推論過程をしばしば展開する公式的モデルの構成は、応用する公式的意思決定ルールに抗して描かれる特定事例に関する経験的研究を認める。かくしてEU研究は、多様な諸機関の政策課題設定権のような諸事項についての議論を活き活きと展開している。

　合理的選択制度論の唱導者達（例えば、Dowding）にとって、こうした合理的選択観点は、その発展や反証可能な仮説の検証に厳格な基礎を提供する。このことは、漸進的な方法で知識を改善する。学者達は、EUが活動する方法のよりよき理解を漸進的に生み出す一組の（明らかに類型化された）諸前提から発する。彼らの反対者達にとって、合理的選択制度論者達は要点を捉え損ねるという。そうした制度論者達による公式的ルールへの焦点は、彼らが法典化された実際の周辺で成長する多様な非公式な過程を無視せしめる。これらの非公式なことこそ、政策結果をよりよく説明する。その上、アクター達

の選好についての合理的選択の説明は、社会化過程が利益や自己認識を模り得る方法を認めるよりもむしろ、それらを固定させる傾向がある（Hooghe）。

　歴史的制度論者達は、制度的選択が長期的効果をもつ仕方に関心をもつ。制度（機関）は、特定の諸々の組みからなる状況での特定目的のために設計される。制度（機関）は任務が課せられ、かつこの過程において利益と進行中の課題を得る。諸機関は意思決定過程において相互に関連しあうとすれば、規約上規定され、或いは初期の関係諸機関時代において進化する諸類型は、「固定化し得」るし、進行するようになり得る。この「固定化する」は、「経路依存性」論理が措定し得ることを含意する。機関（制度）的利益の進行中の性質（機関の継続する課題、及び機関の自己保存への選好）は、機関が強固となり、かつ機関の創設者達よりも長く存続するのは、尤もであることを意味する。これも、少なからず機関が、新しい状況や新しい挑戦者と対決することによって生き延びるゆえであることを意味する。しかしこれらの新しい挑戦は、以前に存在する機関によって与えられたプリズムを通して満たされる。かくして、可能な行動と政策選択の範囲は、制約される。政策革新者達は、最近のニーズを満たすのに制度を設計しようと企図し得るが、それらは固定される故に、潜在的に改革することが困難である制度的課題にもかかわらず、そうする。

　歴史的制度論は、制度論の他の二つのものと同様に、EU研究には限定されない。しかしその適用は、明確である。それが述べるように、学者達は多様な形式でこの基本的枠組みを使用する。P.ピアスンによる「経路依存性」に関する議論（Pierson）は、意図せぬ結果問題を考察する。彼が論じるように、欧州共同体建設の直接的関心は、彼らをして諸国政府の経済ガバナンスをコントロールする諸国政府の能力を究極的には損なう制度設計の方策へと導いたという。従って、1950年代の西欧諸国政府の意図は、国民国家を救うためであったかも知れぬが（Milward, A.S.）、ピアスンの著作は、諸政府の審議の長期的結果が、その逆のものを正確に処理したに違いないと主張する。この理論的洞察からの研究含意は、全く面白い。このことは、EU研究者をして政策経路について考えさせる（特定のEUレベルの能力が特定の諸決定の結果

としてやがて出現する方法について)。我々は、ある時点で合理的な行為が将来の合理的行動に影響を与える方法について考えるように要請される。

合理的アクター仮説とは結び付けられないが、歴史的制度論の著作者(例えば、単一市場研究におけるK.アームストロングとS.ブルメル〈1998〉のそれの如く)であるアームストロングとブルメルは、諸機関がやがて幾つかの観念・価値・及び規範の運搬者となり得る方法により関心をもつ。再度われわれは、こうした規範的・観念的事柄がその当初において諸機関へともち込まれる方法の思考へと向けられる。しかしEU研究者達は、制度的文化(いわば、一般的には欧州委員会、或いは特定的には諸総局のもつ文化)が政策過程、影響的活動、及び政策選択の全ての諸段階にインパクトを与える方法を探求するように要請されるのであり、かつアクター達の利益の条件に資する(恐らく)ように要請される。

この最後のコメントは、社会学的制度論のリンク(国際研究とEU研究における変化と密接に関係付けられる文献の一傾向)を供する。このことは、本章において後に論じられるゆえ、本節で説明は手短となる。社会学的制度論者達が自分達の本来的な「合理主義」のために、他の制度論を拒絶する傾向があることを想起することは重要である。この用語の意味は再度以下で論じられるが、今社会学的制度論者や構成主義論者が全く特有な存在論(基本的概念作用)によって活動することは、重要である。これは、アクター達の利益の性質に関するきわめて特定的見解にまで要約する。合理的選択と(大部分の)歴史的制度論者達は、インタレスト[利益]を外生(対外)的な相互作用とみなすが、社会学的制度論者達はインタレストを内生(対内)的とみなす。即ち、インタレストは予め措定されるのではなく、むしろアクター達間の相互作用の所産である。

これは、二つの広範な争点(諸制度の「文化」と、制度的環境内の説得並びに伝達的行動の役割)の関心へと社会学的制度論者達を導く(Börzel, T.A., et al.)。「文化」によって委任・行動を治める規範・及び「認知的フィルター」の共通な枠組みの出現が意味付けられる。P.ホールとR.テイラーが言及する如くこの説明において、「制度は、合理的選択制度論者が論じるように、単に諸個

人の戦略的計算に影響を与えるばかりでなく、彼らの最も基本的な選好や自己認識にも与える」(Hall et al.)。このことを念頭に置き、EUの社会学的制度論的分析は、進行中の相互作用類型と、行動に関する「正常な」諸形態が制度的環境に現れる方法を調べる。ある著者が述べるように、「制度は、自らについての理論を有する」(Jachtenfuchs, M.)。

かくして制度はアクター達が誰であり、自分達の文脈が何であるか、そして何が他のアクター達の動機付けであり得るのかに関するアクター達の理解に貢献する。この種の著作は、欧州委員会の異なった「諸総局(DGs)」が全く特有な方法で機能する観念のようなものといったしばしば聞かれた主張に、実体を加えることを目指す。この種の思考の適用が適切なように思えるもう一つの領域は、次のようなことについての研究である。即ち、

共通外交安全保障政策(CFSP)と結び付けられた過程といった公式上の政府間過程は、国家間の既成の相互作用類型と一致するかどうか、或いはそうした過程が加盟諸国間の公使間の交流の新規範をもたらすのかどうかについて[の研究である]。

伝達・議論・説得の役割は、これらの文脈において特に重要とみなされる。これらの審議的過程は、規範が樹立されている環境で起こっているように思えるが、それらの過程も共通の理解の樹立に貢献する。かくして社会学的制度論者達は、「規範革新者」(「より広範で、共有された理解へと個々人の信念をしばしば変え得る[…]のに足るよい地位が与えられた個々のアクター達」)への経験的探求をしばしば開始する(Checkel, J.T.)。社会学的制度論は、簡明に分析のEUレベルに関心をもつばかりではない。多くの仕事は、国家レベルと欧州レベルの規範の相互作用で、かつ「欧州」規範が加盟諸国の現存の政治文化へと濾過する方法でなされつつある(Börzel)。

要 点

1．EUは、新制度論者の政治学の適用と、その主要な構成要素間の議論への主要な現場となっている。

2．この広範な文献において、制度は、簡明に公式的規約上創設された機関としてよりもむしろ進行中の実際として定義付けられる傾向がある。

3．合理的選択制度論者達は、アクター達の相対的権力が制度的ルールにおける変化によって変わる方法に関心をもつ。
　4．歴史的制度論者達は、特定時点でなされた制度的選択の長期的含意に焦点を合わせる。
　5．社会学的制度論者達は、制度の「文化」、及びや伝達と説得の類型が制度的環境において作動する方法に注目する。
　6．EUに関する多くの今日的仕事は、これらの基本的な諸前提から出て来る。しかしながら、三つのアプローチが特有な研究プログラムを形成し得る度合いについて、かなりな議論へと導く異なった制度論の実践者達を大いに分割している。

§3．政策決定論とEU

　近年のEU研究の主要な特徴のうちの一つは、「公共政策決定」理論を引く著作が存在しているということである。このことは、何らの驚きではない。EUは、欧州における主要な権威的政策出力源である。EUは、大部分の観察者達が1950年代の共同体発足以来、加盟諸国から欧州水準への政策能力の実体的「移動」が存在していることに一致する。従って政策がこの文脈で形成される方法について、意味をなす明確にして増大しつつある必要性がある。これは、EUが「統合」よりもむしろ「統合」の周辺にあるという観念（上述）と一致する。われわれがEUを政策システムとみなすならば、学者は政策課題が措定され、政策が公式化され、決定が形成され、かつ立法が実施される方法を探る必要があることとなろう。
　これも主要なEU出力が条約改正のような「大きな」歴史形成決定であるという観念からの移行を構成する。EUがなすことの多くは、技術的な規制領域と経済ガバナンスのより精錬された論点にある。他のもの（例えば、以下で論じられる多水準的ガバナンス学派と結び付けられた学者達）は、政策決定の異なった諸類型がEU活動の異なった領域で起こることに注目する。かくして農業規制政治は、併合統制政治とは全く類似しなかろう。これは、我々がEUガバナンスの複雑性を適切に把握する場合に、詳細な経験的研究が部門ごとで必要とされることを示唆する。しかしこれは、この企図には不適切な

いし周辺的であることを意味しない。しかし政治学は、全て（どんなに経験的であれ）理論によって伝えられる。

EUは、社会科学における他の所で構築された理論研究の要請拠点でいつもある。そして詳細な政策決定への関心は、政策分析理論に重要な役割を示唆する。J.ピータースンとE.ボンベルグ（1999）は、自分達のEUの意思決定論において、EUにおける異なった諸水準が異なった種類の理論を必要とすると説く。彼らは、三つの行動水準（超システム水準・システム水準・メゾ〈部門〉水準）を明らかにする。各水準において分析者達は、異なった変数（それぞれEUのような広範な環境における変化・制度変化・資源依存）に関心をもつ。かくして各水準は、異なった理論用具を必要とする。

ピータースンとボンベルグ（1999）は、規制的複雑さが行き渡り、かつ政策過程における「利害関係者達」が情報と資源を交換するところの部門水準で政策分析の展開を勧める。政策網概念は、多様な「利害関係者的」アクター達との間の進行中の関係によって特徴づけられた複雑な意思決定状況についての思考方式を与える。政策網分析は、イデオロギーが主に第二次的であり、専門知識が尊重される状況である。これは、政治が欠けるということではない。逆に政策網分析は、権力が分散される状況における影響力と相互依存の政治を扱う。政策網に囲まれたアクター達は、当然政策結果に関心をもつ。国家の文脈において（そこでは政策網アプローチが第一に発展される）強調は、政府の諸省庁・圧力団体・及び多様な機関や組織の関係に置かれた。こうした仕事の主要な洞察は、ネットワークがその構成員間での進行中の資源交流をしばしば含むということであった。こうした仕事のインパクトは、こうした仕事が（規約上定義づけられた）諸機関間の規則拘束型相互作用に関して、政策決定思考から離れて導くということである。それは、異なった諸部門間で得る特定の相互依存関係を理解する必要性を強調する。

政策網分析がEU研究に一つの地位を占めるかどうかについて、意見が分かれる。例えば、H.カシム（1994）は、EU政策過程の正しい理解にきわめて中心的諸機関の相互作用を無視するとして政策網アプローチを批判する。他方、J.ピータースン（1995a）は、EUへの政策網類型の適用のための十分な

正当化として、EU政策ゲームの規制的・不均衡的・かつ多重アクター的性格を示す。またJ.リチャードソン（2001）が想起させる如く、政策網（「政策共同体」のむしろより大いに厳格な観念と反対な）概念は、流動的にして適用可能であり、かくしてEUの政策決定が断片化され複雑であり、かつ多様な利害関係者達によって属させられる事実によく適合される。

　EU研究者達によるこのアプローチの採用は、国家統治と政策決定を研究するのに使われた用具がEU水準に直接的に適用し得るかどうかの興味ある問題をもたらす。このことは、本章の初めに論じられた基本的争点のうちの幾つかに戻す。政策網分析は、この想定をなすだけではないのである。

　もう一つの例は、次のようなG.マジョーネの著作から登場する。即ち、彼は、「規制国家」についての諸観念の発展における重要人物である。規制国家文献は、先進資本主義経済管理がグローバルな変化になされた挑戦にもかかわらず、近年変化している方法に関する見解を提供する。マジョーネの表現によれば、EUは、規制国家の主要な特徴を多くもち、そのパラダイム事例はアメリカであるという。規制国家は、積極的介入主義国家と区別される。積極的介入主義国家は、資源配分（通常、福祉国家メカニズムを通じて）を巧みに処理する政府干渉を含む故、規制国家は市場の失敗の是正のみ扱うのに忙しい。EUがなす多くは、単一市場の規制と関連づけられる。そのことは、戦後西欧諸国と最も多く結びつけられた福祉機能をやや欠く。EUの比較的中程度の資源は、政策決定の規制形態の最もよい目標とされる。しかしマジョーネの論点は、規制が西洋世界で広範となりつつある一統治形態であるということである。それは、EUにとってユニークな発展ではない。しかしEUは、市場の不完全さの諸問題を解決するために加盟諸国によってつくられた一組の規制機関とみなし得る。この点についてマジョーネの分析は、合理的選択制度論のある諸形態、及び自由主義的政府間主義に関するモラフチークの先進的形態に、「依頼人［本人］－代理人」分析と呼ばれたアプローチを大いに扱う。

　EUのみが規制国家であることに各々が一致するわけでなかろうが、消極的市場統合ないし規制モデルは、欧州におけるガバナンス［統治］が実行される

方法の重要な次元と徐々にみなされる。実のところ、一方では国際政治経済学者達によって、他方では国家と下位国家の政策決定の分析者達によって、EUの政治学研究者達を統一するように思える一つのことは、ガバナンスへの関心である。前記の如く「ガバナンス」という用語は、直接的権力や暴力行使の代わりに、頼り得かつ持続可能性のある手段や機関［制度］によって社会関係やその基礎をなす紛争や対立の意図的規制を意味する。それは、秩序を提供する方策や機関の範囲について通常定義づけられる。我々が「統治」^{ガバメント}として日常的に理解するものは、秩序がもたらされる一方式である。しかしガバナンス文献は、公的規制・干渉・及び立法という伝統的方法が入れ替えられつつあり、かつ権威が、多様なアクター達の間に分散されるようになりつつあると主張する。国家はガバナンスにおいて主要な役割を保持するが、その役割は公式化し直され、かつ恐らく余剰化される。EUは、これらの諸傾向の探求にきわめて面白くかつ適切な実験室とみなされ、次節における多水準的ガバナンス文献によって取り上げられる論点である。

要 点

1．一貫しかつ有意義な政策出力の実効をもつ政体としてのEUの地位は、我々に挑ませて、古典的統合理論言説とは別にこのことを考えさせる。

2．このことを念頭に多くのものは、政策システムとしてEUを扱おうと努めている。これは、政策分析用具の適用を必要とする。例えば、政策網分析のようにこれらのアプローチの多くは、国家の政治システム研究において元々登場した。

3．この問題に関するやや異なった見解は、ガバナンスが複雑な現代社会にもたらされる方式を形成しつつある諸傾向からEUを考えることにある。

§4．多水準的ガバナンス（統治）［MLG］

前節において導入された研究の多くは、国民国家とEUの両方での政策決定が公的立法機関に焦点を合わせる意思決定の政体モデルによって、捉え得ぬ複雑な事項であるという主張の上に樹立する。政策網と規制国家という理論的言語を採用する分析者達は、我々を強いて異なったガバナンス［統治］

水準間の政策決定の有意義な区別が存在するかどうかを問わせる。多分その決定的諸変化は、政策決定水準よりもむしろ政策決定スタイルについて行われる。

　われわれは、欧州統治の性格が過去50年にわたり明らかに変化しているというまでに、やや先へとこのことを進めることができる。もし我々がこの地位を採用するならば、我々は、諸国の政策決定と欧州の政策決定との境界間が取るに足らぬまでに曖昧にされていると主張し得よう。EU政策過程は、欧州水準において簡明に起こるものではない。それは、複雑な様式で国家の政治・法制度へと浸透する。故に、欧州水準への多様な政策領域における権威の疑われぬ「影響力」が存在している。しかし我々は欧州の二つの特有な政治領域（国家水準・超国家水準ないし欧州水準）がそこにあるイメージから脱する必要がある。

　この主張は、モラフチークの「自由主義的政府間主義（LI）」のような諸理論に対する直接的挑戦を代表する。LIは、諸政府の選好が国内政治の文脈に現れかつ欧州水準の諸機関内において、政府間交渉への基礎である方法を記述する「二水準ゲーム」観念に依拠する。こうした描写は、多水準的ガバナンス［統治］観念によって挑戦される。

　「多水準的ガバナンス（MLG）」という用語は、近年のEU研究に馴染みのものとなっている。この用語は、EUの政治システムの特定の性質を捉えるのに通常使われる。この観念の主導的唱導者は、MLGを「多地域水準にわたる権威的意思決定の拡散」と定義づける。欧州が「統合される」ようになっている度合いを思考するよりもむしろ権威の所在が過去半世紀にわたって変化している方法を探ることは、有益である。L.フーグとG.マークスは、権威が1950年代後半以来、より多く拡散されるようになっているとみなす。故に国家水準から欧州水準への権力移動が存在する一方で、大部分の西欧諸国において意思決定能力の一般的権限委譲も存在している。しかし同時に国家の諸政府は、権力の重要な現場の状態にある。

　故にわれわれは、権力の幾つかの諸層（欧州層・国家層・下位国家層）からなるEU政策過程の描写を有する。しかしMLG（多水準的ガバナンス）概念は、

このことを超えて進行する。それも、これらの諸層間の流動性を強調する故、政策アクター達は、異なった行動水準間へと移動する。更に権力の分散は、諸領域にわたって不均衡である。

現在MLGは、理論よりも組織的比喩から多くなる。特定のアプローチ（例えば、政策網分析）が心地よく居座り得るのは、この比喩内である。しかしMLGは、それをLI（自由主義的政府間主義）とはっきり区別するある基本的予知に基づく。我々は、既に「二水準ゲーム」理論家達によって提示された政治空間概念からの離脱に言及している。MLGがLIと似たものよりも多元的にして組織的国家概念から進むということは、価値がある。MLGの比較的枠組みで始める分析者達は、EUとは何かについての政府間主義的説明を全く基本的に疑うことを意味する。EUのMLG解釈は、「…政治的制御構造が変わりやすく、政策空間にわたって恒常的でない…［ところの］一組の広範に行き渡る多水準的政策網」である。多くの様式でMLGは、EUの複雑性を捉える企図を示すが、多水準的ガバナンスも単一の全包括的EU理論であり得る観念の明確な否認を示す。

要　点

　1．多水準的ガバナンス［MLG］の文献は、我々を刺激してブリュッセルの機関上の環境と同様に、行動の国家のアリーナ［活舞台］と下位国家のアリーナをはじめとする多水準にわたる政治システムとしてのEUを考察させる。

　2．MLGは、権力が過去半世紀にわたり国家政府から離れているという観念の上に前提とされる。しかし権力は、簡明に国家のように欧州の諸機関へと上昇して移行するばかりでなく、多様な公私の代理人達の間で拡散されるようになっている。

　3．このことは、今日の欧州の政策決定の複雑にして変わりやすく、かつ不均等な類型の描写を生み出す。

§5．EUへの「社会構成主義的（Social constructivist）アプローチ」

構成主義は、過去数年にわたって国際関係（IR）理論において大きなニュースである。A.ヴェント（1999）のような構成主義者達の研究は、既成のIR

理論学派に対して深刻な挑戦を置くようになっている。最近まで主流のIRにおける主要な議論は、現実主義と自由主義の諸形態との間にあった。現実主義者達は、自助と権力の首位性を強調する。しかし自由主義者達は、国際協力・通商・及び制度化が国際システムにおいて戦争への傾向を和らげることができる方式を考える。構成主義者達は、これらの両方のアプローチが類似な基礎から登場することに注目する。これらは、ともに「合理主義」理論である。合理主義を定義づけることは、我々が複雑なメタ（包括）理論的領域へと連れて行く。我々は、ここでのそれに公正を与えることができぬ（より深い議論について、2001年のS.スミスの著作を参照されたい）。それらは、インタレスト［利益］を物質的に所与のものとみなす世界観（存在論）によって作動する傾向がある。それらも、知識が集められるべき方法の実証主義的概念を奉じる。これは、「科学的」方法・事実の中立性・及び観察可能な現実存在への関わりを含む。こうした感情は、多くの社会科学を特徴づける一方で、一般的に共有されない。合理主義に抗して変えられるのは、それらが全体的に異なった前提から始めると（R.O.コヘインはこの区別を論じる）いう一連の自省的アプローチ（「脱モダニズム」・フェミニズムの諸形態・及び多様な批判理論といったような）を含む。

構成主義のアピール（或いは少なくとも最近の10年間のIR［国際関係］の主流へと入っている構成主義類型）は、合理主義と自省主義との中間方式を提示すると主張することである。

例えば、ヴェントのような構成主義者達は、インタレストを予め与えられたものよりもむしろ社会的に構成されたものとしてみなす。つまり構成主義は、国際システムにおける規則性が集合的（或いは「間主観的」）意味づけの結果であることを含意する。故に合理主義に対する挑戦は、第一次的に存在論的である。構成主義者達は、我々が本章の最初に社会学的制度論の議論によって示しているように、集合的理解が現れる方法と、諸機関がアクター達の利益や自己認識を構成する方法に関心をもつ。しかし欧州について広範に書いているA.ヴェントやJ.チェクル（2001）のような作者達は、構成主義者達が明確なプログラム・論駁可能な仮説・及び規則性を生み出すメカニズム

の特定化を通じて、知識の発展への合理的関わりを共有し得るし、共有すべきであると主張する。

これは、確かに大部分のIRの構成主義者達が熱望することである。しかし広範に構成主義的伝統内で活動する人々全ては、構成主義的存在論が合理主義的認識論（例えば、知識が得られる方法）と適合し得ることを受け入れるわけではない。その存在を認めることを超えて、ここにおけるこの議論を追求する必要もなく、かつそれが「適切な」ないし「よき」社会科学者に達するものについてある基本的問題を引き起こすことを、IRの構成主義者は指摘する。これは、次のような理由ゆえ、EU研究の下位分野には明らかな含意をもつ。というのはこれらの問題に対する競争は、欧州統合の学術雑誌や著書の形で刊行されるものに影響を与えるからである。

EUに関する構成主義論文の集成編者達は、多様な作者達が合理主義と自省主義との間の連続体に沿って異なった立場を占めることを受け入れる。更に言えば、自由主義的政府間主義のような合理主義理論との「協働する関与」は、著者によって異なる。それが述べた如く、構成主義者達は、自分達が一過程として統合を学ぶのに最もよく位置づけられると論じる。政府間主義者達は、EUが国家間交渉事例として研究されるべきであると勧める。比較論者達は、EUを一政治システムと考察すべきと主張する。しかし構成主義者達は、交渉制度から政体への移行の性格を調べることを意図する。かくして我々が、変化と関係づけられた一過程として「欧州統合」を考えるならば、構成主義は、現実が論争され、かつ問題ありとしてメタ理論的立場を引く意味をなすのである。これは、構成主義が吹き込まれた研究が、「社会的存在と社会制度」に焦点を合わせるべきであり、かつ自己認識の起源と再構成、規則と規範のインパクト、言語と政治的言説の役割に研究を向けるべきであることを意味する。

恐らくEU研究の構成主義を解明する最善な方法は、構成主義者達が実際上研究することに関する数少ない事例に言及することにある。多くのものは、欧州の特性が台頭する方法に関心をもつ。従って、「欧州経済」、「欧州安全保障共同体」、或いは「欧州市民権」という観念は、例えば、グローバル化の最

初、或いは冷戦末期のような対外的な物理的諸変化に応えて、合理的に変化しているアクター達のインタレスト［利益］の結果と解すべきでない。むしろ構成主義者達は、我々がこれらの言語の使用・諸観念の展開・及び規範を通じて構成される方法を調べる必要があると主張する。我々も、これらの規範や観念が伝えられる方法と、アクター達の間で行われる学習ないし社会化過程に注目する必要がある。「規範」は、構成主義者の語彙において重要である。「規範」は、「特定の自己認識によってアクター達の正しい行動のための集合的期待」と定義づけられる（Katzenstein, P.）。アクター達が自己認識によって勝ち得、かつ自分達の利益が何であるかを樹立するのは、規範の対内化を通じてである。このことは、構成主義者達が規範の「構成的効果」を語る時意味することである。

EU研究における台頭する構成主義的研究課題も（それは、本章の初めに概述された社会学的構成主義の課題と大いに共通している）、欧州水準の規範・観念・及び言説がEUを作り上げる多様な国家政体へと浸透する方法に注目する。

要　点

1．構成主義（Constructivism）は、EU研究への最近の移入であり、国際理論における議論の最近の性格を帯びたものである。

2．構成主義は、統合理論ではないが、社会的現実の性質上の存在論（ontology）である。多くの構成主義的アプローチが存在し、かつ構成主義と合理主義理論との両立性についての重要な不一致が存在する。

3．構成主義者達は、一過程としての欧州統合に関心をもつ。構成主義者達は、特に自己認識問題と、欧州規模がEU諸機関及び加盟諸国内で樹立され、かつ終わりとする方法に焦点を合わせる。

§6．国際関係と国際政治経済学再考

われわれは、本章の初めに国際関係（IR）学がEU研究者にとって不適な学問母体であると、ある者によってみなされていることを示した。EUが「統合」により以上に関わるものであり、かつその議論を闘わせるならば、我々は、

次のようなことについて問うことのみが現実に可能であるという学問から脱却する必要がある。即ち、そこでは多かれ少なかれ統合が存在するのかどうか、そしていずれのアクターが統合過程に影響を与えるのかと。われわれが示している如く、反対論は、IRが結局のところ何を意味するものなのかに関する、このイメージに挑戦することである。例えば、IRの学部で研究し、IR学会に出席し、かつIRの雑誌に寄稿する次のような沢山の学者がいる。即ち、彼らは、台頭する超国家的経済・社会空間として、こうした状況において生じる統治形態を考える前線に存在するものとして、この「学問」をみなす。もう一つは、「政治学」とIRとの間の厳格な境界概念を問うことであり、かつ次のように指摘することである。即ち、統合理論は、極めて興味ある新現象（欧州における地域統合）研究に対する最近の政治学観念の明示的適用に関わる人物（K.ドイッチェやE.ハースのような）によって基礎づけられたと（Haas, 2001）。このことは、なす価値があるが、近年「IRを引き戻せ」の諸理由を表現している。それらは、1）EUがグローバル化への（恐らく）即応のように世界にわたって近年現れている「新地域主義」の一例として研究し得る可能性、及び2）世界舞台でのアクターとしてのEUの重要性の増大の二つにおいて、特に顕著である。

要点

1．EU研究のための適合（共同）的親［基礎］学問としての国際関係（IR）の放棄は、幾分早熟であるかもしれぬ。

2．IRにおける最近の概念的傾向は、グローバル政治経済学［IPE］における地域主義の増大分析へと方向づけられる（そのことについてEUは、〈特有なもの〉であり得る）。

3．また重要なのは、多くの主流のIR理論を特徴づけている国家中心型世界像に挑戦する最近の思考である。グローバルシステムとしてのEUの特定的性格は、権威構造と政治類型が変化しつつあり得る数多くの方法に注目させることによって、この伝統的イメージと対決する。

結　論

　EU研究理論への関心の復活は、政治学理論の役割に関する真面目な思考の文脈内で起こっている。本章で論じられた新理論のうちの幾つかは、理論研究をより一層「科学的」にする立場から現われている。他のアプローチは、社会科学における主流に明示的に挑戦する立場から現われている。合理主義と自省主義との半ばの地位を占めようとなお試すもの（特に幾人かの構成主義者達）もいる。これらの議論は、EU研究へと入り始めているし、より広範なIR文献においてより広範に終えている。新参者にとってこれは、複雑な学術的自省のように思えるかもしれず、かくしてEU研究の現実的な任務から切り離されるかもしれぬ。

　しかし理論的自省や議論は、簡明にEUの経験的議論にある公然たる諸前提をもたらす。選択肢的理論は、異なった社会的現実の説明をなし、かつ時には現世に関する妥当な知識を得るために全く異なった戦略へと導く。これは、最終的なM.シニらの著書の基本問題（どんな種類の存在がEUなのか、かつどのようにEUは、研究されるべきなのか）に関する一組の不一致へと変換する。

　上記で導入された「新しい」理論研究の多くは、EU「統合」思考からの自覚的離脱を示す。権威的政策出力の供給者としてのその地位は、政治学と政策分析キットが有用であり得ることを示唆する。しかし同時にEUが通常的に理解されるような国家でないという事実は、人々が欧州統合ばかりでなく、21世紀前半の世界秩序の性質も理解しようと努める人々に対するあらゆる種類の挑戦をなす。EUは、「脱国家化された」世界秩序が似たようなものであり得る明確な徴しを提供し得る。EUは、国民国家システムと国際システムとの間にあり、かつ正にその存在を通じてともに恐らく転換するであろう。

　EUが多次元的であり、EU統合が不均等であり、かつEU統治（ガバナンス）が多様で、共存的政策過程から構造化される事実は、全て我々を強いて権威の性質が変化しつつある方法を周到に考えさせる。（多水準的ガバナンスの比喩の使用者達が我々に想起させる如く）そのトリックは、この変化しつつある統治（ガバナンス）類型の不可欠な部分としてEUを考えさせることにある。EUを国家の政治システムの

「上の」政治システムと扱うことは、現代欧州の国内のものと超国家的なものについての複雑な間浸透性を無視するものである。諸理論の任務（「国際関係」或いは「政治学」の公式的学問領域から引かれようが引かれまいが）は、この文脈で進行中のことに関する我々の思想を組織立てる方法を提供することにある。B.ロザモンドは、次のような言葉でその章を結ぶ。「我々は、EUの複雑さと混同され続けるかもしれぬが、少なくとも現在の活気あるEU研究の理論的文化は、合理的に精錬された方法で、混同される機会を我々に与える」と。

　われわれは、本章においてロザモンドによる欧州統合の新理論について跡付けてきた。それは、EU統合問題について最近の政治学及び国際関係論の研究成果を踏まえ、かつ論理立てようとするものであった。彼によれば、それはまず、新機能主義と政府間主義というその古典的理論をまず俎上に乗せつつ、それに批判的に論じる論法を採用する。前記の如くEU政治機構理論は、こうした国際関係論や政治学ばかりでなく諸々の社会科学分野で数的に多くしてEU機構と活き活きとして取り組まれている。ロザモンドのそれは、連邦主義論を古典的理論に含めず、或いはそれを除いている。それを除けば彼のものは、均衡のとれた論述となっている。とはいえその実際上の研究状況は、われわれの社会科学もはるかに超えている。ゆえにそれは当然であるが、その限界を認識しつつ、上記の二つの領域のものを中心として論理立てられる。

　こうした理論的局面は、彼がこの説の末尾で示したように、極めて多岐的であり、ある意味では混乱的状況を記述するものともなっている。それにもかかわらず、彼のそれは、他の論者にも共通であるが、われわれにとってEUをガバナンス概念によって捉えようとする点に強く印象付けられるものである。こうした側面を含め、その欧州統合の新理論的状況は、現在の政治学及び国際関係論のある水準を表現するものである。

　われわれは、紙幅の都合上かなりな論点を省かざるを得ぬが、以下においてEU機構における最も基本的な主要機関の論点を明らかにすることとなる。

キーワード

グローバル化／新制度論／政策決定論／多水準的ガバナンス／社会構成主義／中範囲理論／国際関係論／自由主義的政府間主義／ガバナンス

引用・参考文献

Rosamond, B., New Theories of European Integration, in Cini, M., ed., *European Union Politics*, 2003, 2007.

Nugent, N., *Government and Politics of the European Union*, 2006.

Aspinwall, M., et al. (eds.), *The Rules of Integration*, 2001.

Rosamond, B., *Theories of European Integration*, 2000.

Hooghe, L., et al. (eds.), *Multi-Level Governance and European Integration*, 2001.

Wiener et al. (eds.), *European Integration Theory*, Oxford, 2009［東野篤子訳、勁草書房、2011年］, etc.

第11章　欧州委員会
　　　　［M.エゲバーグによる論点を中心に］

はじめに

　われわれは、前章においてEU統治機構における理論部分について概観してきた。残りの三つの章は、その機構の主要機関に関する論点を明らかにする。本章は、先ずその常設機関の主要部であり、その超国家的機構の執行部の役割も果たす欧州委員会［以下、欧州委と略記］論について整理することを含む。この機関は、われわれが想定する政府執行行政機関と立法機関との関係の論点と大いに関わるゆえ、その手始めとしてそれを示さねばならぬ。さらにこれは、この欧州連合機構の最も実体的部分を具現するものがこの欧州委という前提であるからでもある。ここでの論点は、この常設機関と理事会のいずれがEUを主に支配するのかという問題に関わる。これは、強力な常設機構である欧州委と基本的に国家の責任者達である各国の政府機関との関係問題である。他方それは、例えばこの欧州委が国家における首相と内閣の役割を果たすものであるという論点である。それは、当然これに対する反論も存在しかつ論者によって主張が異なる事項である。

　次なる論点は、欧州委が公選の欧州議会よりも大きな影響力をもつというものである。これは、欧州委と欧州議会との関連事項であり、公選の議会よりも任命制の前者が多くの権限をもっており、「民主主義の不十分性」ないし「民主主義の赤字」という問題である。つまり、任命制の機関が公選機関よりも力をもつという論点である。いずれにせよ、われわれは、最初にこの統治機構の要点を捉え、それを前提とした論点に迫る。従って本章は、この欧州委について比較的よく整理しているエゲバーグの「欧州委員会」説をその論点の叩き台として跡付ける。

　エゲバーグの所説は、欧州委の組織的特徴について一般的序論を与えると説き始める。それは、欧州委を国政行政部ないし伝統的な国際機構の事務局

よりもむしろ国家の政府にたとえることがより生産的であると論じる。本章は、EUの政策過程内における欧州委の諸機能の要約で始める。本章は、次にこの組織の構造と人員、即ち、欧州委委員長とその委員達の役割・委員達の個別スタッフ・欧州委行政・及び欧州委の内部生活に行き渡る委員会［及び評議会］制度を検討することに移行する前に、欧州委の影響力と自治の問題を考察する。本章は、欧州委がその当初以来ある欧州（化された）機関により大きな方向へと、その政府間主義的ルーツから離れて移行しつつあると強調することによって結ぶ。

序　論

多くの観察者達にとって、欧州委はユニークな機関である。それは国際的事務局以上のものであるが、全く政府であるというものではない。しかしそれは、我々がこれから検討する如く多くの政府的特徴を有する。欧州委は、政治的・行政的責務とEU政策過程内での広範な公式非公式的機能をもつ故に、驚くまでもなく「混合」機関と称されている。これは、欧州委が政府間主義（国家次元）と超国家主義（欧州次元）の双方の諸要素を少なからずもつ故である。本章の焦点を形成するのは、これらの二つの要素の相反する力なのである。本章は、欧州委組織の国政的・超国家的特徴を探すことによって、欧州委がどんな種類の組織であるのかについての問題を再開する。

本章は、EU政策過程におけるその役割の周辺に影響を与える欧州委の諸機能の手短な概観によって開始する。これらは、政策課題設定及びより特定的には立法の立案・政策実施（しかしその守備範囲内である）とプログラムの管理運営・及びその公式化とEUの対外関係における幾つかの諸局面の交渉に欧州委を関与せしめる。更に、欧州委も欧州議会（EP）とEU理事会との間、及び諸国政府と、EUの政策決定〈幾分逆説的である〉（争点やイベントについてそれ自体のもつ、或いはEUの観点を示すのに）と関与される諸国政府、及び他の非国家的アクター達の間で調停する役割をもつ。

第二の節は、欧州委の影響力と自治の問題に焦点をあわせ、かつこのレン

ズを通してこの問題を検討する。続く諸節において組織的事項に注意を向ける。第一に、欧州委委員長と委員団、第二に、欧州委委員官房、第三に、欧州委行政、第四に、欧州委内の諸委員会及び評議会(コミッティズ)の役割に焦点をあわせる。しかしながら、これらの諸節を精読するとき、読者は次のことを知るべきである。欧州委は、本章の執筆時(2002年)に、欧州委の構造と過程のうちの幾つかを変更するのは当然とする組織改革と苦闘中であることを。とはいえ、本章の結論は、欧州委が過去におけるよりも多く欧州的機関になりつつあることが真とみなすように思えるという。

§1. 欧州委員会の諸機能

欧州委は、政治的執行部門(欧州委委員達とそのスタッフ達)と行政部門(「行政サーヴィス [services]」)から構成される。それはEUシステム内の広範な機能をもつ(政策提案・政策実施の監視・EUプログラムの管理運営・重要な対外関係の役割・及び効果的に28番目の加盟国のようなものとしてそれ自体の主体性を主張すると同様に、27加盟国間とEU理事会と欧州議会 [EP] との間での調停者としてそれを含む他の諸機能 [をもつ])。しかし欧州委は人々の信念とは逆に、EUの立法者ではない。欧州委は欧州法をつくらない(それはEUの理事会と欧州議会と通常ともに行動する)。しかしこれは欧州委が重要でないとか、それとは異なるということではない。これは、第一次的には次の如き故である。即ち、国家行政部と全く同じ仕方で、欧州委は政策提案・公式化(通常立法過程・予算提案・或いは立法計画提案の形態で)に責任をもつ。大まかに言えば、欧州委は立法を立案する。

この意味においてこそ、政策領域の多数(即ち、EUの第Ⅰの支柱或いはECの支柱下に入る諸政策、例えば「単一市場」)において欧州委は独占的に政策課題設定の役割を遂行する。例えば、欧州理事会(国家や政府の長達)のような他のアクター達・欧州議会・諸国の官僚達・及び利益集団は、イニシアティブをとり、かつ政策提案を進める。しかし、これらの諸観念が選抜され、かつ後にたとえ実際上政策提案のこれらの種類が欧州委外から全くしばしば起

源を辿るとしても、公式上の立法提案形態における立法にわたされよう。対照的に、その二つの旧政府間的支柱（共通外交安全保障政策〈CFSP〉、或いは旧第Ⅱ支柱ないし旧第Ⅲ支柱〈警察・司法協力〉[以前には司法・内務]）下で、欧州委は独占的課題設定的役割をもたない。しかしそれは、政策プログラムを発展させるのになお積極的であり得る。そしてここでさえ、たとえこれが比較的に周辺的であり得るとしても、欧州委に対する挑戦がある。例えば、欧州連合の外交安全保障政策下で、理事会事務総局長（Secretary-General）もEUのCFSPの上級代表として任命されている。この点で、理事会事務局の強化は欧州委の執行的役割に対する挑戦を示し、かつこの特定の政策アリーナにおいて政府間主義と超国家主義との間のかなりな緊張を例示する。

　欧州委は、国家行政部によって遂行された諸機能と大いに一致して、EUの政策実施に果たす重要な役割をもつ。これがEUの文脈で意味することは、欧州委がEU加盟国内での「実施監視」に責任を負うということである。いわば、ドイツにおいて起こるのと全く同じ方法で、その執行、或いは政策効果に入ることは主に州（地域ないしラント）政府の任務に残る。しかしながら、実施が国家ないし下位国家レベルに起こり得る前に、第二次（或いは行政）立法が合意される必要があり得る。これは、理事会によって形成された法が詳細化された進行段階よりもむしろ、広範な政策の指針ないし枠組み形態をとる傾向がある。かくしてより特定的規則に合意することによって（しばしば欧州委指令ないし規則形態で、かつ「委任立法」と呼ばれる形態で）、議会・理事会［EP/Council］立法を詳細化し、かつその立法を満たすことは諸加盟国との緊密な協力の形をとる欧州委次第である。欧州委は例えば、競争政策のようなきわめて数少ない政策領域においてのみ、個々の諸事例を扱う意味での実施に責任を負う。しかしながら、欧州委は加盟諸国と他のアクター達が欧州政策を実施することを確かにする（そこでは彼らはそうする法的責務をもつ）ことに責任を負う。この機能はある人々をして、欧州委を「条約の守護者」として語らしめている。

　欧州委の時間の多くは、政策管理運営と行政といったそのあまり魅力的でない機能に費やされる。これは現実に決して欧州委にとって優先権ではない。

しかしそれは近年にその注意を、それが現存の政策やプログラムを扱う方法を改善することに向けなければならないでいる。（これは、欧州委がきわめて多くの批判〈それが作動する仕方がその機関内での不正を刺激するという非難をはじめとして〉を受けているところである）。1990年代半ば以来、欧州委指導部は数多くの提案の提出を制限しようと努め、かつJ.サンテール前委員長が言った如く、「多くをなさぬが、より適切になす」ことに注意を集めるように努めている。これは、明らかに2000年から2005年の欧州委改革課題の第一次的目的のうちの一つである。

最後に、欧州委の対外的な代表的役割は特に1990年代前半以来、徐々に重要になっている。丁度国家政府の如く、欧州委はスタッフを配置し、かつ世界中における代表部［delegations］（実際上、EU大使館）を運営する。非加盟国において130程度の事務局が存在する。また欧州委は、対外的代表規定下で、貿易や交渉において、かつ例えば世界貿易機関（WTO）のような国際機関内でEUの主要な交渉者として行動した。

欧州委も、欧州連合内の他の有体的でないが、より拡散的機能を遂行する。これらの中で重要なのは、EU27加盟諸国［2012年現在］間及び欧州議会と理事会との間の調停者としての役割である。かくして欧州委は、ひとたび自ら提案を生み出せば、合意がEUの立法機関内に達せられることを確かにするために最善を尽くす。その提案を立案した官僚達は、政策提案を対内的に合意された（欧州委の対内的機能については以下を参照）後、自分達の方針を擁護し、かつ必要ならば、相対立する当事者達間を調停するように次のような会合に出席する。即ち、関連する欧州議会の委員会と総会、関連する理事会作業グループ・理事会常駐代表委員会（COREPER）、及び関連する理事会閣僚会合に。欧州委も欧州［首脳］理事会（サミット）会合や政府間会議（IGOs）において国家や政府の長達に政策文書を提出する。幾分逆説的であるが、欧州委は最終的協定を達成する過程で役立っているばかりでなく、進めているそれ自体の機関上の立場をもつ（それは、国の諸地域〈或いは欧州議会でさえ〉から現れるよりもイベントの欧州的描写の発表紹介を含み得るものである）。

要　点

 1. 欧州委は、政策提案・実施・管理運営・対外関係をはじめとするEU制度において遂行する多様な諸機能をもつ。
 2. 欧州委は、EUの政策過程のほとんど全ての諸局面に関与する。
 3. 欧州委は、EUの支柱Ⅱと支柱Ⅲ（外交政策及び警察・司法協力を扱うもの［現在の改革条約で解消された］）における極めて削減された役割しか果たさぬ。

§2. 欧州委員会の影響力

　欧州委がEUの政策過程のほとんど全ての諸段階（少なくとも［旧］支柱Ⅰ〈EC事項〉）に関わることを述べることは誠に結構であるが、どの程度まで欧州委は真の影響力をもつのか。欧州委研究において、欧州委の法案提出権がEUの結果に明確な相違をなすかどうかに対してきわめて多くの論争があった。

　一方で政府間主義者達は、諸国政府が欧州プロジェクトにおける真の推進力であると信じる。この理論的スタンスの自由主義的政府間主義者達の見解において、欧州委が第Ⅰの支柱政策（例えば、域内市場と農業政策の如き）において果たす重要な役割をもつことが受け入れられる。しかしながら、彼らは欧州委が課題設定者や国家レベルの実施監視者として行使する権限をもつと主張する（Moravcsik）。この見解によれば、欧州委は政府間協力を容易にし得るが、欧州委の権限が条約交渉内の加盟諸国によって決定され、かつ枠組みがつくられるごとくそれ自体のもつ何らの真の権力基盤をもたないという。

　欧州委の役割についての政府間主義的思考は、そのアプローチが「超国家主義者」、或いは「制度論者」として称し得る人々によって反撃される。これらの制度論者達の大部分は、欧州委が強力なリーダーシップを表示しており、かつ数多くの機会に「歴史形成」と、政府間会議（IGCs）や欧州［首脳］理事会会合を枠付ける結果について大いなる効果を与えてもいるという十分な証拠が存在すると論じるだろう。例えば、K.アームストロングとS.ブルメル（1998）は、「単一市場」の創設に導いた過程において欧州委と（実のところ、他のEU諸機関）に明確な役割を割り当てる。その単一市場プログラムは、欧

州委が従来の第Ⅰの支柱（EC）下で活動する重要な枠組みのうちの一つである。制度論者達は政府間主義者達の重要な焦点である条約に基く枠組みが、日々の政策決定を通じて実際政治へと転換される必要がある、全くしばしば曖昧にして野心的な構築であると論じる。そしてそれが決定的な追跡調査の作業のこの種類になると、欧州委は、主要なアクター達のうちの一つである。

　もう一つであるが関連する学術論争は、欧州委がそれ自体のもつ組織的境界でさえ決定に影響を与えることができる範囲を問う。恐らく驚くまでもなく政府間主義者たちにとって、欧州委は諸国の利益によって浸透された正にアリーナ［活舞台］の如く現れる。この観点から、欧州委委員達・委員達の行政サーヴィス部局（departments〈services〉）における官僚達と同様に彼らの個別的スタッフ達は、彼らの各々の国政政府の諸利益を第一次的に追求しつつある。対照的に、制度論者達は、次のように強調する傾向がある。即ち、1）他の諸機関のごとく、欧州委は個々のアクター達に特定利益と信念を与え、2）欧州委は、彼らが超国家的特性を徐々に想定するために人々を再び社会化し得るかも知れぬと。組織的観点から、両アプローチとも一部には彼らの想定において正しいかも知れぬ（Egeberg）。

　要　点
　1．政府間主義者達は、欧州委を相対的に重要でないとみなす。
　2．対照的に、制度論者達（超国家主義者達）は、欧州委を政策結果に独立的にインパクトをもつとみなす。

§3．欧州委員会委員長と［欧州委］委員団

　欧州委は、政治的次元と行政的次元をもつ。確かに、行政部門の活動も政治的重要性をもつが、欧州委の政治指導者達（「欧州委委員団」）と、欧州委行政サーヴィス（或いは諸部局）に席を置く官僚達との間になお有用な区別がなされる。欧州委が政治部門と行政部門の両方をもつ故に、欧州委はその機関の混合的にしてユニークな種類としてしばしば描かれている。これは、もし我々が欧州委を伝統的な国際機構の事務局にたとえるならば、理解できよ

う。というのは事務局は、行政的構成要素のみを含む傾向があるからである。しかしながら、我々がある種の政府と欧州委をみなすと、その基本構造はより一層そうした馴染みのように思える。この観点から欧州委委員達は、政府閣僚達と大まかには同じであり、かつその行政的諸部局は国家の官僚制機構ないし行政サーヴィスの構造と類似な構造をもつ。

「欧州委委員団」は、欧州委委員長をはじめとする27人の委員達からなる[2012年現在]。欧州委の対内的意思決定過程内で、欧州委の低階層では解決されない論争のある諸争点は、最終的にはこの最高の政治水準へと上げられる。欧州委委員団は、討議と交渉を通じて合意を達成しようと努める。もしこれが合意へと至らなければ、投票が行われることとなろう（しかしこれは、比較的稀なように思える）。投票が生じる時、委員達は全て（委員長をはじめとして）同じ重要性をもつ（各々が一票をもち、絶対多数が最終的に決定には達せられる必要がある）。欧州委委員団は「団体性」原理に基いて活動する故に、比較的大きな比率の全ての諸決定が委員団に付託されると想定するのは合理的であろう。国家政府の大臣は、一委員よりも戦略上大きな余地が通常与えられるが、団体性原理はスウェーデンの閣議におけるように、国家水準で見出し得る。

（欧州委委員団会合を主宰する）欧州委委員長は、自らが（これまで女性の委員長は存在していない）欧州委委員団の他のいかなる委員とも同じ権限をもつものがいないように、平等者間の首位者として以前にはみなされた。しかしながら1990年以来欧州委委員長の役割は、より重要となっており、従って委員団の仕事が委員長の政治的指導力に従っていると今では受け入れられる。また欧州委委員長も、国家の首相のように自らの随意で常設事務局、事務総局（或いはGeneral Secretariat）をもつ。

欧州委委員達は、一つ以上の欧州委部局の監督を含む政策責任（担当）をもつ。これらの部局は、「総局」（DGs）として知られる。DGsが部門的に（目的によって）、或いは機能的に（過程によって）組織される傾向があるように、人はこれが委員達間の対立源を与えることが予期し得るかも知れぬ。この傾向は、丁度委員達とそのスタッフには別々の建物におけるよりも、むし

ろ彼らの部局と同じ建物に個々の委員達を収容するために前委員長であったR.プローディが、1999年になした決定によって悪化されたかも知れぬ。物理的近接性は、政治指導者達とその官僚達の間でのある共通な認識を育むことが期待されるかも知れぬ。しかしそれは、欧州委内における部門的・機能的亀裂を拡大するかも知れぬ。

欧州委委員達が欧州委外から指示を受けるとはみなされず、かついかなる公式的意味でもその国家政府を代表し得ないが、委員達は諸政府によって指名される。2002年当時、五大国（イギリス・ドイツ・フランス・イタリア・スペイン）の各々は、2人の委員をもち、他方では他の加盟諸国は各々1人によって扱わねばならなかった。将来のEU拡大は、欧州委委員団の規模を明らかにし得、かくすることによってその意思決定能力を脅かすと推測された。可能な解決は、全加盟国（大小の両方で）をして各々1人ずつのみ委員を出さしめることである［2012年現在、この状態にある］。

しかし欧州委委員達を指名する以前に諸国政府は、先ず欧州委委員長職の候補者に合意しなければならない。これは、もし新委員長が委員団構成に影響を及ぼす機会を与えるならば、必要となろう。時の経過とともに自らの同僚達を選択する委員長の役割は、増大している。1997年のアムステルダムで合意された条約修正において委員長は、初めて加盟諸国政府によって指名された候補者を拒否できる。委員長は、諸担当が割り当てられる仕方で、最終権限をもち、かつ一団の人々を配分することによって委員会の5年任期中にこのチームを改造する権利さえももつ。

諸国政府は、欧州委委員団構成における彼らの役割が徐々に減少するようにみなされる。対照的に「欧州議会」（EP）は、数多くの異なった仕方でその過程における利をより多く徐々に得ている。第一に、欧州委委員達の任期は、EPの事項との密接な連携へともち込むように、4年から5年へと拡大されている。つまりそれは、新委員団の任命が「欧州議会議員達」（MEPs）をしてその事項に発言権をもたせるため、EP選挙後に行われることを意味する。EPは、欧州委委員長の選択について協議されるばかりでなく、EPも彼らの任命を承認する権利をもつ。更にEPの諸委員会が指名された委員達を今精

査するという事実によって例示されるようにEPは、欧州委を議会により責任をもたせることによって、欧州委委員団全体を罷免しさえ出来る。類似な傾向における更なる主導権は、次のようなEPによって打出されている。即ち、EPは、それが現在あるよりもEUを議院内閣制により近くへともたらすであろう（もし実現される場合に）。

どんな種類の欧州委委員団の人々をこれは、奮い立たせるのか。第一に、欧州委委員団は、欧州委の政治的リーダーシップが諸国籍の固定された混成をいつももつということを意味する。第二に、委員団は、自分達を指名する国家政府と同じ政党的背景をもつ委員団へと人々をもたらす傾向があることを意味する。その規模は、より大きな諸国によって選抜された2人の委員のうちの1人が最大野党、あるいは主要な連合の協力者から出るように思われた（しかしこれは、いつも事実とは限らぬ）。時の経過とともに欧州委ポストの指名は、印象的な政治的経験に人々を包摂している。欧州委委員団の一貫した政党政策綱領は、最近の任命手続き下ではほとんど考えることができない。その代わりに欧州委員達の国籍は、彼らの行動を説明することを考慮する、より重大な背景要因であるように思える。それは、次のようである故にそうなのである。即ち、諸国政府、ロビイスト達、及び同類のものは、彼らが情報を得たい時、或いは欧州委構造の正に最高レベルで決定権をもつ時、最初の立ち寄り先として「彼らの」委員と接触する傾向があるからである。そして委員達は、自分達の同国人（例えば、ブリュッセルにおいて彼らの各々の常駐代表部〈彼らの国の大使館〉における集合で）との社会的ネットワークに含まれるようにもなり得る。

しかしこれから欧州委委員達が、自らを指名した諸国政府の代理人として第一次的に行動すると結論づけるべきでない。実のところ欧州委委員達の担当こそ、特定の決定についての自分達の行動を説明するようにより多く思えよう。とはいえ委員達は、諸国の大臣達のように自分達に課せられた多岐的にしてしばしば対立する役割期待を想定する。即ち、同時に委員達は、自分達が基づく地理的領域への（しかし非公式的である）ある忠誠を感じ、欧州委益を擁護し、かつ自分達のもつ委員担当益を進めるとみなされる。これら

の多様な圧力を均衡させることは、いつも容易な任務であるわけではない。

その時欧州委委員達が国益にそって行動させ得る組織の特徴は、指名と任命手続き、及び彼らのポストの一時的性質が彼らをして再任期に指名されることに役立ち得る仕方によって、行動する意欲刺激をつくるかも知れぬという事実であるかもしれなかろう。しかし（上述のように）制度論［超国家主義］的観点に沿ってより多い組織的特徴も存在する。欧州委員団の構成、及び彼らに配された「国旗」を以前にもち得る担当の配分に対する委員長の新しい大きな権限は、EPへの高められた説明責任とともに、明らかな事例である。しかし欧州委委員達を強いて国益よりもむしろ、特定の担当益を高める傾向がある行政サーヴィスの部門的・機能的専門化も例示しつつある。最後にして少なからず諸国政府からの指示を欧州委委員達に禁じる公式規則の効果も、軽視されるべきではない。やがてこの規範も、次のような文化規範によって徐々に支えられるようになったように思える。即ち、その文化規範は、一委員にとっての不適切な規範として国益の紛れもない促進とみなすと。

要　点

　1．欧州委員会は、欧州委委員団形態における政治的指導部を構成する。

　2．欧州委委員団は、諸国政府によって任命されるが、独立的に行動することが期待される。

　3．欧州委委員長は、1980年代以来より多くの権限を得ている。故に、最近の欧州委委員長は、もはや簡明に「対等者達の中の首位者」というものではない。

§4．欧州委員会委員官房（Commissioners' cabinets）

欧州委員会委員達は、欧州における多くの大臣達のように、自分達自身のもつ政治的事務局ないし私的事務所をもつ。欧州委委員達の「cabinet」（フランス語の発音がしばしば使われることに注目しよう）［それが呼ばれるように］は、欧州委の行政サーヴィスとは組織上切り離されている。その欧州委委員官房は、当該担当の委員によって信託された人々から構成され、彼らは委員の随意で任免し得る。結果的に彼らの任期は、その委員任期が続く限りでのみの長さで続き得る。欧州委委員官房の設置は、委員団により多くの重みを

与え、かつその行政が政治的指針を信奉するように思わせる。これらの委員の個々の任務は、フランスの官房に沿って、かつそれにちなんでモデル化されている。官房達の各々一つずつは、5人から7人の顧問に加え、数多くの事務スタッフからなる。彼らの役割は一方で、その行政サーヴィスへと下って委員達の諸観念を降ろすのに役立て、他方で政策提案が委員や委員団に付託される前に「総局」から上げる政策を編集し、かつ濾過することにある。欧州委委員官房は、この「編集作業」の不可欠な部分として、不一致を登録し、かつ欧州委委員団のレベルにおいて引き上げる諸異論を先取りするために、他の官房達としばしば交流する。20人の官房達の各々は、団体性原理（本質的には相互責務形態）のために、全ての欧州委の諸担当をカバーする。かくしてある欧州委委員官房は、彼らのもつ権限の範囲を越えた諸争点についての情報源として重要である。官房長達は、委員達の週毎の会合に先立って欧州委が可能な限り一貫し、かつ一体的に行動することを確かにするために集まる。これらの官房間の集合では議長としての委員長官房長は、必要な仲介者にして媒介者としての役割を当然とみなす。

　欧州委内の情報の流れを縦と横の両方で調整するため欧州委委員官房達によって果たされた役割に加え、彼らも欧州委と外部世界との共通領域における重要な機能をもつ。官房達は、諸政府、ロビイスト、及びその欧州委にしきりに影響力を及ぼしたがる他のアクター達や諸機関への重大なアクセス者である。彼らの役割は、特に委員達のスピーチを書き、委員達のための立場をとり、かつ会議や会合において委員達を代表するために責任を負う官房の成員達とともに、この点で委員達を助けることにある。官房達は、委員達と彼らの「各々の」政府（特に「彼らの」常駐代表部を経由して）との間のある種の連絡的役目としても活動している。かくして官房達は、国家的視点から政治的に関心をもつようになり得る、次の委員会提案について諸国政府に知らせることができる。他方では官房達は、欧州委で審議中の政策提言について諸国の立場に関する情報の導き手として同時に行動する。

　欧州委官房達は、国の飛び地としてしばしば描かれている。この記述は、（過去には）個人的官房達の国籍が主導的委員の国籍に直接的に反映されるこ

とが与えられるならば、適切である。より特定的には過去の規範は、一官房の一成員のみがその欧州委委員の成員とは異なる国籍をもつべきであるということであった。例えば、L.ブリタン卿が競争問題を扱ったときの1989年から1992年のイギリスの官房において彼の官房は、アイルランド国籍保持者(C.デイ)を含んだ。プロディ欧州委は、この類型を変えた。この欧州委が1999年にその任務に就いて以来官房達は、顧問数に置かれた制限が認められたこととともに、多国籍的にスタッフが与えられている。より特定的には少なくとも三つの異なった国籍保有者は、今各官房で代表されるべきであり、かつ官房の長ないし副長は、委員の国籍とは異なる国籍保有者であるべきであるという。更に少なくとも官房成員達のうちの半分は、今欧州委行政サーヴィス内から補充されるべきであるという。これは、次のような理由で官房達における国籍の役割に興味ある含意をもち得る。というのは欧州委行政からくる人々は、特定の国の地域と弱い絆しかもたぬからであるという。この補充規定が導入された一つの理由は、官房が伝統的には欧州委行政サーヴィスにおける上級ポストに向けて、急速な昇進への踏み台であったということである。このことは、ある士気の喪失を一般職員を貶める故に、スタッフの労働組合によって批判されている。

　プロディ欧州委の官房制度改革以前に、人は次のように多分結論づけただろう。即ち、これらの対内的諸機関の人々と同様にその構造は、欧州委による行動の高度に政府間的類型を育むであろう。しかしその欧州委官房達は、変化している。かくして多国籍なスタッフの配置と対内的補充への強調の増大は、制度論[超国家主義]的説明にはより当てはまるように思える。これらの諸改革の結果として、諸国政府と欧州委との間の共有領域としての官房の役割が基本から定義づけ直されるようにきわめて思われよう。

要　点

　1．各欧州委委員達は、「官房」として知られる個別スタッフによって支えられる。

　2．欧州委委員官房は伝統的に欧州委内での「国の飛び地的領域」であり、近年多国籍的となっている。

§5. 欧州委員会行政サーヴィス

　諸国の政府執行部において事実であるように欧州委の政治的指導力は、行政スタッフによって仕えられる。この欧州委行政は、欧州委「行政サーヴィス」としてしばしば言及される。欧州委行政の主要な構成要素は、以下のような23の「総局」(DGs) であった。それらの総局は、国家の政府省庁の行政的構成と大まかには同じであり、かつ今ほとんど可能な政策領域をカバーする。組織上の専門化の基本原理は、諸国の諸省庁のものと全く類似している。農業総局と司法・内務総局は、部門組織に反映する。予算総局と人事行政総局は、彼らが遂行する機能の周辺で組織される。正確にはそうした諸総局が機能的に方向付けられる故に、予算総局と人事行政総局は、欧州委の水平的行政サーヴィス（即ち、調整任務があてられ、或いは諸部門間的部局にわたる諸争点を扱う行政単位）であるといわれもする。事務総局は、これらの水平的行政サーヴィスのうちで最も重要なものである。事務総局は、欧州委委員長の常設事務局として欧州委全体の一貫した政策プロフィールを形成するのに重要な役割を果たす。また事務総局は、欧州委とEUの内外での他の基本的諸機関との関係を管理するのに果たす重要な役割を有する。事務総局長（事務総局の長）の役割は、諸国の首相の事務局内における事務次官の役割と軌を一にする。換言すれば、そうした欧州委事務総局長は、行政について同等者達の中の首位者として明らかにし得る。他の水平的行政サーヴィスの諸事例は、報道通信局、統計局 (Eurostat)、翻訳局、及び法務局である。法務局は、欧州委の法律専門知識を多く提供する（法律家達は、欧州委の他の諸部門において大多数見出されもする）。かくして法務局は、他の諸部門が協議する専門機関として第一次的に仕える。法務局は、「諸総局」内で立案された立法提案がEU立法に適切とみなされる専門的・言語的基準を遵守することを確かにする。それは、かくすることによって欧州裁判所ないし国内裁判所における欧州立法に対する将来の挑戦を先取りする。

　総局は、総局長によって率いられる。この各々の総局は、その総局長によって率いられる。各部局は、更に諸ユニット［局］からなる。明らかにある

第11章　欧州委員会

任務や新しい政策主導権は、この厳格に専門化された階序制構造へと上手く適合するわけではない。こうしたニーズを満たすために、特別対策委員会や国際作業グループが創設される。時にはこれらの臨時的ないし特別機関は、制度化され、かつ新しい総局ないし部局として終える。これは、最終的に競争総局の「B局」となる併合対策委員会には事実であった。諸総局は、約300人から600人の各々の全体的な常勤スタッフを通常もつが、その規模はかなり異なる。人事行政という最大の総局は、約3,000人の被用者をもち、もう一つの大きな存在であるのは農業総局で、1,000人をもつ。対照的に財務統制総局は、200人のスタッフしかもたぬ。諸総局と水平的行政サーヴィスとを合わせると、約24,000人［2009年現在］を雇用する。これらの約1,000人のものは、臨時的ポストである。全てのポストは、五つの等級にグループ化され、それらは幾つかの段階に更に分割される。「A類職」という最も威信をもつ等級は、政策形成と政策管理に携わる約7,000人の官僚達からなる。我々が欧州委「官僚達」を考える時、我々は、この範疇における（執行、事務、及び肉体労働等級における官僚達よりもむしろ）スタッフを通常指しているのみである。Aグレード内で我々は、頂点のA1（総局長）から底辺でのA8（行政官補佐）までからなる8段階を見出す。「LA［言語職］」は、翻訳者及び通訳者を含み、BグレードとCグレードは、より日常的にして専門的行政任務を引き受ける。Dグレード被用者達は、サーヴィスと肉体労働任務を扱う。

　欧州委サーヴィスも、欧州委によって給与が支払われたスタッフに加え、加盟諸国から配置替えされた700人から800人の「範疇A」官僚達［との間を］含む。こうした配置替えされた官僚達、或いは「分離された国家の専門家」は、自らの給与がその国の雇用者によって支払われる。欧州委の前身である「欧州石炭鉄鋼共同体（ECSC）」の最高機関の初期において大抵の官僚達は、臨時契約によって任命され、或いは加盟諸国で配置替えされたものである。やがてこれは、変化している。既述の如く、そのポストの圧倒的多数は、現在では常勤である。しかし臨時職は、行政サーヴィスにおいて考慮中である特定の政策争点についての特別の専門知識を与え得る人員を雇うのに使われる。

欧州委行政サーヴィスにおける一キャリアへの新Aグレード候補者達の補充は、能力主義原則に主に基礎づけられる。これらが含意するものは、任命が次のことに基づいてなされるべきである。即ち、それは、他の諸基準（例えば、候補者の社会的ないし地理的背景、その男女別、或いは応募者が「適切な連絡」を図る程度）に基づくよりもむしろ、これまでにその教育的・職業的経歴においてその人物が遂行している［ことに基づいてなされるべきであるという］。この原則は、もしそれが縁故・えこひいき・及び腐敗を避けるならば、現代的にして十分に機能する官僚制がありそうなものの理解と本来的にリンクされる。かくして欧州委キャリアに加わりたい人々は、この原則に従って、大学の学位を取得することが通常必要とされる。次に彼らは、「コンクール」と呼ばれた「競争試験」を通過せねばならぬ。「競争試験」は、全ての志願者が口頭試験と同様に、筆記試験を通過せねばならぬ実際上含意する上級行政サーヴィスへのフランス型標準的入局ルートの上につくられる。これらの試験は、定期的ベースで加盟諸国において準備され、かつ5万人の志願者程の多きを含み得る。しかしちょうど150人から250人程度のものは、「保留リスト」と呼ばれる者に達し、かつこれらの幸運な少数者でさえ、なお職が保障されておらず、むしろ空席を待たねばならず、かつそれについて連絡することを望まねばならぬ。この段階において透明性が決定的のように思え、故によきネットワーク技術をもつ人々が利を得るように思える。

　割当制は、地理的ベースで新補充の欧州委入局を規制する。その結果、雇用された人々は、全ての加盟国から比例的に引かれることとなろうし、故により大きな諸国が小国よりも多くの候補者達を与えることとなろう。一見して、この種の割当制は、上記で概述された能力主義原則に全く反するように思える。しかしそれは、欧州委（或いはむしろ「Aグレード」）がEU加盟諸国の少数のみからスタッフ集団によって過剰に溢れさせないことを保証する。

　ひとたびポストに就けば年功序列は、Aグレードの下位水準における昇進に問題を起こす。スタッフの組合も官僚の直接的上位者に加え、この水準の昇進の諸決定において重要な役割を果たす。ユニットの長及びそれ以上（A4［課長もしくは課長補佐］からA1［総局長］まで）としての任命についてよ

り速い地位における業績は、昇進基準としての年功序列より以上に重要となる。スタッフの労働組合の役割は、これらの上級レベルにおいてかなり減じられる。その代わりに国籍が決定要因として再び現れ、かつ徐々に任命レベルが上級になればなるほどますます国籍が重要となる。明らかにそのピラミッドが狭くなればなるほどますます、公平な方式で国家割当制を扱うのにますます複雑になるが、同時に昇進の基本的規範としてのメリットに注意を払う。これらの事例において国家政府は、しばしばしきりに仕事の「自らのシェア」を見張りたがる。もしその「均衡」が脅かされるとみなされるならば、介入するのは通常欧州委委員達と彼らの委員官房次第である。比例制への関心に加え、頂点の官僚達の直接的部下や上司は、異なった国籍をもつに違いなかろう。多国籍の命令の鎖によって、狭い国家の関心に反映することから政策提案を阻止するという議論が行われる。

　「落下傘部隊」という用語は、欧州委外から来る人々が通常の任命過程に服することなく、機構のより高次の地位へと組み入れられることによる実際を指す。しかしそれは、国益を擁護する方法としてこの現象を解釈することよりもむしろ、EU拡大の緊張、及びその割り当て制とも対処するのに最も一般に使われることが知られている。新加盟諸国は、階序制のあらゆる水準のポストにおけるシェアに対する権利をもつ。これは、高度に経験を積んだ国家官僚が欧州委員会の上級ランクへともたらされることを含意する。このシステムの種類は、昇進を求める資格をもった内部候補者達には不満をもたらしている。しかしこれらの諸問題が最近の状況下で克服し得る方法を知ることは、困難である。しかし我々がEU拡大をひとまず考えないならば、サンテール委員会もプロディ委員会もともにメリットと対内的補充により大きい重きが置かれるべきであり、国籍や落下傘部隊には重きを置くべきでないと主張している。これは、欧州委員会内でのプロディ・キノック改革の実際において取り組まれたことである。その政策は、欧州司法裁判所（ECJ）判決において、かつ欧州委スタッフの労組からの支持の増加を得ている。欧州委行政サーヴィスが広範な地理的均衡を維持し続けるべきである一方で、国籍が特定ポストに新人物を任命する決定要因であることがもはや許されぬよう

に思えよう。この目的は、上級的地位に国旗をつける慣習を明らかに廃止するためである。

　欧州委官僚達の行動を説明する時、その国家的背景がどれくらい重要なのか。我々は、国家政府が補充と任命のために示している持続的関心が与えられれば、実のところ、国籍が極めて重要であると考えさせられる。しかしその争点に向けられた注意は、国家的出自がもち得るインパクトに必ずしも呼応するものではない。確かに、官僚達は、彼らの出自について自国の出自とリンクし得る欧州委の行政スタイルと一般的態度をもたらす。例えば、ドイツやベルギーのような諸国から出てくる官僚達は、多分次のような理由故、単一国家制から出てくる官僚達よりも連邦制的欧州の見通しを支持して受けとめるように思える。というのは前者の官僚達は、システムといったその種類には既に馴染みであるに違いないゆえである。しかし、その国家行政的経験が欧州委に影響を与える度合いは、関係閣僚のキャリア類型に依拠するに違いない。多くの官僚達がその国家政府からの臨時契約ないし配置換えに基づく欧州委の初期において、多くの欧州委官僚達は、その国家のスタイルや態度が吹き込まれた。しかし最近のスタッフ体制下で実のところ、多くの行政経験を本国にもたらす機会をもっている官僚は少ない。かくして官僚達は、この点において大いなる「バッゲージ」なくして欧州委に到着しつつある。しかしこのルールの例外は、国家官僚が上級ポストへと「落下傘的に入り込まされる」場合にあるように思える。

　欧州委官僚達の数的増加は、自国の行政経験なしで存在する。しかし彼らはなお自国における同国人達のための興味ある対話者となり得る共通語と国籍は、欧州委官僚達が欧州委において行いつつあることをしきりに知りたがる人々にとって、アクセス点となるように相互作用を容易にする。その上、同じ国籍をもつ官僚達は、ブリュッセルにおいてしばしばともに社会化する。これは、国家の帰属感を維持するのに十分であり得る。しかし組織的役割、意思決定手続き、及び同僚と上司の耳目が遂行におけるこの種の多様性を減少する傾向がある如く、官僚達の行政スタイル、個人的態度、ないし非公式的連絡類型、及び欧州委におけるその人の行動との間における直接的リンク

について何らの証拠も存在しない。実のところ、官僚達の総局への愛着心は、彼らの日常の作業においてなす選好、及び選択の説明としてその国家の背景よりも遥かに重要であるように思える。

ある組織の特徴は、欧州委の遂行が国益や国の影響力に反映するという意味で、政府間的に強いられることを示唆する。こうした特徴は、国別割当制及び臨時契約性を含む。国別割当制は、国家特性を正当化するのに役立つかもしれぬし、結果として国家の政策志向を正統化するのに役立つかもしれぬ。しかし臨時契約による官僚達は、自らの最近の雇用者（通常、その国家政府）の利益を本国に戻って追求する意欲刺激をもち得る。しかし、制度論［超国家主義］的視角がより正確であると示唆する数多くの組織上の特徴も存在する。諸事例は、欧州委の専門化が地理よりもむしろ部門ないし機能によって起こり、常勤ポストの明確な多数が存在し、補充がメリットに基づき、欧州委が多国籍的ユニットおよび命令の鎖を含み、かつ人員の社会化のし直しを容易にする生涯にわたるキャリア類型が存在するという事実を含む。やがて以上の如きこれらの制度要因は、重要性において利を得ている。臨時契約ないし配置換えに基づく官僚比率は、恒常的に低下しつつある。欧州委における能力制による補充、及び上級水準への内部昇進は、支持の増大（特に、欧州裁判所、スタッフの組合、及び実のところ欧州委委員団からの）をずっと勝ち得ている。しかし、新加盟諸国が加盟後すぐに欧州委の上級職のシェアをもたさせる最近の実際は、この方向における更なる発展への最も深刻な難題を示す。

要　点

1．欧州委の行政サーヴィスは、「総局（DGs）」と呼ばれる部門的にして機能的（縦の）部局を含む。

2．行政サーヴィス内の官僚達は、加盟諸国間の適切な地理的均衡の観点で、能力基盤で補充される。

§6. 欧州委員会の委員会［及び評議会］制度 (The committee system)

　新立法の準備において、かつ他の政策決定諸形態において欧州委を助けるために、300から400の間の臨時的専門委員会 (committees) と約150の常任諮問グループが設立されている。政策議案提出権についての実際上の作業は、通常諸国の官僚達と専門家達からなるこうした委員会 (committee) においてしばしば始まる。この種の諸委員会 (committees) は、特定の主題について特別な専門知識を与え、かくして欧州委の常勤スタッフの作業を補うとみなされる。こうした諸委員会は政策観念をもち出し、かつそれらに対する将来の反応を予期するアリーナとしても役立ち得る。新提案によって影響が究極的には及ぼし得る利益集団組織の関与は、政治的支持と正統性をよりありそうにせしめるかもしれぬ。欧州委は欧州利益集団を歓迎する。これらの利益集団組織の類が欠いているところでは、欧州委は積極的に彼らの形成を刺激しようと試みつつある。このことは、次のような理由故に理解できる。というのは27人ないしそれ以上（全ては異なった国や区画的利益集団を代表する）よりも一つのグループと連絡をとることは、はるかに便利であるからである。しかし、諸国を越える利益集団の設立を刺激することは、他の諸目的にも役立ち得る。欧州委自体の如く、利益集団システムは地域的によりも機能的・部門的境界に沿って第一次的に自ら構造づける。かくして、欧州委は進化するEU政体における将来のパートナーと、諸国を越えた利益集団をみなし得る。

　欧州委官僚（ユーロクラット）達は専門委員会 (committees) や諮問委員会を司り、かつ加盟諸国政府からの官僚達に参加するように要請する。欧州委は彼らの旅費を工面し、かつ彼らは政府代表としてではなく、独立的専門家の如く振舞うことが期待される。しかし、欧州委官僚達は、諸国の政策的立場の情報を収集するのに自分達の存在の機会を通常使うだろう。実際上、大部分の諸国の官僚達は自分達がブリュッセルに来るとき、一方の側に政府代表として自分達の役割を完全に置くわけではない (Egeberg)。

　欧州委の委員会 (Committee) の作業が終わりになると、政策提案はそれが理事会や欧州議会に提出される前に、欧州委の行政・政治的人物達によっ

て処理される。最終決定が理事会に到達されると、その争点は再び実施のために欧州委へと渡される。前に言及した如くある理事会指令は、より専門的性質をもつ諸規則によって補充される必要があり得る。この種の立法作業は、諸国の立法部が諸政府をして特定の規則から案出させ得るのと同じ方法で欧州委に委任される。しかし、理事会は欧州委の立法活動を監視するために、「コミトロジー」評議会 [これは、EUの執行機関によって採用された実施方策の合意を監督するために設計されたコミッテイズのネットワークないし、手続きを指す] (「実施評議会」としても知られる) を設立している。これらの諸評議会の成員資格は、諸国政府代表である。しかしその諸会合を求め、かつ司会を務め、かつ論議を要する諸提案を提出し、かつ議定書を書くのは欧州委である。欧州委に助言する権限をもつコミトロジー評議会 (諮問評議会) もある。いくつかの諸条件下で欧州委提案を乗り越える権限をもつコミトロジー委員会 (管理運営評議会と規制評議会) もある。しかし、実際上欧州委は通常我が道を行く。しかしこれは、諸国政府代表が影響力をもたぬということではない。もちろん、諸国政府が是認するように思える諸提案を欧州委が故意に選択することも全く可能である。

　諸国の官僚達が欧州益よりも国益に基き行動することが自明のように思えるかも知れぬ。これは、少なからず次のような理由ゆえである。即ち、というのは諸評議会 (committees) は官吏達にはむしろ第二次的愛着を示し、かくして自分達の任務を自国に戻すよりも官僚達にはるかに少ない要求や意欲刺激しか課さないからである。官僚達はコミトロジーの背景において、政府代表として行動することが公式上期待されるからである。とはいえ、専門委員会・及びコミトロジー評議会に出席する大部分の諸国の官吏達は、大いに専門化された任務を自国に戻し、かつ故に国益についてよりもむしろ部門的・機能的関係を枠付けるのに多く使われる。恐らく、専門化された委員会 [及び評議会] 制度 (committee system) は、諸国の官僚達が既にもつ部門的自己認識を維持するのに役立つのみである。

　要　点
　　1. 諸委員会 (Committees) は、欧州委 (Commission) の作業において果す

重要な役割をもつ。
　2．コミトロジー評議会（committees）は、欧州委が委任立法を出しつつあるとき、欧州委を監視する。

§7．結　論

　エゲバーグによれば、欧州委は、政治機能と行政機能のその混成故に、混合にしてユニークな組織としてしばしば描かれているという。これは、もし欧州委が伝統的な国際機構の事務局にたとえるならば、理解できる。というのはこうした諸事務局は、自分達の政治的意思をもち得るとは期待されないからである。しかし欧州委は恐らく国家執行部により適切にたとえられる。欧州委は、諸国政府の如く多様な行政サーヴィス制度に責任を負う執行部の政治家達によって率いられる。諸国の執行部と類似な様式で、欧州委は政策提案を提出し、かつ公式化することが公認され、かつ政策実施を監視することが公認される。しかし、欧州委はEUレベルでは全ての十全なコントロールを達成していないし、理事会と執行機能を共有している。恐らくより重要なのは、EUの「共通外交安全保障政策（CFSP）」は主に強化された理事会事務総局の執行部の責任であるということである。
　エゲバーグらの著作は、欧州委の多様な部分がどのように組織され、かつスタッフが配置される仕方、及びこれらの構造的・人的特徴が意思形成者達が実際上行動する仕方に関連付けられる方法に焦点をあわせている。これらの諸要因は、欧州委に対して政府間的観点に反映するのか。或いはその代りにこれらの諸要因は、制度論［超国家主義］者達が予測するものにより多く沿っている行動類型を喚起するのか。全ての諸水準（欧州委委員団・委員官房・行政サーヴィス・諸委員会〈及び評議会〉）において、他の種の過程と相並んで確かに多くある諸要素が存在する。これらの諸要素は、部門的・機能的・制度的亀裂に（即ち、国境を越えて、かつ欧州委委員達やその官僚達との間に所属する非地域的感覚を刺激する対立や協力と似たものに）注意を集める傾向がある。もしこれらの傾向が続くならば、欧州委は、次のような欧州機関により

多くなり始めよう。過去において、必然的に政府間的性格と超国家的性格の混合（異なった混合ではあるが）を示し続ける［欧州機関に多くなり始めよう］。

　こうしたエゲバーグによる欧州委論が2003年と2010年の版における内容について若干の変更（資料編など）が存在する。しかしそれらは、おおよそ同じものであることを確認する。ゆえにその後に新しく成立したリスボン修正条約における欧州委に関連するものについて言及しなければならぬ。欧州委についてもっとも明確なものは、「欧州対外活動庁［EEAS］」の設置とその担当者でもある「外交安全保障防衛政策上級代表［HR］」の役割に関するものである。この「欧州対外活動庁」は、欧州委の「省庁」扱いとも重なるものである。その担当責任者がその上級代表であり、欧州委委員団に属し、かつ欧州委の副委員長を兼ねるというものである。いずれにせよこの論者が示唆する如く、その機関について修正条約との関連でいえば、残りの二大機関と比較して、変更点において少ない。しかしもう一つの重要な修正は、欧州委委員の構成数に関するものである。それは、EU条約第17条第5項「2014年11月1日から委員会は、委員長及び連合外務安全保障上級代表を含む構成国の三分の二の委員会委員によって構成される」というものである。これもアイルランドの国民投票の否認で妥協となったものでもある。いずれにせよこれは、欧州委委員団の効率化を目的としたものである。これも大きな修正点のうちの一つである。残りの主要機関とこの改革条約については、以下の諸章で言及することとする。

　われわれは、本章の「はじめに」において論じることを約束した事項についてここで言及することとする。しかしこの論者は、欧州委員会が欧州益も国益も両方を遂行する混合機関であることを強調する。とはいえ彼は、欧州委員会の要点について本文で要領よく論及しているので、ここではその論点について確認する。この欧州委員会と残りの二つの主要機関との関連問題である。まずそれと議会との問題については、特にリスボン条約の関連で残りの章の段階で主に示すこととなる。ここでは議会による理事会との共同決定を通常果たすことによって、議会の役割は、新条約において改善されたが、依然としてその問題点は残る。というのは欧州委は、基本的な任命制機関の

ままであり、かつその大部分の提案権も保有されるからである。さらに欧州委員会は、理事会との関連でも次章で要点を示す故、次章に譲らざるを得ぬ。しかしここでも示した如く、新対外活動庁や新上級代表もその欧州委委員長下に残り、かつ経済担当総局も従来通りであるゆえ、まだその新基軸が不十分さを露呈している現状では、依然として欧州委がそれらの影響力をもつこととなる可能性も残る。

キーワード

欧州委員会委員長／欧州委員会委員団／欧州委員会委員官房／事務総局／ユーロクラット［欧州委官僚］／立法提案権／欧州委員会行政サーヴィス／コミトロジー

引用・参考文献

Egeberg, M., "The European Commission", in Cini, M., ed., *European Union Politics*, 2003.
Nugent, N., *The European Commission*, 2001.
Hooghe, L., The European Commission and the Integration of Europe, 2001.
Cini, M., *From Integration to Integrity*, 2006.
Edgeburg, M. (ed.), *The European Commission*, 2006.
Hill, C., et al. (eds.) *International Relations and the European Union*, 2011.
Bache, I., et al., *Politics in the European Union*, 2011.
Foster, N.G. ed., *EU Treaties and Legislation*, 2011.
松井芳郎編『ベーシック　条約集』東信堂、2011年。
福田耕治著『EC行政構造と政策過程』成文堂、1992年、など。

第12章　EU理事会 ［J.ルイスの論点を中心に］

はじめに

　われわれは、前章でEU機構において常設機関のうちで最もスタッフを多くもつ欧州委員会について概観し、その論点を示してきた。引き続き本章は、その最高意思決定機関である欧州［首脳］理事会、及び執行機関にして立法機関と示される理事会について概観し、その論点を示す段階にきている。こうした二院制（議決権を理事会と欧州議会がそれぞれもつゆえ、前者を上院とし、後者を下院とするもの）仮説は、われわれが主に論及する英語文献で多く使われる。しかし全てがそれに合意しているわけでもない。いずれにせよ、人は、一般にこの二つの機関（欧州理事会と理事会）を国益機関と位置づける。確かにそれらは、形式上そのように思える。しかしながらこれらは、それを詳細に検討すると、それだけにとどまらないのではないかという状況が見えてくる。つまりそれらは、さらに欧州統合を進めてきている側面も垣間見られる。これは、正にこの理事会の論点でもあり、ここにその論争が示されるのである。

　従ってわれわれは、前記の如くそれらの機関を有力な論者による原型を辿ることによってこれを概観し、その論点を示すこととなる。その基本文献は、J.ルイスによるEU理事会論である。これもその公刊年が2003年であり、その後も2010年に改訂されている。さらにその資料は、修正条約が発効する以前のものであるゆえ、この修正の要点に言及する必要がある。それらは、その文献を辿る中で、付け加えることとする。

　ルイスの論は、「EUの意思決定の核心（EUの理事会）を考察する」と説き始める。理事会は、欧州統合過程における国益を臆面もなく代表するEU機関である。そういうものとして理事会は、加盟諸国間での激しい交渉・妥協構築・及び時には刺々しい不一致の現場でもある。理事会は国家や政府の長達

まで、そしてずっと専門家レベルの官僚達への階段まで降りて、次のような複雑にして集合的意思決定制度へとEUの諸政府をはめ込む。即ち、その制度は、加盟諸国の首都や国内政治へと深く浸透せしめる。本章が説明する如く、その結果は現代世界における主権国民国家間の国際協力のうちの最も進んでおり、かつ激しいフォーラムである。本章は、次のようなものを考察する。即ち、1）理事会の組織と機能・その構成要素部分（欧州［首脳］理事会・EU理事会・常駐代表委員会〈Coreper〉・作業グループ・事務総局〈CGS〉）・それが進化しつつあり、かつ時の経過とともに一機関として進化し続ける方法を考察する。

序　論

　本章の焦点は、EUの理事会としても知られ、より時代遅れの「閣僚理事会」として知られた欧州連合［EU］理事会である。この理事会はEUの意思決定の中心に正にあり、かつ欧州政策決定において要となる役割を果たす。理事会はEUの27加盟諸国の国益を表面上代表するけれども、EU機関でもあり、かつ国家間外交と交渉のための重要なアリーナ［活舞台］でもある。

　本章は、時にはこれらのEU理事会の逆説的特徴を探求するためにこの機関が構造付けられる仕方を概観することによって始める。第1節もEU理事会［「閣僚理事会」］と欧州［首脳］理事会（これは単なる国の閣僚達よりもむしろ国家や政府の長達を含む）との間の相違を強調する。第2節は、理事会の活動を精査する。ここではその焦点は、理事会・欧州委員会と欧州議会（EP）間の関係についてと同様に、加盟諸国毎の輪番制による議長職についてである。第3節において、理事会の意思決定の諸層が明らかにされる。そして我々は、上から下へと欧州［首脳］理事会・EU理事会自体の会合・コレペールの任務（諸国の上級公務員を含む）・及びより専門的作業グループの任務に焦点を合わせる。この節は、理事会事務総局（CGS）における理事会自体の官僚達の徐々に重要な役割を考察する。最後に、ルイスは、その理事会が直面する諸挑戦のうちのいくつか（民主主義の赤字［不十分性］・及びEU拡大のよ

り広範な諸含意)を考察するものであるという。

§1. EUの意思決定の核心

EU理事会はEUにおける意思決定の機関上の核心である。それは加盟諸国を代表するように設計された機関である。それは主権的国民国家の設立として、広範な立法・執行機能が驚くまでもなく与えられる。中心的立法機能は、全てのEU提案(欧州委に起源を辿る)がEU法になる前に理事会によって承認されねばならぬというものである。理事会は、欧州議会(EP)により多くの対等な地位(「共同決定」と呼ばれる)を与えるより新しい意思決定手続きにもかかわらず、EU立法過程の中核に残る。理事会は、同様に中心的執行機能をもつ。即ち、リーダーシップを提供し、かつ外交・外務の諸領域において特に見られる欧州統合の速度と方向を操縦することである。

法律的に言えば、唯一の理事会が存在するが、これは現実に政策の特定化によって組織された16の異なった編成が存在する故に誤りである。理事会の各編成は、専門化された政策部門を管理するように作られる。その立法を採択するのに承認された参加者達は、その部門に責任をもつ加盟諸国の各々からの国家の閣僚である。故に、27人のEUの農業閣僚は農業理事会を主宰し、環境理事会を環境閣僚が主宰する。

歴史的に、一般的な機関上の責務をもち、かつ総対的なEU政策調整を担当する「上級」の理事会編成は、総務理事会として会合する外相達である。より最近では財務・総務相達は、経済・財務理事会(他の言い方ではEcofinとして知られる)についての彼らの仕事を通じて成長している。最近の理事会の追加は、司法・内務理事会で集まる内相(国内務)達を含み、かつ欧州安全保障防衛政策(ESDP)を討論する外相達との「超大」理事会形式で集まる国防相達を含む[リスボン条約下では「外務理事会」と規定する]。

理事会の仕事の直接的・別々の編成の政策区画は、EUが作動する仕方の特徴である。各編成は、あるもの(総務、経済財務、農業)は月ごとに集まり、またあるものは年に二回のみ(文化・教育)集まるという形で、自分達のペー

スと立法課題をもつ。各理事会もそれ自体の独自性と協力の文化をもち、しばしば一組の非公式的（不文の）規則や特有な作業慣習を含む。予算理事会が交渉を止める慣習があるけれども、十分な特別多数決が決定されるやいなや、総務理事会は合意を求め、かつ「立場の最も慎重なものでさえ容認する」ためどんなことでも前進させる（Wastlake, M.）。まとめてみると、「理事会」は交渉を同時に進めるとともに、広範な政策領域に渡る多面的な意思決定構造である。あれやこれやの外見をとりつつ、理事会はほとんど継続的に会期を行っている。

　しかし閣僚達は、たんに氷山の一角に過ぎぬ。もしブリュッセルで精々のところ月に数日間の閣僚会合だけであったならば、EUは意思決定の首尾一貫せず、かつ混沌としたシステムとなろう。理事会の仕事は、国家の官僚達のより大勢の代表団を含む。第一に、常駐代表委員会（Coreper）を擁するEU常駐代表達が存在する。コレペールは次回の理事会会合を準備することに責任を負う。それらの準備は、しばしば閣僚達による合意に道を開く集中的討論を含む。EUの常駐代表達（構成国当り2人ずつで各々が自分達のEU大使と副大使を任命する）は、ブリュッセルに居住し、毎週集まり、かつ文字通り「週7日EU問題で食べ、飲み、かつ呼吸する」（Barber, L.）。各構成国もEU大使と副大使によって運営されるブリュッセルにおける常駐代表部を維持する。それは、異なった諸国の省庁からの政策の専門家達によって人員が配置される。しかしそれらはまだ全てではない。日常的理事会活動の大部分は、専門的作業グループで行う。ときにはあらゆる点で、理事会には150から250以上の作業グループが存在している。作業グループは交渉の早い段階で諸提案を検討し、かつ解決されるべき非論争的にして技術的諸争点のことで情報センターとして役立ち、かつコレペールないし閣僚レベルで取り組まれる必要がある含意ないし政治的争点のための早期警戒システムとして役立つ。全体としての理事会はEU提案について交渉し、かつ決定するために数多くの作業グループ・コレペール・或いは閣僚達の舞台設定も含む。もし人が関連する諸国の官僚達と政策の専門家達の全てを加えると、概算では25,000人程度がEU問題について働く全体数になる（Wessels, W., et al.）。

EU諸機関全てについて、理事会が実際に活動する仕方は、恐らく最も文書化がなされていない。この一部はアクセスできないことから生じるが、より重要なのは理事会の謎めいた外形である。それは次のようである故に、EU諸機関のうちの「カメレオン」である（Wallace, H., et al.）。というのはそれは政府間的な組織上の特徴と行動と、超国家的なそれらとを曖昧にするからである。理事会の標準的・寄せ集め的イメージは、次のような個人主義的に志向付けられた国のアクター達の拠点のイメージである。即ち、彼らは他者、或いは全体としてのグループの繁栄に焦点をあてるよりもむしろ、多かれ少なかれ自分達自身の自利にのみ焦点を合わせるという。この理事会解釈も政府間主義的アプローチに理論的基礎を形成する。しかし理事会は、より複雑にして多様化された制度的構築である。一機関としての理事会は、その諸部分（加盟諸国）の総計以上のものと同じである。理事会における諸国のアクター達も集団的に行動する。多くは次のような共有された責任感を発展させる。即ち、その責任感は理事会の仕事が前進すべきであり、理事会の立法上の出力（たとえ唯一の専門政策領域におけるにしても）が成功すべきであるというものである。諸国のアクター達は、広範な一連の諸争点を越えて継続的交渉の議院としての理事会で閣僚達に特別な考慮のために国内の政治的困難ないし要請を試し、かつ手助けをする信頼・相互理解・及び任務の長期的関係をしばしば展開する。理事会参加者達は、意思決定自体の過程において集合的利益を発展させることもできる。これは、定められた主題ないし提案への特定の国益に加え、ある種の「地球規模的・恒常的利益」となり得る。つまり、このシステムに参加する加盟諸国も集合的意思決定システムへと社会化されるようになる。ある主導的な理事会学者がその謎を要約している如く、「EUの理事会は、集合的EU機能をもつ一機関として加盟政府の被造物である」(Wallace, H.)。

[1] **理事会と欧州理事会〈European Council〉（この二機関は、同一ではない）**
　理事会のいかなる描写も、欧州［首脳］理事会の役割の包摂なくしては完全ではなかろう。欧州［首脳］理事会は、次のような理由故に、EUには卓越した権威を有する。というのはそれは28人の政府や国家の長達（及び欧州委

員会委員長）をまとめるゆえである。EUへの全体的な戦略案内は、欧州理事会によって提供される。そして近年、脚光を浴びる首脳会議における首相・宰相・及び大統領の会合は、制度改革・予算・拡大・及び防衛政策のような主要な主題についての広範な責任を当然とみなしている。例えば、将来の予算分担金・相対的投票加重・或いは新外交ミッションを如何に資金として賄うのかの仕方といった争点は、大臣達が解決するにはあまりにも政治的過ぎることを証明している。そして彼らは、次のようにするのに欧州理事会に依拠している。即ち、手詰まりを打破し、閣僚間の不一致（特に財務・外務との間で）を克服し、かつEUにおける歴史形成的「規約上の」画期点が有名であり、大きくして連動する一括を扱うのに［依拠している］。欧州［首脳］理事会は少なくとも1年に2回（6月と12月［リスボン条約下で3か月に一回］）会合し、かつ特別なトピックないしテーマのことで組織される「非公式」的集まり（例えば、経済・社会問題についての2000年のリスボンサミット）においてしばしば2回以上集まる。欧州理事会サミットは、熱い公的監視をひきつけ、約1,200人のジャーナリスト達によってカバーされ、かつ徐々に抗議者達の大量な参加率（農民達から反グローバル化グループまでからなる）によって伴われる。これは最近に警官との暴力的な衝突（スウェーデンのイェーテボリでの2001年サミット期中の如く）へと導いている。

　欧州理事会は、1970年代前半の革新であり、1974年までには非公式に制度化された。多くのEU学者達は、欧州硬化症の20年間中にこの同盟をともにまとめる欧州理事会を信頼する。最初の12年程度の間、欧州理事会は法的にこの共同体における制度的システムの公認の一部ではなかったし、1986年の単一欧州議定書（SEA）まで条約には認められなかった。かくして欧州理事会は、EUの法律外の機関とみなされた。それはEU条約の「共通規定」節での言及を受ける。しかしそれはもともとのECの機関からなお分かれている。それは、加盟諸国によってあまりにも緊密にコントロールされ過ぎるようになりつつあり、かつ政府間主義と超国家主義との間の微妙な制度的均衡を揺るがすことを避けるように思わせないためにそういう状態にある。欧州理事会は特定の提案の決定をなし（そうすることから彼らを法的に阻止することな

どない)、EUに重要な交流を提供する。その会合の通常の出力は、諸争点についての立場を要約し、かつ将来の政策決定の優先権を設定するのに20頁から30頁のコミュニケ(「議長の結論」として知られる)である。

　[欧州理事会常任議長ないし大統領規定がリスボン条約に加えられた。それは、EU条約第15条に規定される。その議長任期が一度の再選可能な二年半で、欧州理事会が特別多数決で選挙する。それは、「欧州理事会の議長を務めその作業を推進する」という。これは、従来のEUを明確に代表する常勤の人物が示されなかったゆえ、それを解消しようとして設置された。しかしその地位に就いたファンロンパイ氏がその役割を果たしているかどうかについて議論が分かれる。さらにドイツの現指導者達は、公選の大統領を主張している]。

要　点
　1．理事会は、加盟諸国を代表するように設計されたし、EUガバナンス制度における執行機能と立法機能の両方をもつ。
　2．欧州理事会は、理事会の特有な構成要素である。それは差し迫った実務を論じ、かつ戦略的ガイダンスを供するために多年的なサミットにおいて国家や政府の長達を集める。
　3．理事会は一機関としては謎めいている。それは、国益の擁護者にして意思決定の集合的システムであり、政府間主義と超国家主義との理論的区別を曖昧にする。

§2．理事会はどのように活動するのか

　理事会を記すのに最も一般的な仕方は、諸水準の階序制としてのものである。欧州[首脳]理事会は頂点レベルを形成し、その下に閣僚レベルが形成され、「同等者達の間の首位者」としての総務(外相達)と経済・財務(財務相達)がそこに位置する。それらの下には次のような常駐代表委員会(コレペール)レベルがある。即ち、コレペールのレベルは閣僚達と、その階序制の基盤を形成する作業グループとの間の処理管理者として仕える。この描写は誤りではないが、それは歪曲される。その現実は、争点領域による重要性と

ともにより迷宮的にして微妙に差異化された意思決定システムである。いくつかの政策領域において、かつきわめて技術的性質をもつ諸争点とともに、その作業グループにおける専門家達は重要な諸争点についてかなりな合意を形成し得る。他の諸事例において、コレペールに会合する常駐代表者達は、恐らく次のような理由故に、実体に対する交渉の詳細を導く。即ち、条約の条文に適用する際のその法的専門知識の故に、或いは閣僚達によって無力にされたようになる危険にさらす論争的主題に「ふたをしておく」特定政策領域（や或いはときには）における機関上の記憶故に。時にはある種の役割の裏返しにおいて、閣僚達はコレペールに決定を準備させ、かつなされるべき決定のために書類を階序制に送り返すのである。閣僚会合、或いは欧州理事会サミットでさえ討議のためにそれらの政策課題提案の詳細にして専門的細目をもつことは、一般的でもある（特に議長が効果的に運営していない場合に〈以下を参照されたい〉）。組織的イメージにおいて、その実際上の理事会活動は、典型的描写である団体的階序制よりも組織当局のネットワーク的関係に恐らく近い。

[１] 輪番制議長国の役割

　理事会議長職は、６か月毎に加盟諸国間での輪番で変わる。この議長職は、理事会と欧州理事会の会合を計画し、かつ主宰することに責任を負う。同じことは、コレペール（常駐代表委員会）や作業グループの全ての会合にも当てはまる。この議長職も、EUの対外的事項における代弁者として行動することによって国際的にはEUを代表する。その輪番制の議長職の真の特徴は、それが大国と小国との間において大きな対等者として行動し、小国のルクセンブルクに、いわばドイツ・イギリス・フランスのように、事態を運営する同等な機会を与える。この輪番順序は、もともとはアルファベット順であったが、今では大小・新旧の加盟諸国間にある変化を与えるように設定される。その順序も、いかなる加盟国も１月から６月か或いは７月から12月の期間に恒久的に固定されないように交互にする。というのはそれは、立法課題の同じ固定された諸局面（例えば、秋の年間漁業割当て、或いは春に農産物価格を設定することなど）をいつも扱うことを伴う故である。

議長を占めるということは、理事会の仕事が6か月の日程へと組織立てられる如く、恐ろしい兵站的業務をもたらす。議長職の計画は、通常その開始日に先立つ18か月に始まる。その過剰任務にもかかわらず、議長職は諸問題を扱う機会として加盟諸国によってきわめて切望される。というのはその加盟国は、たんに会合を組織するばかりではなく、取引を仲介し、妥協を提案し、結論を立案する課題（どんな争点がカバーされ、かつどんな順序で、かつ解決策を見出すのか）を設定するのに緊密な関与を有するからである。EU議長職は、次のような目的でその裏側で、かつ諸会合の合間に（「告解」として知られる）二者間的会話においてしばしばより静穏な外交を含む。即ち、不可避的な予期せぬ展開やそれらが生じるような危機を扱うと同様に、新提案について進展をなすために。議長職を果たすことは、次のようなその能力を必要とする真の芸術的形態である。即ち、例えば、ある争点が作業グループからコレペールへ、或いはコレペールから閣僚達へと送られる準備が何時であるのか、を上手く見つける能力を必要とすると。それも、例えば、次のように知ることの詳細な外交技術を含む。即ち、成功（或いは失敗）の最善な機会を保証するように議論中に加盟諸国に要請するためにどんな順序なのか、休憩を何時求めるのか、そして「議長の妥協」を提案する適切な時を定める仕方を知ることを。この議長職は、EUにおける重要な指導力源であり得る。加盟諸国は、その統合過程に自分達の印象を残す好機会としてその実権にあると、自らの順番をみなす。EU政治の可視性が欧州にわたって増大しているように、6か月の輪番の終わりに成功裡の一組の業績を行うEU議長職への圧力は、きわめて大きく増大している。

　その議長職は、理事会の謎めいた主体性の大きな事例である。というのはこの地位を占める国は、集合的欧州の解決を進めるように、かつ一組の特定な国益のための任務となるように同時に働かなければならないからである。これは、維持するための微妙な均衡を図る行為であり得る（特に、高度に動員された国内の選挙区、そして高価にも経済的争点が問題となっている政策領域において）。自分達の議長職の輪番期間中に上手く遂行し、かつ巧みな感触でこの均衡行為を扱う加盟諸国は、沢山の政治的資源と尊敬を蓄積できる。1999

年のフィンランドの議長期は、そのEUゲームには比較的新参者であるにもかかわらず、この国をしてきわめて共同体的であり、かつ妥協構築において巧妙であるという評判を得させた。同様にある国がより狭い国家的課題を追求するために、或いは広範な支持なくして新しい諸政策を推進するために、議長職を使うことは可能である。即ち、それは、小国をして大国が自らに利する新加重投票制度を通じて強いるように試みると、大国を非難した如く、2000年のフランスがその輪番期中に使ったことである。

[2] 他のEU諸機関との関係

EUの最初期時からEU理事会と欧州委員会との間の相互作用は、欧州統合の主要な脈拍にして動態を構成している。しかしこの二つの機関がある程度のもって生まれた緊張をもち、個々の加盟諸国を代表する理事会と「欧州」益を代表する委員会によってつくられた如く、その関係がきわめて緊張されている時もある。1965年の「空席危機」といったこのEU史における最悪の危機は、ドゴール・フランス大統領をして理事会と欧州委員会が自分達の収入源を得ようと努めるのに自分達の権力に過剰に踏みこんだと感じた時に促進された。他の諸期間中に理事会と欧州委との関係は、理事会が漸進的に単一市場をつくるのに立法の大部分を採択する時の1980年代後半の期間のように、より円滑であった。より最近では緊張の徴は、誰がEUを国際的に代表すべきなのかについて、対外務委員と、理事会の事務総局長とCFSP（外交政策）の上級代表との間で、外交政策領域において再び際立っている。

EU理事会と欧州委員会との関係とは対照的に、EU史の大部分の期間中に理事会と欧州議会（EP）との関係は、極めてよそよそしくかつ主に一方的であった。理事会は、マーストリヒト条約に先立ち、立法を採択する前にEPと協議せねばならなかった。EPによって提案された修正は、拘束力をもたなかった。共同決定手続きが選択争点領域に導入された時、これは全て変化した。この手続きの本質的特徴は、EPが理事会と同等的共同立法機関であるというものであった。というのはこの理事会がEPの修正を無視したり、乗り越えることは今より一層困難であるからである。1990年代以来各新条約（マーストリヒト・アムステルダム・ニース）とともに共同決定手続きは、より

多くの争点領域に導入され、或いは拡大された。理事会がEPの修正に不一致であるところでは、共同決定手続き規則下で両陣営が最終案で妥協に達するために集まる「調停」として知られる手続きが存在する。調停委員会会合は、過去10年にわたって理事会と議会（EP）との関係を劇的に強めている。共同決定（及び調停）の発達は、EUにおける機関間のネットワーキングの新しい動態を表現する。

要　点

　1．理事会は、国家と政府の長達から下がって専門家達までに至る明確な階序制構造をもつが、実際上の権限と意思決定の方針は複雑なネットワーク関係に近い。

　2．理事会のリーダーシップは、6か月ごとに入れ代わる輪番制の議長によって与えられた。

　3．理事会と欧州委員会との関係は、EUの連邦に似た重複する権限システムの不可欠な部分であり、かつ欧州委員会の議案提出権はそのテーブルには28番目の席を委員会に与える。

　4．理事会と欧州議会（EP）との関係は、共同手続きが発達するにつれてより争いにおいて激しくなっている。EPは、EUの政策決定の主要な領域における共同立法機関の如くより多く扱われる。

§3．理事会の意思決定の諸層

　上意下達的に、次節では理事会の階序制を考察する。それは、欧州理事会からEU理事会へ、それから常駐代表委員会（コレペール）と理事会の作業グループへと移る。本節も理事会の事務総局によって遂行された変化する役割を考察する。

［1］欧州［首脳］理事会（サミット）

　30年にわたって欧州理事会は、欧州統合の主要な「歴史形成」時の中核に位置している。これは、1970年代における欧州通貨制度（EMS）の創設、1980年代前半における予算論争、新条約の合意（SEA、マーストリヒト、アムステルダム、ニース、リスボン）などへと導く新しい政府間会議を開始することを

含む。政府と国家の長達を共に集める集団化（フランスとフィンランドの場合のように）として、他のEU機関はどれも欧州理事会の政治的権威には匹敵できない。その結果、首脳会談の結論は、閣僚レベル・コレペールレベル・及び作業グループレベルにおける日々の意思決定のために膨大な正統化を包摂する。例えば、「自由・治安・司法の共通領域」の設定を論じるためにフィンランドのタンペレにおける1999年10月での欧州理事会特別会合に続き、司法・内務（JHA）の政策領域は、次のものをはじめとして積極主義の爆発をうけた。即ち、欧州委提案と、移民・難民政策、及び国境を越えた犯罪諸領域におけるJHA理事会による幾つかの新しい指令の採択の殺到を［はじめとして］。

[2] 閣僚理事会

公式的意思決定権について閣僚達は投票し、かつEU立法を加盟諸国に付託する権限が与えられた国家の代表である。我々がこれから言及するように、多くの非公式な意思決定はコレペールや作業グループスで行うが、次のような理由で公式的（法律上）と非公式的（実際上）な意思決定権との間の区別を理解することは、重要である。というのは閣僚達は、ブリュッセルで採択された諸政策について自分達の国内の選挙民に通常、説明責任を負い得る公選の役職者であるからである。

三つの理事会編成は、他のものよりも多くの仕事をもち、かつより頻繁に会合を行う。即ち、それらは、主に従来、外務を扱う総務理事会（GAC）、経済・財務理事会（Ecofin）、及び農業理事会であった。これらの三つは、毎月通常1－2日間会合を行った。その作業負担は、例えば立法日程を完遂するための最後の一押しがある議長期の終わりのように、ある時期中には特に重かった。EU史の大部分の期間中にGACは、EU政策の全体的調整と課題の「水平的」（横断的、部門的）性質に責任をもつ理事会の上級的編成であった。GACの首位的地位も次のような事実に反映した。即ち、外相の多くは、国の首都におけるEU政策の閣僚間の調整に責任を負った。今までGACはなお水平的・機関的争点をカバーするが、きわめて多くの時間と注目を集めた。EU対外関係（貿易・援助・外交政策［現在、外務理事会が担当]）の成長ゆえに、

GACの仕事は、理事会業務の全体的調整者として特にその焦点のうちの幾つかを失っている (Gomez, R. et al.)。GACの上級的地位も、Ecofinの権限拡大によって抑制されている。理事会の力の均衡におけるこの図り直しは、次のような国の首都の多くにおける併行的発展と同様に、単一通貨の導入によるEUの巨視的経済と通貨政策決定の新しい重要性に反映する。即ち、その国の首都において外務省は、国内の省庁間の均衡におけるその調整能力のうちのいくつかを失っている。例えば、次のような事例の如く、外務相と財務相との間のある敵対や不一致の兆候さえ存在する。即ち、外相達がバルカン地域におけるEUの安定化計画の一部として、モンテネグロへの新しい多年度的財政援助を是認する2000年における事例の [如く]。他方、Ecofinにおける財務相達は、例えば、費用と危険のような諸根拠でこうした一括を避け、かつ拒絶した。その争点は、GACとEcofinとの間で行ったり戻ったりした後 (あるEU官僚が想起したように卓球試合の如く)、欧州理事会レベルで国と政府の長達 (彼らは、Ecofinからくる反対の議論を覆した) によって解決された。

閣僚達によって採択されたこの共同体制定法類型は、政策領域によって異なる。伝統的な [旧]「共同体支柱」(第Ⅰの支柱) 事項において立法は、指令・規則・或いは決定形態において典型的である。司法・内務 ([旧] 第Ⅲ支柱) と共通外交安全保障政策 (CFSP) [旧第Ⅱ支柱] について大部分の制定法は、共同行動ないし共通の立場形態でなされる。その争点領域について、どんな共同体制定法類型が使われるのか、を一般に命じる数多くの異なった意思決定手続きが存在する。意思決定手続き数は、広範である (諮問手続き・協力手続き・共同決定手続き・同意手続き) し、全部で30近くが存在する。

そこには投票ルールも存在する。投票規則は、二つの主要な範疇 (「全会一致」と「特別多数決」〈QMV〉) に分かれる (しかしある手続き的問題は、単純多数決〈15のうちの8〉によって通過される)。理事会が決定に達する仕方を理解する鍵は、全会一致と特別多数決の異なった動態を理解することにある。全会一致決定規則下でいかなる加盟国も、「否定」投票で提案を拒否できる。ある代表団がある提案のある局面に不一致を示したいならば (他のものによる選択を阻止したくなくとも)、彼らは棄権できる。棄権は、「否定」票として

数えない。1986年の単一欧州議定書（SEA）以来多くの政策領域は、もはや全会一致には服さない（共通外交安全保障政策〈CFSP〉と司法・内務〈JHA〉・課税・及び機関改革を含む）。

特別多数決（QMV）は、いま旧第Ⅰ（「共同体」）支柱下での大部分に当てはまる。その単一欧州議定書［SEA］への包括は、単一市場を包括し、かつ1992年の締め切りまでに凡そ260の特別立法を採択するための決定的な前提条件とみなされた。特別多数決［QMV］規則下で各構成諸国は、次のような規模で大まかに基礎付けられた「加重」投票をもつ（イギリス・ドイツ・フランス・イタリアは、各10票をもち、スペインが8票、オランダ・ベルギー・ギリシャ・ポルトガルが5票、オーストリア・スウェーデンが4票、デンマーク・アイルランド・フィンランドが3票、ルクセンブルクが2票をもつ［EU15カ国当時］）。全部で82票から67票が特別多数決（QMV）に必要とされ、提案に反対する26票が「阻止する少数票」を構成する。中東欧への将来の拡大を予期して、投票加重はニース条約の交渉期に再編され、2005年以降に変化を受けた。

しかし特別多数決（QMV）が当てはまるところでさえ、投票は一般的でない出来事である。そこでは極めて稀にしか「投票挙手ショー」がなく、典型的には議長職は討論を要約し、かつ十分な多数が達せられていると発表する。或いは議長は、誰が反対されるままに残るかどうか訊ね、かつそうでないならば、その問題が終了されるという。投票は、高度に浸透された合意文化が存在する故に、EUにおいて不人気でもある。そして残っている異論ないし困難をもつ一つ以上の代表団がいるところで、「票を押す」ことが不適切と簡明にみなされる。しかし投票に潜在的に依拠すること（いわゆる投票挙手ショー）は、簡明に「ノー」といい、かつ妥協には開かれないことによって、隔離されるようになることを避ける委任に対して強力な残滓がある。この理由のため理事会参加者達は、コンセンサスに達する最速の方法がQMVの決定ルールにあると主張する。

理事会の全ての編成に共通な特徴は、その課題が理事会会合で構造化される仕方にある。その課題は、「二部（Parts）」からなる。1)「A部（Part A)」は、次のように含む。即ち、それらの争点は、更なる討論を必要とせず、各

会合の初めに閣僚達により単一ブロックによって承認される。2）これは、「A項目」として知られる20－30項目の長いリスト（閣僚達の専門領域においてでは必ずしもない）であり得る。3）「B部」は、閣僚達による討論を必要とする課題の一部である。4）「B項目」として知られるこれらの諸争点は、閣僚達の討論の焦点である。5）EUの時間的制約と規模（15の［2003年当時］代表団〈と委員と議長〉の各々がそれらの立場を述べ、或いは諸問題が一時間を越えて十分にかかり得るという「テーブルの技」）故に、詳細にカバーし得る実体的「B項目」数は制限される。

　その諸会合自体は、ブリュッセルで行われる（EC機関が置かれる所を分ける方法に対して、1960年代からの合意の一部としてルクセンブルクで行われる4、6、7月期中を除く）。理事会の公的拠点は、ユストウス・リピシウスビルであり、1995年に開館され、16世紀の哲学者にちなんで命名された。その会合は、長方形のテーブルが備えられ、かつ公式のEU言語への同時通訳を提供する通訳ブースによって囲まれた大きな会議室で行われる。その諸会合は親密ではなく、典型的に各代表団（と欧州委）はそのテーブルでは三つの椅子（閣僚・常駐代表・補佐）をもち、かつ論じられるべき特定の課題点についてその合間で待っているもう6人程度の者がいよう。通常ある時にはその部屋には100人の人々がおり、多くの二者間的会話をし、覚書きを多く手渡し、かつそのフロアーにいる人々が話しつつあるのと同じ時に続けることを戦略化する。議長は、理事会事務総局（CGS）からの官吏達と並び、そのテーブルの一方の端に座り、欧州委代表団は反対の端に座り、かつ加盟諸国の代表団は両側に沿って座る。議長を務める加盟国は、その会合を司る任務に介入しないように諸国の立場を見張り、かつそれを代表するテーブルの周辺で別々の国の代表団を保つ。

　［われわれは、理事会の議決機能に関する修正条約における修正点について主に確認する。それは、EU条約の第16条に規定される。「理事会は欧州議会と共同して立法機能及び予算機能に関する機能を果たす」とし、かつ「理事会は、その議決は、特別多数決によって行う」という。さらに「2014年11月1日より、特別多数決は、少なくとも15人の構成員を含み、かつ連合の総人口の少

なくとも65%を包含する構成国を代表する理事会構成員の55%、と定義される」と述べる。それは、特別多数決の使用の拡大（ただし、外交防衛政策・税制問題・EU予算・及び歳入の決定は、なお全会一致を必要とする）と二重の多数決の導入、及び議会との共同決定を通常の立法手続とを定めるものである]。

[3] 常駐代表委員会（Coreper）

　常駐代表委員会（コレペール）は、理事会の準備機関であり、EUにおける交渉のもっとも集中的現場のうちの一つとさせる。閣僚達は、精々のところ月に一度会合を行うが、コレペールは毎週会合を行う。公式上コレペールは、「理事会の仕事を準備することを」担当する。それは、その委員会が閣僚理事会を円滑に運営するのにどのように重要となっているのか、についてあまり著しく明らかにしない記述がある。特定の閣僚理事会が特定の部門的争点ないし一組の諸政策に焦点を合わせる。しかしコレペールの委員達は、EU問題の全範囲にわたって交渉し、かつかくして全体としての理事会の遂行を維持するためのユニークな責務を保持する。つまりコレペールは、閣僚達と作業グループにおける専門家達との間の理事会制度における処理管理者として行動する。一機関としてのコレペールは、次のような理由でユニークな観点をもつ。というのはそれは、専門家達と閣僚達との間に縦に置かれ、かつ水平に部門を横断し、支柱間的政策責務とともに置かれる。これも、常駐代表者達にユニークな政策形成的役割を与える。彼らは、作業グループにおける専門家達の会合に関わり、政治的重鎮であるが、閣僚達と比べれば、彼らは政策の綜合主義者にしてある問題における専門家でもある。

　次の理事会を準備する大きな作業負担故に、1962年以来コレペールは二つのグループに分かれている（コレペールⅠとコレペールⅡ）。コレペールⅠは、副常駐代表から構成され、彼らは「技術的」理事会（域内市場・環境・運輸など）を準備することに責任を負う。大使達（彼らは「EUの常駐代表」の権限をもつ）は、コレペールⅡから構成され、かつ水平的・機関的・あるいは財務的含意をもつ諸争点と同様に毎日の総務理事会（GAC）を準備するために第一次的に働く。

　コレペールⅠとⅡは、機能的には独立機関（理事会の異なった編成に責任を

負う) である。しかしEU大使とコレペールⅡは、ブリュッセルや国の首都においてより上級の地位をもつ。常駐代表者達 (大使や副大使) は、ブリュッセルに住み、かつ数年間にわたってその地位を保持し、あるものは10年間ないしそれより長く滞在し、しばしば彼らの政治的主人達 (閣僚・首相) よりも長く務め、国益代表において決定的な継続性を与える。EU大使と副大使の選出は、トップの任命とみなされ、かつこれが加盟国がなす単一の最も重要な配置とし得ると論じる者もいる。

コレペールの最も重要な特徴は、諸条約にはどこにも識別できず、即ち、閣僚会合を準備する為に行われる交渉の激しさにある。コレペールは、毎週の会合はさておき、また最も策略的な諸問題を解決するために、制約された昼食会期を行う (通訳者達でさえ、その部屋に許可されない)。常駐代表も理事会会合では閣僚の脇に座り、かつ欧州理事会サミットに出席する。しかしコレペールの正確な付加価値を的確に指摘することは、常駐代表が何らの公式的意思決定権をもたぬ故に、謀略的である。しかしながら明らかにコレペールは、公式的採択のために閣僚達に送られた「A項目」の漸進的流れによって示された重要な事実上の意思決定機関である。幾年にもわたってコレペールは、信頼性と国内政治、並びに国内の選挙民の圧力からの隔離のかなり重い名を借りて機能している。この隔離は、きわめて多くの異なった主題領域を横断して妥協に達するために、コレペールの議論における率直な水準を可能にする。

コルペールの官僚達は、交渉の強度及び、長い任期期間故に、相互信頼と相互に挑戦し合いかつ助け合う本意に基礎付けられた、緊密な人間関係をしばしば発展させる。この種の規範的環境、及び理事会を進行へと保つ圧力下で、常駐代表は妥協に達する方法のためにいつも締め出される。時には集合的解決の探求は、衝突と接し得、かつ常駐代表は時には関係国の当局へと戻す合意結果を得ようとして「危ない橋を渡る」。常駐代表も理事会の謎めいた独自性を例示する (彼らは、成功するために、同時に一組の国益を代表し、かつ集合的解決を見出すための責任を共有する)。コレペールは、理事会が国益以上のものを擁護する仕方を例示し、それも社会関係や相互呼応性、感情移入、

及び自己抑制の非公式な規範に埋め込まれた集合的意思決定機関でもある。

[4] 作業グループ

専門家グループは、理事会の作業場である。作業グループ水準は、最近では250を数えるが、次のような諸国の官僚達からなる膨大なネットワークである。即ち、彼らは特定の諸領域（食品の安全・中東・オリーブ油・金融サーヴィス）を専門とし、かつ新提案ないし争点についての交渉のための最初の出発点を形成する。その作業グループは、不一致の特定の諸論点を熟慮するため交渉の後半の諸段階で使用されもし、政治的雰囲気が合意のためにより好ましい程まで、「冷蔵」形式で提案を置くため便利な配置として役立ち得る。常勤である作業グループもあれば、臨時的にして特定の問題ないし関連する争点と取り組む後になくなるものもある。作業グループは、国内の首都から、或いは関連争点領域によって、ブリュッセルに基盤をおく常駐代表から、旅をする官僚達によってスタッフとして配置される。作業グループの目的は、可能な限り技術的にして精緻な詳細を「予め解決」するためである。即ち、それは、不一致、及び政治的配慮を必要とする諸領域を常駐代表や次のような閣僚達に委ねるのである。つまり彼らは、こうした精緻に仕上げられた議論を行う時間ももたず、かつ多くの場合において実体的知識をもたぬ。

作業グループレベルがよく分類され秩序立っており、かつ一貫していると想起することは、容易である。しかしその現実は全く逆である。その作業グループ水準は、理事会制度において官僚制的スプロールを被っている。それはこうした広範な一連の争点や政策部門をカバーする故に、監視することがきわめて難しい。例えば、2001年の初頭に総務理事会（GAC）のみとリンクされた50以上のグループが存在する。16のグループは、水平的問題（例えば、拡大と立法典化）を扱い、かつ41のグループは対外関係（例えば、アフリカ・テロの国際的諸局面・中東和平過程）を扱う。理事会の多様なペースと作業負担故に、ある作業グループは、他のグループよりも特定の立法日程期中よりも積極的である。コレペールの官僚は、次のように主張する。即ち、特定の議長は、次のような理由故に、12以上の作業グループの仕事に緊密に従うと主張する。というのはある決定への幾つかの事項の「成熟度」故であり、或い

はある議長の優先権は、幾つかの立法分野に強調を置くからである。
　「専門家」である作業グループは、理事会の遂行の重要な一部であるが、他の理事会諸水準でいつも評価されるわけではない。例えばコレペールにおける常駐代表委員会会合は、政治的現実も評価せず、より広範な描写も評価せずに技術的長所に対し彼らの「残虐な程にひた向きな人々」として「人が記したもののある軽蔑感によって彼らが属する諸国の専門家達」をみなし得る。同様にある専門家は、ある常駐代表ないし大臣が次のような論点を譲歩する時、損なわれると感じられる時もある。即ち、それは、彼らが作業グループ水準において絶対的に本質的として擁護するのに5か月を要したものである。
　そこには争点領域によってかなりな多様性が存在する。しかし我々は、理事会における分業が崩壊する仕方について大まかな推測をなす。凡そ全ての争点のうちの70％は、作業グループ水準で解決され、別の10％から15％はコレペール水準で解決され、かつ残りの10％から15％は閣僚水準で論じられ、かつ解決される（H.-Renshaw）。30％がコレペールで扱われ、かつ理事会が現実的に政治的な地雷埋設地を含む故に、これらの数字は容易に誤り得る。しかしその全体的描写は明らかにEU交渉の大きな分け前を処理し、かつ一括する作業グループ水準の重要性を示す。

［5］理事会事務総局（CGS）

　理事会は、理事会事務総局（CGS）、或いはただ「理事会事務局」として知られる凡そ3,300人［2010年版］の職員からなる常勤事務局を用いる。その任務は、全ての27の加盟諸国に周到に割り当てられ、その多数は言語や事務職的地位である。トップの職は、全部で約300人にのぼる「A等級」（政策決定）的地位である。その正に頂点には国家と政府の長達によって合意後に満たされるのみであるきわめて威信のある事務総局長と副事務総局長がいる。そのCGSは、理事会の行政的背景にして機関的記憶装置である。組織的にはそれは、事務総局長と副事務総局長の個別事務局、法務局、報道局、及び異なった政策領域のための10の総局に分けられる。
　理事会事務総局（CGS）は、覚書（及びその会合の詳細を刊行する）、並び

にEUの23の公式言語へと全ての文書を翻訳することをはじめとして、全ての会合記録を保存することを公式に担当する。それは、物流支援を提供し、助言を提供し、かつ建設的解決策（有名な議長の妥協）に達する方法を見出すことによって、議長の重要な頼り得る機関にして同盟機関である。幾年にもわたってCGSは、献身的にしてきわめて高い職業集団であるという評判を得ている。理事会作業へのCGSの人的貢献は、「正常な仲介者達」であり、かつ議長をして全てに受容可能な解決策を見出すために役立つという評判を彼らに得させている。

　恐らくEU政治における（CGSの優位における）主要因は、理事会事務総局長職であろう。EU史においてその地位は、人が5回交代したのみである。そこにはどれくらい長く事務総局長が仕えるのかの公式的ルールはない。しかしその地位の長い任期は理事会に継続性と指導力の重要な要素を与える。N. ヴェアスブル（Ersbøll）というデンマーク出身の長い勤続の経歴をもつ事務総局長（1980－94）の下でCGSは、相対的に曖昧なものから、理事会交渉において中心的な地位へと転換された［しばしば公には信頼されない裏方的役割にもかかわらず］（H.-Renshaw et al.）。事務総局長の地位は、次のような1999年のケルンサミットで国家と政府の長達による決定に続き、新しい権限が与えられている。即ち、その決定は、共通外交安全保障政策（非公式には「CFSP氏」とあだなされた）の上級代表名を含む職を格上げし、かつその地位に当時のNATO事務総長であるJ.ソラナを任命するものである。副事務総局長は、理事会の日常的活動を監督する任務が託され、かつ毎週のコレペールⅡの会合に参加する。

　要　点
　1．欧州理事会サミットは、EUの「歴史形成」決定の大部分の源泉である。
　2．閣僚理事会は政策部門に分けられ、かつ三つ（総務、経済財務、農業）は仕事のレベルと会合の頻度の故に際立つ。
　3．常駐代表委員会（Coreper）は、各々の次回の理事会会期の課題を事前に交渉し、かつ論じる第一次的責務をEU大使と副大使に与える理事会のための公式上の準備機関である。

4．作業グループは理事会の最大の単一規模である。それは何千人もの諸国の専門家を含み、かつ特定の諸提案の技術的にして巧みに浸透された詳細を扱う。

　5．理事会は、それが諸会合を容易にすることに役立ち、覚書きを作成し文書を翻訳し、かつ議長に対する助言者として仕える常設事務総局（CGS）をもつ。

§4．時の経過とともに進化する機関

　人が多岐的諸利益をもつ主権諸国間での妥協をつくる理事会の能力について書かれたことに気付き得る名誉全てのうちで、理事会が効率的な意思決定をなすと主張する人は少ない。新提案が理事会と欧州議会（EP）における交渉の諸段階全てを通じて可決するには、平均すると約18か月かかる（しかし更に長くかかる事例もある）。最大限度のデシベル水準を調和するのに約12年かかった芝刈り機騒音に関する指令（84/538/EEC）、或いは26年かかったチョコレート製品のEUの定義を設定するチョコレート指令（2000/36/EC）を含むのは数少ない悪名高き事例である。つまり、EUの意思決定は「ガソリンを食う」統治形態である（H.-Renshaw et al.）。

　特に閣僚会合は、緊張の標を示す。閣僚達は、時間通りになすことについて、かつ彼らの準備の欠如故にジョークのお粗末さについて決して知られない。しかし彼らは、いつも高度に生産的な会合を行っているとは限らない。元イギリスの大臣であったA.クラーク（1993）は、自分の回顧録における理事会会合の自分の好みを想起する。即ち、「大臣達は、最後の1分にその場面に到着し、熱く、疲れ、気分が悪く酔っぱらっており（まとめてこれらの全てでの時もある）、それらの書類の一部を声を出して読み、かつ出発する」と。これは、EUの能力が進化しており、かつ諸課題がより広範になっており、かつ過剰負担にさえなるにつれてより問題となっている。総務理事会（GAC）の諸課題は、1990年には一会合当り平均8.4課題から2000年には36.2までに増大した（Gomez et al.）。一つの含意は、諸課題が膨張し続けるにつれて、実体に対する討議が「A項目」の成長によって示されたコレペールのレベルにおいて現実に起りつつあり、かつ大臣達によってたんにラバースタンプ化されるようである。1995年に、討議なしで可決されたGAC課題についての項目

数は、全体の34％であった。2000年にはその数字は、54％にまで増大していた（Ibid.）。この過剰負担のもう一つの含意は、全体的調整が徐々に欧州理事会に委ねられるということである。しかしこれについての本当の制約が存在する。J.ピータースンら（1999）が問うているように、「特定の年に一週足らずの同等に集まる、不可能なくらいに多忙な政治指導者達は、コントロールと革新の源でどのようにあり得るのか」と。これらの逆機能の点において、かつ中東欧からの新加盟諸国が加わることを予期して、EUの憲法会議は、革新的にして制度的諸解決を工夫する任務が与えられていた。

　1990年以来、「民主主義の赤字［不十分性］」問題は、EUの課題の頂点にある。しかし理事会の対内的作業は、これまで監視を避けている。「民主主義の赤字」を減少する事は、EUの意思決定手続きを改革し、欧州議会（EP）による参加を増大させ、かつ可能な限り、市民達に近く決定権を保つために補完性原理［諸決定が市民に可能な限り近くなされることを確かにしようとする原理］を導入することに集中することである。しかし理事会内部での民主主義の赤字と取り組むことは、論争的な状態に残る。各構成諸国政府は、より透明で、より多くEU市民にアクセスでき、かつEU市民と関連付けられるEUの必要性にリップサーヴィスを行う。しかし理事会審議におけるこの任務を遂行する最善の方法について、彼らの間には一致がない。ある革新は、テレビで特別の理事会会合を放送することによって「公的討議」を行うべきであるというものであった。しかしこれは、真の対話を些細なものにする逆効果を招く。というのは閣僚達は、簡明に整然と計画された演説から読み始めたからである。理事会の仕事の透明性を増大する代わりに、公的討議は「16人の連続の独白」の読み上げを促進するだけである（27人の閣僚と欧州委員会代表による［2012年現在］）。理事会の議事運営規定によれば、6か月毎に総務及び経済財務理事会（Ecofin）は、少なくとも重要な新立法提案について一つの公的討論と同様に、現在の議長の作業プログラムについての公的討論を行うべきであるという（EU条約第8条）。

　EUは、頑固にも予測しがたいままであるが、潜在的には未解決な解決の含意によって将来の挑戦をおく標を示す二つの領域がある。

1．その第一の争点は、EU拡大である。理事会は、27ないしそれ以上の加盟諸国からなるEUにおいて、同じ方式で活動し続けることができるのか。理事会が次のような扱いにくくして異質的な機関になると信じるものもいる。即ち、それは、閣僚達の「お喋りの場」同然となるような機関に。27カ国からなるEUは、理事会の意思決定構造に新しい緊張（もともとは6加盟諸国から構成された）を置き得るし、新立法のペースや出力を更に落とすように思える。EU拡大は、実体的争点を討議し、かつその諸水準で合意を見出すことにより多くの責務をもつコレペールや専門家グループの作業負担を増大するようにも思える。最後に、理事会の意思決定制度がいかに容易に強化できるかについて、その新加盟諸国は彼らがEUの通常の環境へとどのように迅速にして広範に社会化されるようになるのかの方法に依拠しよう。例えば、もし新加盟諸国が妥協と容認の確立した規範を吸収するのが遅ければ、理事会はより一層厳格な「拒否権文化」を展開し得るし、地理的境界ないしGDPの境界に沿って異なった投票ブロックへと分割さえし得よう。

2．第二の争点は、「差異承認」ないし「変化し得る地理」である。EUがより多中心的にして差異化されるようになるにつれて、どのように変化するのか。ニースでの条約へと最初に組み込まれた「より強化された」協力形態は、理事会参加者達間における反映的慣習となっている交流と合意追求のきわめて精錬されたメカニズムを変更するのにいくつかのリスクをおく。多くのものは差異確認（differentiation）について、多様性を促進する方法とみなし、かつ渋々の或いは強情な加盟諸国による統合阻止を防止する方法とみなす一方で、平等原理に挑戦する加盟国の異なった「階級」への危険な前例を設定するとみなす者もいる。

〔前述の如くリスボン条約によって新設されたもののうちの一つは、「EU外務安全保障上級代表」ポストである。それは、EU条約第27条に規定される。共通外務安全保障政策の方法と実施（第25、26条）に続くものである。その代表は「外務理事会議長を務め、その政策のための提案を通じて寄与し、欧州理事会と理事会が採択する決定を確保する」とし、国際的にその政策に関してEUを代表するという。このポストも国際的な外交安全保障政策担当の

代表として、かつその政策の統一性と継続性をもたらすために、その担当活動庁とともに設置された。しかしそれが目的通りの役割を果たしているかどうかについてまだ疑問視されもする]。

要 点

　1．理事会は、意思決定構造が緊張状態にあり、閣僚討議が少ない実体的争点に限定され、かつ課題が過剰にされている点までに加盟国や範囲において増大している。理事会が真面目な制度改革を必要とすると多くの者は信じるが、何を変えるべきかについてはほとんど一致がない。

　2．テレビで公開討論を行うことによる理事会を民主化する努力は、実体的な討論が他のところで行う一方（限定された会期・常駐代表委員会〈コレペール〉・作業グループ）、カメラのための舞台化されたパフォーマンスを主に結果として招いている。

　3．27ないしそれ以上の加盟諸国へのEU拡大は、理事会における新しい投票加重を結果としてもたらそうし、交渉があまりにも扱いにくく過ぎ、非人格化され、かつ妥協構築には受け入れられなくなることを阻止するいくらかの挑戦が現れる。

§5．結論（国家連合的機関か、超国家的機関か、或いはそれらの両方なのか）

　理事会は、EUの主要な意思決定機関である。それは、国益と国力を代表する首位的なEU機関である。しかしそれも、加盟諸国をして相互の恒常的な交渉へと押し込める集合的統治制度(ガバナンス)である。この集合的統治制度に参加する諸国の官僚達は、妥協と相互融和を通じて合意的に行動する文化を含む自分達の「ゲームのルール」[ゲーム理論は、周知の如く各種室内ゲームの最も合理的な行動を経済や外交などの分析に応用する理論である。その理論は、例えば、欧州統合のごとき「政治過程全体」を説明しようとする理論である]を発展させている。かくして厳密に言えば、理事会は国益を代表する一機関であり、かつ集合的決定を形成する超国家レベルにおける一機関でもある。理事会についての綿密な研究をなす研究者達は、しばしば次のような証拠を見い出す。即ち、そうした学説は、国家レベルと欧州レベルとの間で、政府間

主義と超国家主義との間での伝統的区別を曖昧にする。理事会の主導的研究が結論付けるように、この制度に参加する諸国の官僚達は「国内の所属と集合的フォーラム［公開討論場］の引力との間の緊張」に直面する（H.-Renshaw et al.）。他の国際機関と国家間協力のフォーラムからEUの理事会を現実的に区別するのは、他のもの以上にこの特徴なのである。

　しかし、理事会がそれが過去50年以上にわたり活動している如く活動し続けるかどうかは、未解決の問題のままに残る。政策課題が急増し続け、かつ諸理事会間の調整と一貫性の境界が衰退し続ける如く、意思決定者達には緊張の記しが存在する。27ないしそれ以上の加盟諸国への拡大は、前の15カ国におけるその能力を越えるほど多くの者によって既にみなされたその制度を麻痺の点まで伸ばす危険がある。理事会審議がEU市民にとって曖昧にして謎めいていることが続いている如く、答えられないままに残る民主主義的説明責任も存在する。最小限度、効果的でないより大きな透明性（予め計画されたスピーチへと導く公的討論）と閉鎖されたドアの後ろでの、かつ公的脚光外から行われているより効果的な意思決定との間の激しい入れ替わりであるように思える。最後に、差異化された統合への新しい焦点は、ある加盟国がいくつかの討議を全て排除されたことに自ら気付き得るように、理事会の意思決定に逆の効果を及ぼし得よう。これは、加盟諸国の異なった層ないし等級をつくる前例のない効果をもつことになろう。

　最後にルイスは、次のような言葉でこの章を結ぶ。「しかし幾年にもわたって、EUは諸危機と対処する著しい能力を示し、かつ革新的な統治的解決を出してきている。かくして機関の改革問題は、しばらくの間未解決のままでありそうであるし、EUの課題の特有な特徴となることさえあり得る」。

　われわれは、かくしてルイスによる「EU理事会」の概観とその論点の提示を跡づけた。われわれは、それがバランスが取れた原型にして論点の提示と評価するものである。日本においてEUの議論は、EU理事会そのものではないが、それがEUを象徴するものである故、一般論として論ずることとなるが、両極端によって示されるものが目立つ。即ち一方で、この議論は、「欧州連邦制」の理想を熱狂的に追求するものとしてEUを示す。他方で、そうし

たものは、不可能であるとして論じられる。さらにわれわれは、それを全面否定するものではない。しかしわれわれは、それらが極端すぎる傾向とみなす。われわれは、このルイスがこのEU機構の実体をよく知っているとみなすものである。従ってわれわれは、最後の節でその論点の選択肢を三つによって示し、われわれに提示していると解する。

われわれは、もう一つの論点としてEU立法部について二院制論が可能かどうかという問題を提起した。その異論は、条約にその規定がなく、故に当局もそれを主張しているわけではないというものである。これに対してわれわれは、現状分析用語とし「連邦制」を使用可能であるとみなすところから論を進める。というのはこれを前提にそれは、極めて緩やかな形のアメリカの「連邦制」の理念的意味が、州〔EU諸国〕の自己支配であり、かつ権力統治よりもガバナンス用語の方が適合する〔権力が分散している〕こと、さらに条文でも当然両方に立法議決権を認めることなどの理由にもよる。

それはさておき、前の議論に戻れば、確かにわれわれは、最近のユーロ危機に象徴されるEU問題も、その議論の欠点が露呈されたとも言い得る。それは、EU統合という挑戦が野心的であるけれども、ここまでのそれは、その楽観主義に問題を残した。しかし彼らは、困難に直面しても怯まずに、ある意味で一体感をもち、かつ諸問題に対して妥協を重ねつつそれなりにEUを進化させてきたともいえる。確かにこのユーロ危機は、新たな問題にして極めて深刻な問題でもある。この章に示されたごとく、彼らは、よい意味での知恵なり文化なりも有している。

従って彼らは、そうした困難な統一通貨危機が存在するにもかかわらず、それと徐々に真剣に取り組みつつある。われわれは、彼らが過去に様々な困難を乗り切ってきた努力なり一体感なりをもつゆえ、悲観のみで片づけられるものでもないのである。ゆえにそれは、正に彼の最後の言葉によって期待感をもたせるものと共通するのである。

キーワード

最高意思決定機関／欧州〔首脳〕理事会／コレペール／閣僚理事会／理事会事務総局／理事会作業グループ／国家連合的機関／超国家的機関／国益機関と欧州益機関の混合機関

引用・参考文献

Lewis, J., The Council of the European Union, in Cini, M., et al., (eds.), *European Union Politics*, 2003, 2010.

Hill, C., et al. (eds.), *International Relations and the European Union*, 2011.

Foster, N.G., ed., *EU Traties and Legislation*, 2011.

Hayes-Renehaw, F., et al., *The Council of Ministers*, 2006.

Bache, I., et al., *Politics in the European Union*, 2011.

松井芳郎編『ベーシック 条約集』東信堂、2011年など。

第13章　欧州議会 (The European Parliament)
[R.スカリーによる論点を中心に]

§1. 序論

　われわれは、欧州連合 (EU) の政治機構における三大機関のうちの最後の欧州議会に漸く辿りついている。前述の如く、国家水準でいえば、この機関は、民主主義的に選出された最高の立法機関であるはずである。しかしEUにおいてこの機関は、頻繁に言われる如く、任命制の欧州委員会、或いはどちらかといえば、EUの国益機関と称せられる欧州理事会や理事会と比較して、十分に力を発揮できないでいるという説もある。われわれは、これがリスボン条約によって、ある程度解消されつつあると見なす。しかしながら、依然として欧州議会に関して、他の諸機関よりも十分にそれが解消されていないのではないかという疑念もある。いずれにせよこれが重要な争点であることは疑いない。

　本章は、こうした争点を念頭に、先ず欧州議会を手短に整理している文献を辿りつつ、問題点を抽出することとなる。われわれの立場は、政治制度を重視する立場であるゆえ、それらについて最近のリスボン修正条約の変更部分にも論及することとなる。われわれが選択する基本文献は、R.スカリーによる欧州議会論である。これは、2003年版である故、やや古くなっているが、その2010年版も大きな変更がない故、それを選択した次第である。しかしわれわれは、逐次最小限度の新しい数値に置き換えたり補足してもいる。

　スカリーは、先ず「欧州議会 (EP) が、多くの国会や下位国家的議会 (或いは議会ないし連邦議会) と比較すれば、比較的付けの脚光を浴びないものを享受する」と説き起こす。EU学者達も、伝統的に議会 [EP] に実体的注意を傾けないし、他のEU統治(ガバニング)機関よりも重要ではないとみなす。しかしながら、欧州議会は、1980年代半ば以来他のEU機関よりも重要な変化を恐らく経験していよう。更にこれらの諸変化の多くの蓄積的効果は、欧州統治(ガバニング)構造内に

第13章　欧州議会（The European Parliament）

おける欧州議会の重要性を大いに高めている。欧州議会は、その現在の多くの者によって「多言語的お喋りの場」と正に称せられていた。これは、もはや事実ではない。

　本章は、議会［EP］の発展、及びEUの政治制度へのその貢献を調べる。他の政治的文脈における国会機関のように、議会［EP］の役割を適切に理解する必要があり、かつ少なくともその三つの主要なトピックが存在する。それは、次のようである。［1］政策と法を発展させる議会［EP］の作業、［2］欧州議会の対内政治、及び異なる政党とイデオロギーとの間における競争のために活舞台（アリーナ）としての議院の役割、［3］「人々の声」としての欧州議会の役割（即ち、EUの公衆と政治制度とを集合的にリンクさせる公選議員から構成された欧州議会）。

　われわれがこれから検討するように、欧州議会が一機関としてかなり発展している。しかし欧州議会は、「代表制」問題にとっての重大な挑戦（欧州議会にとってだけでなく、EU全体にとって潜在的に問題とする挑戦）になお直面する。とはいえこのこと全てを検討する前に、議会［EP］の起源と発展についての手短な概観が必要である。

§2．欧州議会（EP）の起源と発展

　2002年に欧州議会（EP）は、その50回目の創設記念日を祝った。しかしながら、この50年間の長きに渡ってこの機関は、欧州統合の発展には主として周辺的であった。このことを理解し、かつどれくらい議会［EP］が1980年代半ば以来歩んでいるのかについて評価するために、我々はこの議会のむしろささやかな開始期を知らなければならない。

　欧州議会が存在することは、1952年の発足期の欧州石炭鉄鋼共同体（ECSC）における「一般議会（コモンアッセンブリ）」として活動を始めた。この新しい議会は、統合の「創設の父祖」の計画には中心的ではなかった。「J.モネの展望に、それは、欧州司法裁判所とともに意思決定機関ではなく、かつ監督と監視をもつ一機関…であった」（Neunreither, O., 2000）。かくしてこの新しい議院は、限定的にし

て特定の権限が与えられた。それは、新しい政策や法に（非拘束的）意見を与えるしかなかろう。それは、原理的には最高機関（今日の欧州委の先駆）を、総体的な誤った管理故に退け得よう。しかしそのこととは別に、これは討議と監視に制限された。更にその議会議員は、有権者によって選出されなかった。むしろその議員は、加盟諸国の国会議員の間で引かれた。これは、欧州石炭鉄鋼共同体［ECSC］と諸国の政治制度との間の直接的リンクを与えた。しかしそれも、「一般議会」が、諸権限を制限されたように、議員達もなお達成すべき諸国の議会の仕事をもった如く、非常勤の機関でいつもあるしかないことを確かにした。

　この議会は、もともとストラスブールで開催した。このことの多くの諸事由の間に、フランスとドイツとの間の長い係争的領土の一部である都市で、欧州の協力を討議するために議会議員会合の象徴主義があった。この議会の支援スタッフは、欧州石炭鉄鋼共同体（ECSC）の最高機関に沿い、ルクセンブルクにもともと基礎付けられた。後に、EUとしてブリュッセルにおけるその活動が集中するようになるにつれて、欧州議会はその活動の多くを行うようになり、かつベルギーとEUの首都において多くのスタッフを基礎付けるようになっている。しかしながら諸国政府は、そこでの議会［EP］の活動全てを集中させるよりもむしろ、議会［EP］がストラスブールになお本会議を開催し、かつルクセンブルクにあるスタッフを維持すると、大部分の欧州議会議員の願望に反して主張し続ける。この状況は、議会［EP］の作業を損なっており、かつ建物や他の施設の高価な重なりを意味し、かつ理解し得ぬ謎を生み出した。

　任命された諸国の国会議員達からなるもともとの一般議会は、当時の6カ国のECSC加盟諸国からの78議員からなった。その創設50回記念日までに、議会［EP］は（1962年に現在のように改称された）15EU加盟諸国から626人の公選代議員［2010年6月現在、27加盟国で、736人］を含んだ。1950年代後半におけるローマ条約は、この議院が公選となるように要請していた。実のところ第1回欧州議会選挙は、1979年まで行われなかった。この遅延の中心的な理由は、より強力な欧州規模の諸機関の発展に敵対的な諸政府や諸政党が、

第13章　欧州議会（The European Parliament）　329

公選の欧州議会がより強大な権限のために論じる強力な地位を占めることに懸念する故であった。即ち、結局のところ欧州議会は、（実のところそうしたままに残るように）唯一の直接的な公選のEU機関であろうし、議会［EP］は、民主主義的正統性を使ってそれ自体高められた権限の為に論じることができよう。こうした恐れが、十分に根拠をもつことを証明し、かつより広範な懸念が議会［EP］選挙について残るものが何であれ、この公選議会は、より緊密な欧州統合にも一般的に、かつ特にそれ［議会］自体のためにより多くの権限にも両方に関する強力な唱導者であることを証明している（Corbett, R. 1998, 1999）。1990年代半ばまでに議会［EP］は、本質的にその外側から叫ぶもはや周辺的機関ではなかった。むしろ議会［EP］は、EUの統治制度(ガバニング)の中心的にして「主流な一部」であった。

　要　点
　1．欧州議会（EP）は、限定的権限しかもたず、非公選的にして非常勤な議会機関としてその起源をもった。
　2．欧州議会の諸権限は、例外的状況において最高機関（ないし欧州委）を除く能力とは別に、他の諸機関の監督や監視にもともと制限された。
　3．やがてこの議院は、その名称を変え（EP）、規模においてかなり増大し、かつ公選機関となっている。

§3．欧州議会［議院］の権限と影響力

　1970年代以来条約や機関間協定によって議会［EP］は、より公式的な権限が与えられてきた。最初の大きな前進は、共同体予算領域に到来した。1970年代の二つの条約は、この議会に（条約などに基づく予算に対する）義務的支出［主に農業関連］案に対する修正を提案し、非義務的支出（それ以外の支出）に修正を主張する権利、及びその予算を即座に拒否する権利（議員全ての絶対多数によって支持される場合に）を与えた。この議会の予算の役割は、理事会・欧州委・議会との一連の機関間協定によって1980年代後半に高められた。即ち、それらの三機関は、議会承認が義務的支出の増加を必要とする。そしてこれらの合意は、広範な支出の優先順位に先立ち、数年間固定することに

よって、議会がEUの支出を監視するのにより大きな注目を集めさせる多年にわたる予算扱いと並行して行った。

［しかしこの二種類の予算区分は、隠語的であるため、リスボン条約では廃止された。予算権限は、リスボン条約において理事会とともに欧州議会に与えられている。即ち、「欧州議会は、理事会と共同して、…予算機能に関する機能を果たす」〈EU条約第14条第1項〉と］。

欧州議会は、EUが監督する明確な「執行部門」の場合のみ、「執行部監視」についてより特定的な進歩をなしている。増大する数多くの執行機能（特に外務事項）は、諸国政府ないしその代表によって振われる。しかし彼らは、欧州議会の監視に譲歩することを渋る。それにもかかわらず、議会はなお欧州委員会を退けることができ、かつ1999年3月に、欧州委員会が20人の委員全ての辞任によって先取りされなければ、委員会における誤った管理の証言に答えてその権限を行使していただろうという。そしてこの欧州議会の役割は、次のようなマーストリヒト条約（1992）によって高められた。即ち、その条約は、諸国政府によって任命された新しい欧州委員会に対する承認権をこの欧州議会議院に与えた。この規定は、欧州委委員長指名、及び委員会全体に関する二つの投票を議会に認めるとして1994年と1995年に解釈され、アムステルダム条約は、欧州委委員長指名に対する拒否権を公式上承認した（Westlake, M., 1998）。更に欧州議会の諸委員会は、日常的な欧州委の監視を徐々に遂行する。

欧州議会による最大にして最も最近の進展は、EU立法領域においてであった。ここでの議会［EP］の役割は、単一欧州議定書［SEA］に先立ち、極めて制限された。EU法（欧州委立法とは別な）は、「諮問」を経由して処理された。欧州議会は、意見を出し得るが欧州委ないし理事会を強いてこの意見に応えさせることは出来ない。議会［EP］は、遅延戦術を行使することと別に（その意見を示し得ないことによって）、立法に影響を与える公式的メカニズムをもたなかった。

より大きな議会権限へのすずましいロビー［圧力活動］は、単一欧州議定書（SEA）にある成果を生み出した。諮問は、大部分の法のために保たれた。

第13章 欧州議会（The European Parliament） 331

しかしながら「協力」手続きは、単一市場に関連付けられた大部分の立法に導入された [新条約では廃止]。これは、欧州議会が修正（それは、欧州委によって支持される場合に全会一致的な理事会によってのみ覆し得るが、諸国の特定多数決によって受け入れ得る）することを認め、或いは全会一致的閣僚理事会によって覆し得るのみの拒否権を出すことを認めた。これは、疑いもなく議会 [EP] にとって明確な進展であった。単一欧州議定書も非EU諸国との連携協定やEUへの新加盟諸国の加盟の如き諸問題に対して議会 [EP] に「同意」権限を与えた。

マーストリヒト条約（TEU）は、更なる重要な諸変化を生み出した。マーストリヒト以後、法の四分の一は、「共同決定」というもう一つの新しい手続き下で処理された。共同決定法は、（理事会のみの法よりもむしろ）議会 [EP] と理事会との共同決定として示された。その手続きは以前の取り決めに廃止し得ぬ議会拒否権を加えた。大部分の観察者達は、このことをかなりな一歩前進とみなした、実のところ、「マーストリヒトは、議会が最初の真なる立法部をもつ議院となった共同体の発展において一つの画期点に達する…その共同決定手続きは、EPが立法形成機関として成熟した段階に達していることを意味する」と（Duff, A., 1994）。マーストリヒトは、もともとその共同決定手続きを形成した仕方が多くの欧州議会議員（MEPs）の間に懸念をもたらすことに注目すべきである。というのはそれは、議会との妥協を拒絶し、かつこの議員（MEPs）に「採否」の選択を課すことを理事会に認めるように思えたからである。

1997年のアムステルダム条約は、欧州議会に幾分利する手法で共同決定を修正し、かつそれをEU法の更なる諸領域にまで拡大した。その手続きは、[2003年当時] EU法の約半分くらい使われ、残りの大多数は「諮問」下で作動した。

多様な諸変化がEUの機関構造内における欧州議会の役割を推進している正確な程度（及びその理由）は、学者達による議論をもたらす事柄である。もちろん一機関のみに与えられたいかなる公式的権限も、もしその権限を使う本意があるならば、適切となろう。ある学者達は、欧州議会が理事会や欧州

委と相互に連係しなければならない欧州の法形成の複雑な世界において次のように論じた。即ち、同意及び共同決定下で議会［EP］に与えられた拒否権は、それがある心地よくない「採否」の選択を欧州議会に委ねるように、欧州議会には利をもたらさなかろうと。強力な「修正主義的」観点は、協力手続きが、立法課題を設定するより大きな範囲を議会に実際上与えていると示唆した。しかしながら立法交渉の抽象的な理論モデルを通じて発展されたこの議論は、理論的批判を受けており（Scully, 1997)、かつ協力手続きと比較された共同決定下で明確に増大する立法修正を進展させる議会の成功の経験的証拠によって、否認されるように思えた（Kreppel, A.；Shackleton, M.；Tsebelis, G., et al.)。

それからEU加盟諸国の国会のように、他の議会と比較した政策決定議院としての欧州議会は、どれくらい重要なのか。こうした比較は、何らの正確さによってもなすことも困難である。とはいえ次の二つのことは、かなり明確なように思える。第一は、議会［EP］が以前の権限について、かつ共同決定の拡大以後でさえ、多くの諸国議会よりも制限された地位にまだあるということである。第二にして恐らくより重要な点は、議会［EP］が大部分の諸国の立法部がなすよりも、その諸権限を用いるのにより積極的であることを実体的に明らかにするということである。実のところ議会［EP］は、自らに与えられた以前の諸権限の行使を極大化しようとしばしば努めている（Corbett, R., 1998)。このことの主要な理由は、大部分の国会において議員達が政府を支持したり、或いはを反対したりして政党の忠誠の強い絆に拘束されるということである。欧州議会において政党への忠誠がより拡散してもいる一方で、体制を支持するか或いは反対するのかも明確ではない。かくして、欧州議会の政策決定の影響力と、国会の影響力とを比較しようとしている人々が、欧州議会がその諸国のものの多く（大部分ではないとしても）よりもこの点において高く位置付ける、と初めに思い得るほど驚くことはない（Scully, 2000)。

　［ここでわれわれは、リスボン修正条約による「欧州議会」規定の主要部について確認してみよう。前記のように、EU条約第14条は、以下のようにな

っている。「1. 欧州議会は、理事会と共同して、立法機能及び予算に関する機能を果たす。欧州議会は、基本条約に規定するように政治的監督及び協議機能を果たす。欧州議会は、委員会委員長を選挙する。2. 欧州議会は、連合市民の代表により構成される。この代表は、1人の議長のほか、750名を超えぬものとする市民の代表は、構成国について逓減的に比例的なものとし、最少6名とする。いかなる構成国も96を超える議席を配分されない」。ここで最も重要な強調は、理事会と共同してその二つの機能を果たす共同決定であり、これが通常的［基本的］意思決定方式とされるものである。これが欧州議会の権限の増大とされるものである。さらにそれは、両方の協力手続きが廃止されることによって、その権限の増大の方向も示すこととなる。もう一つの主要な修正点は、総数に上限を設定したことなどである。いずれにしても論点は、議会が民主主義の不十分性を満たし得ているのか否かというものにある］。

要 点

1. 欧州議会［EP］は、1970年代において欧州予算に対する重要な諸権限を得た。
2. 1990年代において議会［EP］は、欧州委員会の任命と監督においてより高められた役割を得た。
3. 欧州議会は、幾つかの条約に導入された新しい立法手続きを通じて、1980年代と1990年代におけるEU立法に対して重要な権限を得た。
4. 欧州議会が与えられた諸権限を行使する本意は、多くの欧州の諸国議会よりもEUにおいて遥かにより重要とせしめ、かつ恐らく政策に対してより影響力をもたせている。

§4. 欧州議会［EP］における対内政治

　欧州議会内での現状は、複雑である。この複雑さは、欧州議会が扱うその時間の多くを費やすEU政策のきわめて詳細にして技術的事項から生じるばかりでない。その複雑さは、議会［EP］が構成する多国籍的・多言語的・及び多党的政治環境により事実上本質的である。本章のこの節は、議会内での主要な政治的特徴のうちの幾つかに光をあてる。

1999年から2010年まで欧州議会における議員［MEPs］は、27加盟諸国からの100以上の別々の国内政党ないし類似な組織を代表する。欧州議会は、かくして以前の政治的経験と同様に、政治的視点のきわめて実体的な多様性をその内部にもつ。増大する議員［MEPs］は、議会における存在が常勤職であるということで職業政治家である。各選挙における転職率が高い傾向がある（各議会の初めには約50％の議員が以前の議会では議員［MEPs］ではなかった）。しかし欧州レベルにおける長期的な政治的キャリアを形成しているかなりの数の議員も存在する。そしてある諸政党がある種の「国内での政治的引退」（最近のEPがその議員達のうちで数多くの元国政の首相を含む）として議会［EP］を使うことで知られるが、大部分の議員は懸命に働く。欧州議会は、国政議会と比較して議員間でのきわめて高率な欠席率についてかつて知られた。しかしこれはもはや事実ではない。議会［EP］も、親欧州統合派の意見の砦としてよく知られていた。一部にはこれは、EUに関心をもたない人々がEPの候補者として自ら申し出ることを多く渋った。しかしながら最近の議会［EP］は、その議院の歴史において大多数の欧州懐疑派や反EU的人物を含む。とはいえ議員［MEPs］の親統合派的見解が、多くの議員に作用する社会化の集中的過程によって説明され得るとしばしば主張されもする。つまり、議会［EP］に仕える経験は、彼らをして実態的により「親欧州的」とせしめるのに役立ったという。しかし最近の詳細な研究は、こうした視点を支えるほとんど或いは少しの証拠も存在しないことを示す（Scully）。

議会［EP］への個々の国内政治の代表は、政治的イデオロギーの周辺に広く基礎付けられた多国籍的政党グループにともに加わる。国家毎に選出される国内政党と、EU機関で働く欧州政党グループの議員であることは、潜在的に大いに絡み合わされた代表として個々の議員［MEP］の仕事にせしめる。2000年に行われた議員［MEPs］調査を引けば、大部分の議員［MEPs］は、多様に異なる選挙区を代表する重要性を認める。政党グループ自体は、異なった諸国から同様な精神傾向の議員達をともにまとめようと努める。しかし彼らは、異なった諸国の伝統と利益を意識するままにいつも留まるに違いない。最近の政党グループ調査は、欧州議会［EP］選挙において、そのグ

第13章　欧州議会（The European Parliament）　335

ループが（特に大きなグループの議員達の多様性が与えられるとすれば）、その高度な統一のことで全く著しいと示している。例えば、アメリカ議会における二党の統一よりも高い（Raunio, T., 1997; Hix, S., et al.）。しかしこの統一は、そのグループ内での諸国の代表達の間の実体的な「妥協」にもとづいてしばしば構築されるに違いないし、最低限の分母に基く合意であるに違いない。そうであるにせよ政党グループの立場における反対は、一つないしそれ以上の諸国の代議員からの多数の議員［MEPs］がグループ方針の支持を拒否するときしばしば生じる（Kreppel, A., et al.）。

　政党グループは、イデオロギー的に基礎付けられる。しかし議会［EP］における集団内関係は、伝統的に対立よりもむしろ協力に基礎づけられる。議院における最大のグループは、中道右派（キリスト教民主党、及びある保守党の一部からなる「欧州庶民党〈EPP〉」）、及び中道左派（穏健な社民党や社会党を代表する「欧州社会党〈PES〉」）からしばしばなっている。多年にわたってこれらの二つのブロックは、欧州議会［EP］以前の大部分の事柄において合意を求めると同様に、議会［EP］において上級ポストの大部分を分有するのに協力した。しかしながら、1999年から2004年までの議会は、その主要なグループ間での対立が増加していることを示している。これは議院における左右の方針に沿って投票分裂の水準の増加を示している（Hix, 2000b）。第一の事例は、議会［EP］議長選挙である。即ち、ある諸年にわたって二つの主導的グループは、自分達の中でこの職を分有していた（それは、二年半の間〈EPの5年任期の半分〉各々が現職によって保持される）し、他のグループの「交代」が到来するとき相互の候補者を支持した。しかしながら1999年7月と2002年1月の双方において、「欧州社会党［PES］」の候補者は、欧州庶民党［EPP］によって承認された候補者達に反対して、議長職を求めた（しかし不成功に終わった）。1999年に社会党は、N.フォンテーヌ［というフランスの女性にして、「欧州庶民党［EPP］」の議長候補］に［不成功裡であったが］挑戦した。2002年に欧州庶民党［EPP］は、フォンテーヌを支持した自由主義グループと引き換えに、P.コックスというアイルランド女性である自由主義グループを支援した。彼女はイギリスの労働党議員［MEP］のD.マーティン

からその議長職を辛うじて勝ち取った。

　政党利益は、議会［EP］における議事組織において重要な役割を果たす。議会の階序制は、議会［EP］の議長・数多くの副議長・及び政党グループの議長達を含む「議長会議」によって率いられる。この機関は、議事日程のスケジュール化の多くや、議会委員会議長といった事項の割当の多くを取り仕切る。議会自体の議事日程は、極めてきつく組織される。議会の時刻表は、総会期を除き特定の週（通常ストラスブールで月に一度の4日会期と、ブリュッセルで二日間からなる数少ない特別な「ミニ会期」）と定め、他の週は委員会作業のためにある（通常1か月に2週間）及び「政党グループ週」並びに「選挙区週」のために留保されたときの均衡による。この議会の時刻表の「超組織」は、総会期の議事へと拡大する。主に翻訳機能規定の必要性故に、討議と個々のものにあてる時間は、極めて緊密に組織される（文字通り瞬間に多かれ少なかれ至るまで）。

　議会［EP］は、議会の常任委員会の十分に確立された制度をもった（17 in the 1999-2004 Parliament）。これらの議会の諸委員会が、EU政策の大部分の諸領域をカバーし、かつ個々の諸委員会がその責任領域において立法作業（立法草案を監視し、かつ修正を作成する）と監督活動（政策運営を調べる）の双方を引き受ける。これは、例えばイギリスの庶民院とは異なる。庶民院では立法委員会（常任［現在、一般］委員会）は、監視委員会（特別委員会）とは別である。幾つかの委員会は、より広範な役割も果たす。前の議会における機関事項委員会（現在、法務委員会）が、統合を進化させる理念的提案を発展させようと努め、女性の権利と平等な機会委員会は、ジェンダー関連の審議がEUへと組み込まれる度合いをしばしば拡大しようと努め、かつ外務委員会は、EUの「共通外交安全保障政策（CFSP）」とリンクされた事項を論じることにそれ自体制限されるとは稀にしか考えていない。多くの議会の委員会は、その委員達の内部においてその主題についてのかなりな専門知識を含み、かつ全体としての議会委員会制度は、議会［EP］の重大な作業の大部分がなされるところとして広くみなされている。その作業は、強力な委員会議長の影響力によって形成し得る時もある。しかし少なくともしばしば委員会の作業

第13章 欧州議会 (The European Parliament)　337

は、各委員会に対して主要政党グループによって任命された「グループコーディネーター達」によって導かれる (Whitaker, R.)。そして特定な政策事項について、特にもし議員[MEPs]が任命された報告担当者（特定のトピックについてその報告を準備するために一委員会によって委任された人物）である場合に、個々の議員[MEPs]にとって一つのインパクトをもつかなりな範囲が存在する。

　総会期は、欧州議会 (EP) の議事日程の大きな仕掛けの機会を含む。議員[MEPs]は、加盟諸国（ときには第三の諸国の）の首相や外相によってしばしば話しかけられる。ときには欧州委委員長としてそれぞれJ.サンテールやR.プロディの指名に対する1994年7月と1999年に行われた討議のように、真に討議が劇的なイベントとなり得る。総会期は、遥かに一般的に極度に厄介である。即ち、スピーチは、人々を説得せしめようと試みるよりもむしろ「記録上に」幾つかの見解をのせることとなりがちである（投票時は、しばしば無関連の話題について、あれやこれやと行われる大多数の投票を証言する）。多言語的制度の諸問題も総会期の討議を損ない、精々のところそれをしばしばあくびの出るものとせしめ、混乱を生じせしめ、かつ最悪時にはこけおどしにさえせしめる。

　どこに欧州議会の権力は、あるのか。議会[EP]における権力は、欧州の多くの諸国の執行部支配型議会と比較すれば、きわめて広範に拡散される。議会[EP]の複雑な多党制的環境と、議会[EP]の主要権限の幾つかの行使が「超多数」の動員を必要とするという事実は、現存秩序を妥協とせしめ、かつ交渉技術に強調を置く（特に、協力手続きと共同決定手続き下での法案の第二、第三読会における法案修正の可決ないし閣僚理事会の地位の拒絶は、たんに投票に参加する人々ばかりでなく、全議員[MEPs]の絶対多数の支持を必要とする）。この権力の拡散と、議院において監督しかつ「統治」する権力の欠如は、欧州議会において恐らくより多くの他の議会機関よりも議会[EP]政治を疑いもなく複雑にせしめる。しかしそれも、多くの他の国会諸機関よりも議会[EP]における恐らくより多く達成することについて、個々の議員をして政治的技術を通じて認めさせる。

要 点

 1．欧州議会議員は多くの異なった諸国の政党から出ており、常勤議員［MEPs］によって徐々に支配され、かつ現在欧州統合の熱狂者達と同様に明確な数多くの「欧州懐疑派」を含む。

 2．政党グループは、個々の諸国の政党代表者達をして広範にイデオロギー的集団へと束ねる。これらの集団は、異なった諸国の視点間において、妥協をしばしばせねばならぬ。この諸集団は、議会［EP］の作業の多くを組織する。

 3．議会の諸委員会は、議会［EP］の詳細化された作業の多くがなされるところである。議会の委員会は、個々の議員［MEPs］に政策へのインパクトをなす機会を与える。

 4．議会［EP］の総会期は、翻訳問題によって損なわれ、かつ稀な例外を除き、刺激的でなく、かつ劇的でもないのである。

§5．欧州議会選挙とEUの公衆

　多くの非民主主義的政治体制においてさえ、議院内閣制的諸機関は確立されており、かつ重要な代表制機関とみなされる。民主主義諸国において、公共政策の主要事項を論じかつ同意を与える代議員選挙は、その政治制度全体の機能に重要としばしばみなされる。即ち、公的権威は、人々の代議員の是認を受け入れることによって正統化される。この制度への人々の支持は、権力をもつ諸機関における声を人々に与える民主主義的過程によって維持される（Packenham, R., 1970）。しかし欧州議会［EP］は、いかに効率的にEUにおける「人々の声」として行動するのか。

　もちろんこれを分析する出発点は、欧州議会選挙である。736［2009年以来］人の議員からなるかなり大きな機関においてさえ、代表は27の加盟諸国にわたってかなり薄く必然的に広範である。この問題は、議員［MEPs］の割当が小国を過剰代表にする（全EU人口のその割当に関連して）故に、大国において悪化される。これは、EUの公衆からこの機関における疎隔と、EU政策過程の複雑さに加えて、EU公衆にとって欧州議会［EP］との関連のいかなる意味ももつことを困難にせしめる。

第13章　欧州議会 (The European Parliament)

　欧州議会選挙自体は、国政選挙において得る投票率よりも一般に低い投票率の水準を証明している。更に議会［EP］議院の権限の増大にもかかわらず、集計投票率は最近の六つの議会［EP］投票の各々において低下している。それは、1999年において有権者投票の50％以下［2004年は45.7％、2009年は43％］に低下した。議会［EP］選挙についての調査は、議会［EP］選挙が、投票参加の低下に加え、他の顕著な幾つかの特徴をもつことを示唆している。有権者達は、国政選挙よりも重要ではないと認識する傾向がある。その認識は、各加盟諸国における選挙運動が国政問題（欧州問題よりもむしろ）について大部分闘う国内政党によって支配される傾向があるという事実によって刺激される。一般に与党は、多くの有権者達が与党に反対する「抗議投票」に甘んじるように、全く不十分にしかなしていない傾向がある。要約すれば、議会［EP］選挙は、「欧州」の選択肢的展望が論じられ、かつ有権者によって決定される競争としてよりもむしろ、「第二次的国政選挙」として政党と国民の双方によって扱われる傾向がある。今まで以上に1999年に参加するのに悩む人が少ないこと、或いはその選挙結果が中道右派政党を支持して中道左派諸政党（2003年当時まで大部分の加盟諸国の政権において支配的であった）にとって後退を示すことも驚くべきではなかった。これらの諸選挙もなお黙示的に欧州懐疑派ないし反EU政党（現在EPにおいて重要な代表をもつ）は、最高度な支持を生み出す。しかしながらM.フランクリン (2001) が示すように、議会［EP］選挙の投票率における1979年以来の低下の多くは、その時期以後に加盟するどの新加盟諸国も強制投票法を用いないという事実によって説明し得るという（ベルギー・ギリシャ・ルクセンブルク・及び1993年までのイタリア）。

　多くが欧州議会選挙から引き出しており、かつ議会［EP］がEUの政治制度へのEU公衆の参加のいかなる意味も確立し得ないでいるという認識は、（何かしらあるとしても）あるものが世論研究の証拠を検討するとき、更に高められる。EU公衆による欧州統合の支持の一般的尺度は、1990年代における段階的低下を示した。議会［EP］に対する態度の詳細な分析は、稀である。しかし我々がもつ証拠は、議会［EP］の市民の知識が低過ぎ、議会［EP］議

院への支持があまりにも浅過ぎて、議会［EP］にとって全体としてのEUへのより広範な正当化的インパクトをもち得ないことを示す。2000年に行われた調査は、欧州市民の90％以上が少なくとも議会［EP］について聞いたことがある。しかしメディアを通じての定期的知識は、より低いのである（平均50％程度）。彼らが議会［EP］をしてより重要としたいかどうかを問うとき、2000年におけるEU市民の43％は積極的に答えている。しかしそれは、1991年における62％からの低下である。しかしこの即答は、全ての可能性において間在期にわたって議会によって経験された権限における増大に対する有権者達の合理的な反応に反映しなかったが、むしろ世論の専門家が「非態度」と称するものの高い程度に反映する。これは、EU全体の問題に対する一般的態度とほぼ同然のことを引いている。総体的に、議会が「その選挙民のきわめて多くのものの意識を貫き始めさえすることの失敗」を被る（Blondel, J., et al.）。

かくして欧州議会が政策決定議院として徐々になり得る一方で、議会［EP］は代表議院として多くの点で不足し続ける。議会［EP］は、他のところの公選の議会が信じられる仕方で、EU全体の正統性のより広範な公的意味をほとんど生み出すようにはなしていないのである。結局、この状況は、議会［EP］にとって損なう結果をもたらし得る。即ち、ある同感的な観察者が述べているように、「それは、有権者の無関心故に、その正統性の基盤が知らぬ間に進行している消滅の危険を冒すと」（Neunreither, 2000）。

要 点

　1．欧州議会［EP］は公選議院であるが、代表はEUにわたって全く「薄く」広がる。

　2．議会［EP］選挙は、低い（そして失敗している）投票率水準、及びそのキャンペーンにおいて特徴付ける欧州についてほとんど議論せぬ「第二次的国政選挙」として作動する傾向がある。

　3．議会［EP］に関するEUの公衆の知識は、きわめて制限された理解に基礎付けられる。

　4．公衆の意識とこの関心の欠如は、公選の議会［EP］の役割を将来における問題へともち込み得る。

第13章　欧州議会（The European Parliament）　341

§6. 結　論

　スカリーはこの章を、次のような短い結論節によって締めくくる。
　「欧州議会［EP］は、近年一機関として実体的に発展している。議会［EP］は、かつてEUの政治制度(システム)における周辺的参加者であったが、我々が示しているように、現在遥かに実体性をもつプレイヤーである。ある時には多くの学者達は、EUの統治(ガバニング)構造における『民主主義の赤字［不十分性］』の存在を主張した。この赤字がEUにおける公選機関への権限の欠如として狭くみなされる限り、その赤字は今橋渡しされている。しかしながら、議会［EP］がより大きな諸権限を生み出すのに顕著に成功している一方で、我々は議会［EP］がEUにおける政治とEUの公衆を結び付けることに熟達していないともみなしている。より多くの諸権限を得ることよりもむしろ、この仕事と取り組むことは、欧州の公選議会が直面する大きな挑戦で確かに今ある」。
　われわれは、このスカリーによる比較的短い欧州議会論について、新しいリスボン修正条約を引用しつつ、欧州議会の要点を確認してきた。正にその結論にあるように、彼が公選の議会よりも任命制の欧州委員会が権限をもつという「民主主義の不十分性［ないし赤字］」論に集中しているゆえ、如何にこれが中心的論点であるかが理解できよう。
　彼は、近年の改革によってそれが解消されつつあることに強調点を置く。確かにその変化が事実であることを認める。しかしそれは、こうしたことによって完全に解決されたのであろうか。これに対する異論は、次のようなイギリスの『フィナンシャル・タイムズ』紙（*Financial Times*, May, 27, 2009）が示した見解によるものである。それは、「欧州議会は立法を処理し得るが、立法を提案し得ぬ」という見出しによって主張される。これは、「議会は理事会と対等な立法権を共有」し、リスボン条約による修正によって議会が「ほとんど全ての立法に発言権限をもち、かつ拒否権をもつ」修正点のニュース記事に関するものである。これは、その最後の根拠として欧州委員会の立法提案権も個々の欧州委員の辞任権ももたぬというものである。われわれが

ここで確認したいのは、こうした長年の議会権限の増大によっても、民主主義の不十分性が完全に解消したわけでないという問題である。

最後にわれわれは、そのスカリーの結論のもう一方の論点を確認したい。それは、EUのエリート達（これに議員達も含む）と一般の市民達の関係の問題である。これは、例えば、その条約の国民投票の否認事件でEU市民が示したように、そうした積極的統合政策も、こうしたエリート達が一般市民を置き去りにして進められ、彼らを説得することができていない問題である。これも最近の欧州連合関連のメディアで繰り返して指摘されるものでもある。

キーワード

公選議会［EP］／二院制／リスボン条約／民主主義の赤字［不十分性］／EUエリート／EU市民／政党グループ／共同決定／政党イデオロギー

引用・参考文献

Scully, R., The European Parliament, in Cini, M., et al. (eds.), *European Union Politics*, 2003, 2010.

Bache, I., et al. (eds.), *Politics in the European Union*, 2011.

Scully, R., *Becoming Europeans*, 2005.

Judge, D., et al., *The European Parliament*, 2008.

Foster, N.G. (ed.), *Blackstone's EU Treaties and Legislation: 2011-2012*, 2011.

松井芳郎編『ベーシック　条約集』東信堂、2011年、など。

あとがき

　現代イギリス政治は、2010年の選挙に続き、その連立政権の誕生の結果としてウェストミンスターモデルが崩壊したという議論も出ている。また最近のイギリス政治の論点を先導するR.ヘファナンらの『イギリス政治の展開』(2011)における序章は、「2010年以後のイギリス政治は、地図なき状況なのか」と題される。これらは、最近のイギリス政治の新しい展開に論及し、かつ予兆させるものを扱う。とはいえそれらは、本書でも言及したように、かつその著書も論及しているごとく早計であろう。周知の如くそうした評価には長い年月を必要とするものであるからである。いずれにせよわれわれは、こうした激しく揺れ動くものも「現代」（本書の表題）の特徴であり、それを正確に記述することには限界もあろう。しかしわれわれにとって、そうしたものは避けて通れない一面でもある。つまり学問は、ある意味で過去・現在・未来の次元と関わる側面ももつ故である。

　われわれは、本書を通じて「政治機構論」という学問の理解を高めるために、特にイギリスのテキストにおける標準的文献をたたき台として、その論点を探ってきた。というのはそれらは、そうした学者達やその国の英知も含むからである。われわれは、その学問の一定の水準を保ちつつ、日本の読者にその論点を明らかにするよう心掛けてきた。即ち、本書においてその一定程度の水準について云えば、序章におけるものをはじめとする方法論や理論がこれを表現することとなる。これは、類書と比較して強調されるものである。本書におけるわかりやすさについては、第1章などにおいてより具体的に示される。われわれは、特にそのために用語の説明ないし言い換えによって心がけたつもりである。こうした意味で本書は、「政治機構論」への序説でもある。いずれにせよわれわれは、この学問を通じて読者が更なる本格的研究、ないしさらなるその応用へと関心をもっていただければ、幸いである。

最後に、われわれは、本書を公にするに至る過程で、直接間接に尽力して戴いた方々に対して感謝の意を表さねばならぬ。それは、著者が奉職する日本大学法学部における政治経済学科の諸先生ばかりでなく、本書の編集協力者でもある宮本格氏［元土浦日大高校教諭］に対してでもある。筆者は、この種類の刊行には、相当な労力などを必要とする故、かなり躊躇していた。しかし多くの方々は、こうした筆者を叱咤激励しかつ協力するという善意を示してくれた。それによって筆者は、本来の使命感を掻き立てられたという事情もあるからである。さらに付け加えるならば、本書の刊行を引き受けて戴いた時潮社の方々にも感謝したい。というのはこうした分野のテキストの刊行には大いなる情熱が不可欠であり、こうした方々は、それによって（索引などを含め）これを遂行してくれたからである。

［注］
（1）Heffernan, R., et al. (eds.), *Developments in British Politics 9*, Palgrave, 2011, pp.1-6.

2012年3月28日

　　　　　　　　　　　　　　　　　　　　　　　　　　　　著　者

索 引

（イギリス議会やEUの主要機関及び条約などの頻出度の高いものは、初出頁のみを記すこととする）

あ 行

悪の枢軸諸国　200, 203
アムステルダム条約　195, 258, 330, 331
イギリス議会　48, 70, 71, 75, 89, 100, 107
―院内幹事　86, 87, 104, 137, 148
―主権　70
―議会審議　89, 90
―代表制度　70, 75
―本会議中心型機関　100
―立法機関　65, 91, 96, 275, 279, 299, 326
―政府の監督機関　102
―討議類型　90
―政党代表　81, 83, 86
―区別の原理　81
―地域代表　80, 81, 127
―ギロチン　93, 84
―議会制国家　74, 76, 127
―貴族院史　107-109
―貴族院の構成　109, 111, 114
―貴族院の権限　48, 112
―貴族院の機能　111, 112
―庶民院の構成　115
―庶民院における立法過程　125
―君主制　16, 48, 70, 119, 121, 122
―君主の役割　120
―修正議事手続　95, 96
―「近代化委員会」　80, 92-94, 103, 104, 125, 126
イギリスとアメリカ　173, 193, 198, 201
イギリスとロシア　196
―内閣の集団性　142-145, 150
―内閣の目的　138
―閣僚委員会　130, 139-141, 144, 147, 148, 150
―行政改革　171, 182, 185, 186
―行政サーヴィス　49
―立憲君主制　46, 48, 68, 119, 121
―立憲制改革法　65
―立憲制 [コモンロー]　42
―立憲制（習律 [慣習]）　18, 44, 52, 69, 135, 150, 157, 158
―立憲制（制定法）　43, 45, 79, 91, 95
―立憲制（EU法）　44, 58, 301, 331
―立憲制（国王大権）　43, 46, 69, 121, 122, 127
―立憲制（権威をもつ注釈）　43
―立憲制（法の支配）　42, 58, 68, 69, 245
―立憲制プロジェクト　59, 66, 68, 69
―首相　194
（[アスキス]）　130
（[イーデン]）　146
（[ウィルソン]）　145, 182
（[ウォルポール]）　130, 146

（[キャメロン]）　145, 151
　（[キャラハン]）　52, 190
　（[グラッドストーン]）　52, 55
　（[サッチャー]）　47
　（[チャーチル]）　134, 137, 145, 146, 182, 191
　（[ヒース]）　47, 131, 163, 182
　（[ヒューム]）　146
　（[ブレア]）　47
　（[ブラウン]）　61, 69, 135, 144, 145, 147, 151, 154
　（[マクミラン]）　136, 145, 146, 191
　（[メイジャー]）　53
　（[任免権]）　134
─政官関係　152, 169, 171
─首相の権威　142-145, 150
─首相の役割　130
─中核的執行部　129, 147-151, 159
─倫理的外交政策　198, 199, 204
─一般議会　327, 328
EU外務理事会　226, 301, 310
─共同決定手続き　258, 308, 309, 311, 331, 337
─協力手続き　311, 332, 337
─共通外交安全保障政策　195, 225, 228, 261, 278, 296, 311, 312, 318, 336
─外交安全保障政策上級代表　226
─農業政策　280
─機能［運営］条約　236
─条約批准　235
─常駐代表部（大使館）　279, 284, 302
─政府間会議　218, 220-224, 279, 280, 309

─二院制　34, 48, 299, 342
─制定法類型　311
─「B項目」　313
─理事会　276, 277, 299-301, 308, 309, 323
─理事会作業グループ　279, 325
─理事会事務総局　278, 317
─理事会常駐代表委員会　279
─予算権限　330
─連邦主義　241, 244, 246, 248, 249
イラクへの武器輸出問題　161
イングランド銀行の独立　61
ウェストミンスターモデル　35, 70-74, 122, 124, 127, 151, 343
ヴィクトリア朝　56
ウィテナゲモート　108
「A項目」　313, 315
「A類職」　289, 290
エドワード朝　56
欧州委員会［欧州委］　220
欧州委員会委員　219, 228, 230, 285, 287, 297
欧州委員会委員団　281-286, 293, 296-298
欧州委員会委員官房　285, 298
欧州委員会行政サーヴィス　281, 285, 287-289, 290, 292, 294, 298
欧州委事務総局　282, 288, 298, 300, 309, 313, 317, 318
欧州委委員会［及び評議会］　228
欧州共同体　43, 193, 209, 213, 214, 216, 217, 241, 256
欧州経済共同体　214, 241

索 引　347

欧州原子力共同体　214, 236
欧州石炭鉄鋼共同体　213, 241, 290, 327, 328
欧州議会［EP］　220
欧州議会政党グループ　334-338, 342
欧州議会委員会　279
欧州憲法会議　220, 238
欧州社会党（PES）　335
欧州庶民党［EPP］　335
欧州統合　194
欧州［首脳］理事会　220, 221, 226, 280, 299, 300, 303, 305, 309, 325
オズマザーリー規則　160

か 行

下位大臣　100, 148, 155, 159
ガバナンス　17, 224, 265, 266, 274
カレルギー（C.）　244
経験的制度論　26, 31, 32, 37
議院内閣制　32, 33, 119, 171, 284
キッチン・キャビネット　137
北アイルランドにおける自治　62
北大西洋条約機構　194
機能的波及効果　242, 243
規範的制度論　29, 37
旧制度論　13, 17, 37
行政サーヴィス（の政治化）　164
経営者革命　185, 186
議員私設秘書　137
クリア・レギス　108
グローバル化　189, 209, 243, 270, 271, 274
経路依存性　27, 36, 37, 74, 108, 124, 259

ゲームのルール　14, 19, 322
権限委譲　52, 58, 62, 66, 67, 69, 114, 144
憲法条約［案］　217, 220, 227, 228, 234, 235, 238
行動論　248
公務員の役割　160, 165, 168
効率　174, 179, 180, 185, 186, 228, 257
合理的選択制度論　20-22, 24, 37, 258, 264
合理的選択論的官僚制観　186
交流理論　243
国際関係論　246, 255, 273, 274
国際政治経済学　255
国連安全保障理事会常任国　191, 204
個人秘書　170
国会の批准　217, 222, 231, 234, 238
国家主権　211, 248
誇大理論　248, 250, 254
コンセンサスモデル　34

さ 行

最高機関　290, 328, 329
三読会制　92, 107, 127, 337
執行［行政］エージェンシー　137, 176, 180
事務次官　159, 288
自民党（イギリス）　16, 60, 64, 67, 85
社会学的制度論　19, 20, 22, 23, 37, 258, 260, 261, 269
社会構成主義　268, 275
社会民主主義コンセンサス　51, 131
首相型政府理論　51, 131
シューマン（R.）　249

上級役人権力　162, 163, 168
小選挙区相対多数代表制　63, 64
情報公開法　65, 98
新機能主義　241-252, 254, 256, 273
人権法　45, 61, 95, 96, 115
新公的経営［NPM］　178, 186
新最高裁判所　114
新制度論　4, 13, 14, 18, 19, 29, 35-37, 70, 257, 274
新自由主義コンセンサス　51, 131
枢密院　130
政策決定論　262, 274
政策と行政の分離　169
政治制度　4
政治的波及効果　242, 243
説明責任　97, 99, 103, 146, 179, 180, 241, 285, 310
自由主義的政府間主義　246, 247, 250, 265-267, 269, 274
選挙制度改革　63, 64, 67, 69, 144
選挙独裁　48, 49, 68
政府間主義　241, 246-252, 254, 256, 272, 276, 278, 304, 305, 323
責任政府　84
世界貿易機関　279
ソールズベリ理論　48

た　行

ダイシー（A.V.）　43, 47
大臣の権力　169
大臣の辞任例　54
大統領制　32, 33
多数決主義モデル　34, 35

単一欧州議定書　252, 304, 312, 330, 331
単一国家制　34, 42, 46, 47, 51, 68, 69, 292
チャーティスト運動　56
中範囲理論　254, 274
チューダー朝　76
超国家主義　214, 216, 240, 248, 276, 278, 285, 287, 293, 296, 304, 305, 323
超大国　194, 204
ディズダル問題　161
テロとの戦い　188, 196, 200, 204
特殊法人［クァンゴー］　130, 178, 180, 185
ドゴール（C.）　217, 308
ドロール（J.）　217, 248

な　行

内閣型政府理論　150
内閣府　137, 139, 140, 147, 149, 181, 183
二院制　34, 48, 299, 342
ニース条約　195, 218, 219, 238, 312
ノースコート-トレヴェリアン報告　172, 186

は　行

バーク（E.）　49, 88, 89
バジョット（W.）　43, 48, 146
ハース（E.）　241, 242, 255, 271
パリ条約　214
ハリントン（J.）　36, 37
ハンサード議会議事録　91, 97
比例代表制（PR）　64
プロディ（R.）　283, 287, 292, 337
ブリアン（A.）　245

索引　349

フルトン報告　172, 173, 186
ベバリッジ（W.）　245
補完性原理　320
法の支配　42, 58, 68, 69, 245
保守党（イギリス）　16, 45, 64, 78, 85, 95, 110, 113, 132, 171, 190, 195
ホフマン（S.）　246
ホワイトホール（の省庁）　16, 153, 163, 165, 170, 182
ポンティング問題　161

ま　行

マグナカルタ　43, 50, 75
マーストリヒト条約　190, 195, 214, 216, 217, 258, 308, 330, 331
「三つの支配的円」の交わり　191
ミル（J.S.）　89
民営化　64, 132, 174, 178, 181, 183, 185, 186
民主主義の赤字　55, 275, 300, 320, 341, 342
メイ（T.E.）　44
名誉革命　44, 57, 77
モネ（J.）　249, 327
モラフチーク（A.）　246, 250, 265, 266

や　行

予算権限（EUの）　330

ら　行

リスボン条約　57
リンドバーグ（L.）　241, 242, 255
歴史的制度論　22-25, 28, 37, 70, 74, 75, 258-260
レファレンダム　45, 50, 58, 59, 62, 64, 66, 67, 69, 109
連携された政府　140, 141, 151, 154, 168, 182, 183, 185, 186
労働党（イギリス）　16
ロースアン卿　245
ローマ条約　57, 214, 220, 222, 328
ロンドン市政府機構　47

著者紹介

倉島　隆　（くらしま・たかし）
　1946年　　新潟県に生まれる。
　1976年　　日本大学大学院法学研究科修士課程（政治学）修了。
　1993年から94年まで（１年間）及び2001年から02年まで（１年間）、
　　　　　　ケンブリッジ大学客員研究員。
　現　在　　日本大学法学部教授。
　編著書等　『ネヴィルの共和主義的政体思想研究』（単著、三和書籍、2011年）、『Ａ・シドニーの政体思想—自治と反乱の共和主義的政治原理—』（単著、時潮社、2008年）、『問題発見の政治学』（編著、八千代出版、2004年）、『現代英国政治の基礎理論』（単著、三和書籍、2003年）など。訳書に、『プーフェンドルフの政治思想』（Ｌ・クリーガー著、時潮社、1984年）など。

現代政治機構の論点
イギリスとEUを中心に

2012年5月30日　第1版第1刷　定価＝3600円＋税

著　者　倉　島　　　隆　©
発行人　相　良　景　行
発行所　㈲　時　潮　社
　　　　174-0063 東京都板橋区前野町 4-62-15
　　　　電　話 (03) 5915-9046
　　　　ＦＡＸ (03) 5970-4030
　　　　郵便振替　00190-7-741179　時潮社
　　　　URL http://www.jichosha.jp
　　　　E-mail kikaku@jichosha.jp

印刷・相良整版印刷　製本・武蔵製本
乱丁本・落丁本はお取り替えします。
ISBN978-4-7888-0674-0

時潮社の本

Ａ・シドニーの政体思想
自治と反乱の共和主義的政治原理
倉島　隆著
Ａ５判・箱入り上製・276頁・定価3800円（税別）

チャールズ２世の王政復古に抗し反乱を呼びかけた著名な政治家の思想を、解析検証した。思想家か政治家か、民主主義者か貴族主義者か、権力分立論者か伝統的混合政体論者か、著書は反乱目的の文書かそれとも共和制の樹立目的で書いたものか――著者の多角的分析によって、シドニーの実像が浮かび上がる。

開発の政治経済学
グローバリゼーションと国際協力の課題
稲葉守満著
Ａ５判・並製・469頁・定価4500円（税別）

一国の経済的活動の構造的特徴を理解するためには、その社会の歴史的発展パターンと経路、社会の構造と文化的規範、政治構造と文化、社会制度の形成と発展等「構造主義」理論が提起する問題を理解する必要がある。

国際貿易政策論入門
稲葉守満著
Ａ５判・並製・346頁・定価4000円（税別）

産業貿易史を踏まえつつ貿易理論とその最前線を検証し、ＴＰＰ（環太平洋戦略的経済連携協定）を含む日本の通商政策問題を総合的に判断するための必携書。この１冊で現代貿易の全容がわかる。

アメリカの貿易政策と合衆国輸出入銀行
山城秀市著
Ａ５判・上製・312頁・定価3600円（税別）

1930年代大恐慌を脱出する切り札として設立された合衆国輸出入銀行がいかにその後の大戦をくぐりぬけ、多極化時代を迎えてどのように変貌しつつあるのか。本書は米政府の経済政策と輸出入銀行の歴史を追いながら全体像を明らかにする。